国外优秀数学著作
原 版 系 列

二维和三维流形上函数的拓扑性质——函数的拓扑分类（俄文）

[俄罗斯]亚历山大·普里什利亚克 著

HITP
哈爾濱工業大學出版社
HARBIN INSTITUTE OF TECHNOLOGY PRESS

黑版贸审字 08－2020－058 号

图书在版编目(CIP)数据

二维和三维流形上函数的拓扑性质:函数的拓扑分类:俄文/(俄罗斯)亚历山大·普里什利亚克著.—哈尔滨:哈尔滨工业大学出版社,2023.3
ISBN 978-7-5767-0623-9

Ⅰ.①二… Ⅱ.①亚… Ⅲ.①拓扑-俄文 Ⅳ.①O189

中国国家版本馆 CIP 数据核字(2023)第 030110 号

ERWEI HE SANWEI LIUXINGSHANG HANSHU DE TUOPU XINGZHI: HANSHU DE TUOPU FENLEI

策划编辑 刘培杰 杜莹雪
责任编辑 关虹玲 穆方圆
封面设计 孙茵艾
出版发行 哈尔滨工业大学出版社
社 址 哈尔滨市南岗区复华四道街 10 号 邮编 150006
传 真 0451－86414749
网 址 http://hitpress.hit.edu.cn
印 刷 哈尔滨圣铂印刷有限公司
开 本 880 mm×1 230 mm 1/32 印张 6 字数 139 千字
版 次 2023 年 3 月第 1 版 2023 年 3 月第 1 次印刷
书 号 ISBN 978-7-5767-0623-9
定 价 68.00 元

СОДЕРЖАНИЕ

Глава 5.

ВВЕДЕНИЕ

Данная работа относится к тому разделу топологии, тематика и методы которого связаны со следующим вопросом: будут ли два слоения с особенностями, заданные на многообразиях, топологески эквивалентными, то есть когда существует гомеоморфизм многообразий, отображающий слои в слои (под слоением с особенностями понимается представление многообразия в виде объединения слоев, являющимися подмногообразиями меньшей фиксированной размерности и точек, которые называются особенностями). Такие слоения с особенностями могут задаваться функциями, векторными полями (или потоками), дифференциальными формами и др. На таких слоениях есть дополнительная структура: значение функции на слоях, направление движения на интегральных траекториях и т. п. Требуется, чтобы топологическая эквивалентность сохраняла эту дополнительную структуру. При этом большинство объектов (функций, потоков, 1-форм и др.), которые будут нами рассматриваться, структурно устойчивые.

Топологическая классификация функций Морса на поверхностях была получена В.В.Шарко в 1996 г. Для односвязных многообразий размерности большее 5 В.В.Шарко дал критерий сопряженности функций Морса в терминах эквивалентности упорядоченных базисных цепных комплексов.

Актуальными оставались вопросы о топологической классификации функций Морса в других размерностях и для более широкого класса функций.

Для получения топологической классификации функций Морса в нашей работе используется разложения многообразий на ручки. В размерности 3 они задаются диаграммами Хегора.

В пространстве гладких функций $C^\infty(M)$ на многообразии M множество функций Морса Morse(M) есть открытым всюду плотным множеством. Для поверхностей компоненты линейной связности этого множества были описаны С.В.Матвеевым и В.В.Шарком и обобщены С.И.Максименко для морсовских отображений в окружность.

Если две функции Морса можно соединить в пространстве функций Морса путем, то такие функции Морса имеют одинаковое число критических точек каждого индекса. Две произвольные функции Морса можно соединить в пространстве функций с изолированными критическими точками. Поэтому важно описать топологические свойства и дать топологическую классификацию функций с изолированными критическими точками.

В 1955 г. Х. Уитни описал класс структурно устойчивых отображений между двумерными многообразиями. Эти отображения (в дальнейшем отображения Уитни) образуют открытое и всюду плотное множество в пространстве всех отображений (в топологии Уитни). Фактически была получена локальная классификация таких отображений. В частности, было доказано, что для этих отображений каждая точка есть регулярной точкой, точкой складки или сборкой. Актуальным оставался вопрос: какую дополнительную информацию надо знать кроме образа объединения складок и сборок, чтобы задать (с точностью до топологической эквивалентности) отображение Уитни. В диссертационной работе дается ответ на этот вопрос и строится топологическая классификация отображений Уитни.

Результаты данной работы в основном имеют теоретический характер. Они могут быть использованы как при работе с многообразиями малых размерностей, так и в тех областях науки, где возникают функции в малых размерностях. В частности, функции Морса и m-функции в размерности 3 возникают при математическом моделировании тех или других естественных явлений, например, функции температуры, плотности, движения в воздушных массах или жидкости, силовые поля и др. Отображение Уитни поверхности на плоскость есть типичным отображением контуров предметов на сетчатку глаза (то есть то, что видит каждый человек). Полные топологические инварианты, которые строятся в работе для функций и отображений фактически описывают такие свойства этих объектов, которые не изменяются при топологических преобразованиях, например при выборе новой системы координат или способа измерения.

Выражаю искреннюю благодарность своему научному наставнику член корреспонденту НАН Украины профессору Шарко В.В. за заботу и помощь при написании работы, профессорам Кириченку В.В., Петравчуку А.П., Гордньому М.Ф. и другим сотрудникам кафедры геометрии Киевского национального университета имени Тараса Шевченко, Власенку И.Ю., Гирик О.А., Максименку С.И., Полуляху Э.А. и другим научным работникам, которые принимали участие в работе семинара по топологии в Институте математики НАН Украины, Кузаконю В.М. и участникам международных конференций «Геометрия в Одессе» за плодотворные обсуждения результатов моей работы.

Глава 1.

ПРЕДВАРИТЕЛЬНЫЕ СВЕДЕНИЯ

В этой главе приводятся необходимые сведения из теории динамических систем, теории Морса и разложений на ручки.

1.1. Функции Морса

Пусть M - гладкое многообразие, f: $M\to\mathbf{R}$ - гладкая функция.

Определение 1. 1. 1. Точка $p\in M$ называется *критической точкой* функции f, если $df(p)=0$. При этом $f(p)$ называется критическим значением функции f.

Пусть (U, h) - карта в точке p, $h(p)=0$, $(x_1,\dots,x_n)$-локальные координаты. Тогда точка p будет критической, если

$$\frac{\partial f(p)}{\partial x_1} = \ldots = \frac{\partial f(p)}{\partial x_n} = 0.$$

Определение 1. 1. 2. Критическая точка p функции f называется *невырожденной*, если матрица $H = \left(\frac{\partial^2 f(p)}{\partial x_i \partial x_j}\right)$ невырождена.

Определение 1. 1. 3. Гладкая функция, все критические точки которой невырожденные, называется *функцией Морса.*

Определение 1. 1. 4. Матрица $H = \left(\frac{\partial^2 f(p)}{\partial x_i \partial x_j}\right)$ есть матрицей симметричной билинейной формы, которая называется *гессианом,* $\mathrm{Hess}_p f\colon T_p\times T_p\to\mathbf{R}$,

$$\mathrm{Hess}_p f = \sum_{i,j=1}^{n} \frac{\partial^2 f(p)}{\partial x_i \partial x_j} dx_i dx_j .$$

Известно, что можно выбрать базис в T_p, и найти такую карту в p, в которой матрица H будет иметь диагональный вид:

$$H = \begin{pmatrix} k_1 & & 0 \\ & \ddots & \\ 0 & & k_n \end{pmatrix}.$$

Форма $\mathrm{Hess}_p f$ будет невырожденной, если все $k_i \neq 0$.

Определение 1. 1. 5. Число отрицательных элементов среди k_i называется *индексом* формы $\mathrm{Hess}_p f$ и *индексом* критической точки p. Это число не зависит от выбора карты в точке p. Оно обозначается $\mathrm{ind}_p f$.

Примеры. Точки локального минимума имеют индекс 0, а максимума - индекс n.

Теорема 1.1.1(*Морса*). Точка $p \in M$ есть невырожденной критической точкой индекса λ функции f тогда и только тогда, если существует локальная система координат $x_1, \ldots, x_n$ в точке p, в которой

$$f(x_1, \ldots, x_n) = f(p) - x_1^2 - \ldots - x_\lambda^2 + x_{\lambda+1}^2 + \ldots + x_n^2.$$

Следствие. Все невырожденные критические точки являются изолированными.

Следствие. Функция Морса на компактном многообразии имеет конечное число критических точек.

Введем такие обозначения

$$M_y = f^{-1}(-\infty, y),\ \partial M_y = N_y = f^{-1}(y).$$

Лемма 1.3.1. Если отрезок $[y, z]$ не содержит критических значений, то M_y гомеоморфно M_z, а N_y гомеоморфно N_z.

Рассмотрим векторное поле градиента $\mathrm{grad}\, f$ в окрестности критической точки p в системе координат из теоремы 1.3.1:

$$\mathrm{grad}\, f = \{-2x_1, -2x_2, \ldots, -2x_\lambda, 2x_{\lambda+1}, \ldots, 2x_n\}.\ (*)$$

Тогда p - невырожденная особая точка поля $\mathrm{grad}\, f$. При этом размерность устойчивого многообразия равна индексу критической точки.

Лемма 1.3.2. Пусть p - единственная критическая точка в $f^{-1}([f(p)-\varepsilon, f(p)+\varepsilon])$. Тогда $Mf_{(p)+\varepsilon}$ гомотопически эквивалентное $Mf_{(p)-\varepsilon}$ с приклеенной λ-клеточкой по вложению $\partial D^{\lambda}\to\partial Mf_{(p)-\varepsilon}$.

Следствие. Для каждой функции Морса существует структура клеточного пространства на многообразии M, в которой каждой λ-клеточке отвечает критическая точка индекса λ. Более того, существует риманова метрика на M такая, что клетки совпадают с устойчивыми многообразиями особых точек поля градиента.

Доказательство вышеприведенных фактов имеется в [20].

1.2. Эквивалентность функций и отображений

На множестве гладких отображений между многообразиями можно ввести несколько отношений эквивалентности.

1.2.1. Топологическая эквивалентность. Пусть M, N – гладкие многообразия, $f, g: M\to N$ - гладкие отображения.

Определение 1. 2. 1. Отображения $f, g: M \to N$ называются топологически (C^k-гладко) эквивалентными, если существуют гомеоморфизмы (C^k-диффеоморфизмы) $h: M\to M$, $h': N \to N$, для которых выполняется равенство

$$f\circ h=h'\circ g.$$

В случае функций (N=**R**) будем две функции называть топологически сопряженными, если они топологически эквивалентные и, кроме того, гомеоморфизм h сохраняет ориентацию прямой.

Определение 1.2. 2. Отображение f называется топологически устойчивым (C^{∞}-стойким), если существует такая окрестность U точки f в пространстве $C^{\infty}(M, N)$, что каждое отображение $g\in U$ есть топологически эквивалентным (C^{∞}-эквивалентным) отображению f.

Примерами топологически устойчивых отображений есть функции Морса и отображение Уитни (определение отображений Уитни см. п. 5.8).

Аналогично динамическим системам, топологическая классификация определенного класса отображений – это построение полного топологического инварианта и описания его возможных значений.

Для регулярных точек гладких отображений из M в N существуют их окрестности, в которых ограничение отображений на эти окрестности есть топологически (а также C^r) эквивалентными. Из теоремы Морса следует, что такие окрестности существуют для двух невырожденных критических точек функций тогда и только тогда, если

1) у них одинаковые индексы λ_1 и λ_2 в случае топологической сопряженности,

2) $\lambda_1=\lambda_2$ или $\lambda_1=n-\lambda_2$ ($n = \dim M$) в случае топологической эквивалентности.

Глобальная топологическая классификация функций Морса на поверхностях была получена В.В.Шарко в 1996 г. Для односвязных многообразий размерности больше 5 В.В.Шарко дал критерий сопряженности функций Морса в терминах эквивалентности упорядоченных базисных цепных комплексов.

А.Т.Фоменко для глобальной классификации функций Морса на поверхностях ввел понятия атомов и молекул. Эти понятия дают возможность также классифицировать круглые функции Морса на трехмерных многообразиях, а также интегрированные гамильтоновые системы на четырехмерных многообразиях [8], [9].

Для отображений Уитни поверхности на плоскость, их локальная топологическая классификация следует из определения.

Топологическая классификация функций Морса на замкнутых трехмерных многообразиях будет построена в п. 3.1, а отображений Уитни в 5.6. В разделе 3 будет построена топологическая классификация функций с изолированными критическими точками на замкнутых поверхностях, функций с тремя и четырьмя критическими точками на замкнутых трехмерных многообразиях, m-функций на двумерных и трехмерных многообразиях с краем.

В то время как для функций Морса все гомеоморфизмы можно сделать гладкими (так как в теореме Морса проводится гладкая замена координат), то в общем случае это не так. Есть много работ, связанных с теорией особенностей, где рассматривается возможность гладкой эквивалентности функции к полиному в окрестности критической точки, например [1, 39].

1.2.2. Σ-гомотопность. В пространстве гладких функций $C^\infty(M)$, являющимся пространством Фреше [42], рассмотрим подпространство Morse(M), состоящее из функций Морса.

Определение 1.2. 3. Две функции Морса называются Σ-гомотопними, если они принадлежат одной компоненте линейной связности пространства Morse(M), то есть существует непрерывная деформация в Morse(M) одной функции в другую.

Пусть F – замкнутая гладкая поверхность. Обозначим через Morse(F, k, l) подпространство в Morse(F), состоящее из функций Морса, у которых k минимумов и l максимумов.

С.В.Матвеев и В.В.Шарко [43], независимо и разными способами доказали, что множества Morse(F, k, l) есть компонентами линейной связности пространства Morse(F) и тем самим получили гомотопическую классификацию функций Морса на поверхностях.

С.И.Максименко [18] обобщил эти результаты для отображений Морса поверхности в окружность, показав, что два отображения Морса принадлежат одной компоненте связности тогда и только тогда, когда они являются гомотопными и имеют одинаковое число критических точек для каждого индекса.

1.3. Разложение многообразия на ручки

Пусть M - n-мерное многообразие с краем ∂M.

Определение 1. 3. 1. n-мерный диск H называется ручкой индекса λ (или *λ-ручкой*), если существует гомеоморфизм φ: $D^\lambda \times D^{n-\lambda} \to H$ такой, что $\varphi(\partial D^\lambda \times D^{n-\lambda}) = H \cap M \subset \partial M$. Отображение φ называется характеристическим отображением, а ограничение $\psi = \varphi|_{\partial D^\lambda \times D^{n-\lambda}}$ - *приклеивающим отображением.* Говорят, что многообразие $M' = M \cup H = M \cup_\psi D^\lambda \times D^{n-\lambda}$ получено из M присоединением ручки индекса λ и пишут $M' = M \cup_\psi H^{(\lambda)}$. Множество $\varphi(D^\lambda \times 0)$ называют средним диском или осью, $\varphi(0 \times D^{n-\lambda})$ - косредним диском или коосью, $\varphi(\partial D^\lambda \times 0)$ - средней сферой или a-сферой, $\varphi(0 \times \partial D^{n-\lambda})$ - косредней сферой или b-сферой.

Пример. При n=2, λ=1 ручка изображена на рис. 1.1:

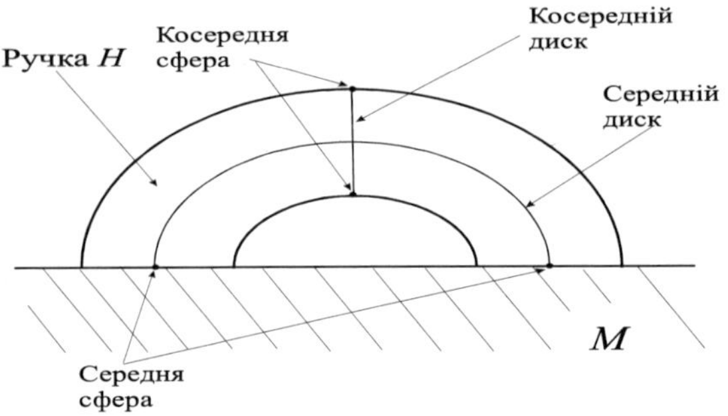

Рис. 1.1.

Определение 1. 3. 2. Разложением замкнутого многообразия M на ручки называется разложение $M=H_0\cup H_1\cup\ldots\cup H_m$, где H_0 - n-мерный диск и H_i - ручка на $M_{i-1}=\bigcup\limits_{j<i} H_j$. По другому, разложение многообразия на ручки - это последовательность вложений

$$M_0\subset M_1\subset M_2\subset \quad \subset M_m = M$$

таких, что M_0 есть n-мерный диск, а M_{i+1} получается из M_i с помощью приклейки ручки.

Из определения следует, что $M'=M\cup_\psi D^\lambda\times D^{n-\lambda}$ есть топологическим многообразием. Если M - гладкое многообразие, а ψ - вложение, то на M' существует гладкий атлас.

Пусть f - функция Морса на гладком многообразии M. Построим разложение M на ручки, в которой каждая ручка содержит одну критическую точку функции f и индексы соответствующих ручек и критических точек равны. Пусть X_f - градиентно-подобное поле функции f в некоторой римановой метрике на M, p_0, $p_1,\ldots,p_m$ - критические (особые) точки функции f (поля X_f), $f(p_0)\leq f(p_1)\leq\ldots\leq f(p_m)$. Положим H_0 – регулярная окрестность p_0 такая, что $p_i\notin H_0$, при $u>0$, ∂H_0 трансверсальна к полю X_f. Для $0<u<m$: H_i -регулярная окрестность (ε-окрестность в соответствующей метрике) устойчивого многообразия $S(p_i)$ особой точки p_i в $M-\mathrm{Int}\bigcup\limits_{j<i} H_j$, которая не содержит других критических точек и трансверсальная в $\partial H_i-\bigcup\limits_{j<i} H_j$ к полю X_f. $H_m = M-\mathrm{Int}\bigcup\limits_{j<m} H_j$. В так построенном разложении на ручки средние диски лежат на устойчивых, а косредние - на неустойчивых многообразиях соответствующих особых точек.

Определение 1. 3. 3. Два разложения на ручки многообразий M и M' называются изоморфными, если существует гомеоморфизм $M \to M'$, который переводит ручки в ручки, средние и косредние диски в средние и косредние диски, соответственно.

Построенное выше разложение на ручки, с точностью до изоморфизма, зависит от выбора римановой метрики на M. При этом разный выбор римановых метрик приводит к изотопным приклеивающим отображениям.

Очевидно обратное: если ручки H_1, H_2 приклеить к M по изотопным отображениям, то $M \cup H_1$ и $M \cup H_2$ будут диффеоморфными.

С помощью изотопий отображений присоединения можно свести средние и косредние сферы ручек к общему положению в соответствующих ∂M_i. В дальнейшем в разложениях на ручки будем считать, что средние и косредние сферы пересекаются трансверсально. Если между этими сферами одна точка трансверсального пересечения, то ручки называются дополнительными. Если пересечений нет, то с помощью изотопии ручки можно сделать так, что ручки не будут пересекаться.

Определение 1. 3. 4. Индексом инцидентности $\delta(H_i^{\lambda}, H_j^{\lambda-1})$ ручек H_i^{λ}, $H_j^{\lambda-1}$ называется алгебраическое число точек пересечения средней сферы H_i^{λ} и косредней сферы ручки $H_j^{\lambda-1}$ в ∂M_{i-1}.

При работе с ручками используются такие основные принципы:

Принцип 1. (перегруппировка ручек) Если $M'=M \cup H^{(\lambda)} \cup H^{(\kappa)}$ и $\lambda \geq \kappa$, то $M'=M \cup H^{(\kappa)} \cup H^{(\lambda)}$ и ручки $H^{(\lambda)}$, $H^{(\kappa)}$ не пересекаются. Действительно в общем положении средняя сфера $H^{(\lambda)}$ не пересекает косредню сферу $H^{(\kappa)}$. Поэтому ручки можно сделать не пересекающимися и приклеивать их в произвольном порядке.

Примеры. 1) $n=2$, $\lambda=k=1$ перегруппировка ручек изображена на рис 1.2 :

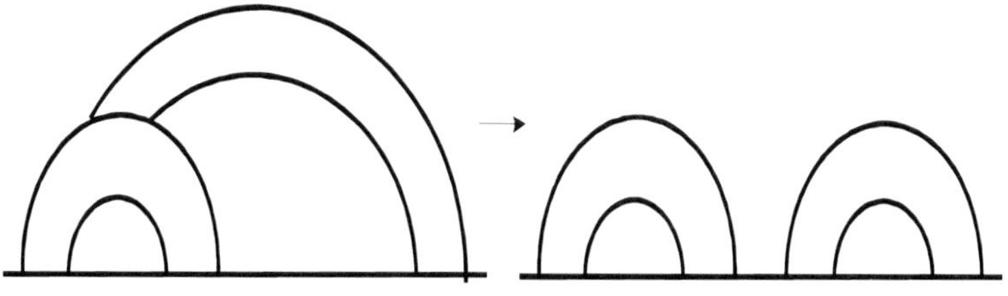

Рис. 1.2.

2) $n=3$, $\lambda=2$, $k=1$ перегруппировка ручек изображена на рис 1.3:

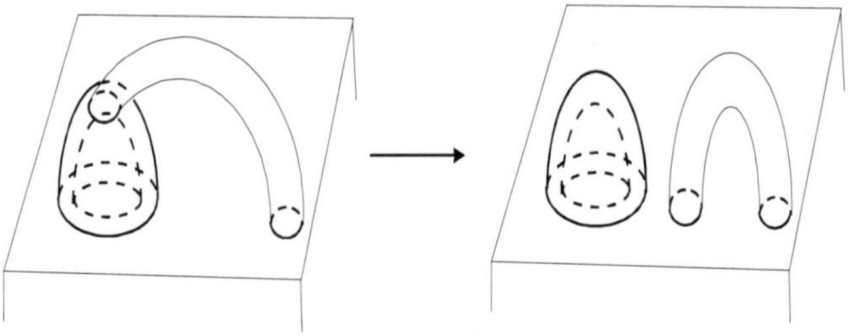

Рис. 1.3.

Определение 1. 3. 5. Разложение на ручки называется *правильным*, если ручки приклеиваются по возрастанию индексов, а ручки одного индекса не пересекаются (приклеиваются одновременно).

Из принципа 1 следует, что любое разложение на ручки можно сделать правильным. В дальнейшем разложение на ручки считается правильным.

Принцип 2 (сложение ручек). Пусть ручки H_1, H_2 имеют одинаковые индексы λ и изотопия средней сферы ручки H_2 пересекает косреднюю сферу H_1 трансверсально в одной точке. Полученная в результате такой изотопии ручка называется суммой H_1 и H_2 и обозначается $H_1\#H_2$. В момент пересечения разложение на ручки не является правильным. При этом

$\delta(H_1\#H_2, H^{\lambda-1})=\delta(H_1, H^{\lambda-1})\pm\delta(H_2, H^{\lambda-1})$

Пример. При n=2, λ=1 сложение ручек изображено на рис 1.4:

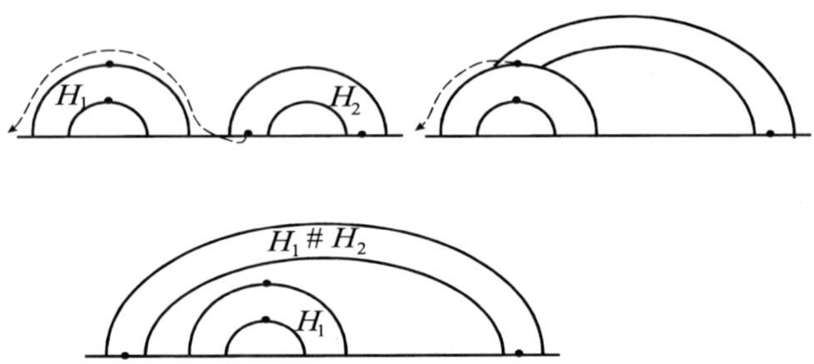

Рис. 1.4.

Принцип 3 (введение и сокращение ручек). Если ручки $H^{(\lambda)}$, $H^{(\lambda+1)}$ - дополнительные, то $M\cup H^{(\lambda)}\cup H^{(\lambda+1)}$ гомеоморфно (диффеоморфно для гладких многообразий) M. При этом гомеоморфизм можно выбрать тождественным вне произвольной окрестности $H^{(\lambda)}\cup H^{(\lambda+1)}$, так как $H^{(\lambda)}\cup H^{(\lambda+1)}$ гомеоморфно диску D^n, который приклеивается к M по диску $D^{n-1}\subset D^n$. Если в разложении на ручки есть дополнительные, то можно построить разложение на ручки без этих двух ручек. Обратная операция - введения дополнительных ручек.

Примеры. 1) n=2, λ=0 сокращение ручек изображено на рис 1.5.

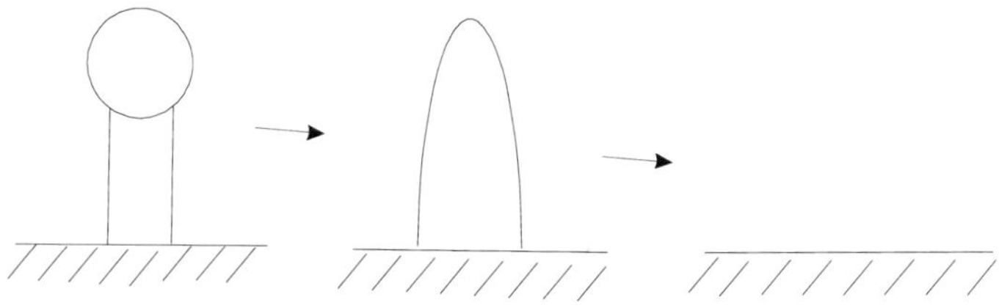

Рис. 1.5.

1)n=3, λ=1 сокращение ручек изображено на рис 1.6.

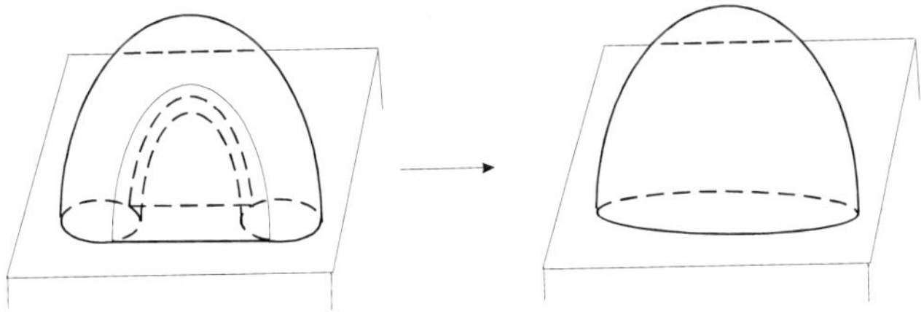

Рис. 1.6.

Конструкция. (Сокращение ручек индекса 0). Пусть связное многообразие имеет правильное разложение на ручки с более чем одной 0-ручкой. Для каждой ручки индекса 0 существует дополнительная ручка индекса 1. Действительно, если бы для 0-ручки дополнительной 1-ручки не существовало, то эта ручка была бы не связной с оставшимися 0-ручками, так как не дополнительные 1-ручки и ручки больших индексов не могут ее связать с другими 0-ручками.

Таким образом, все 0-ручки, за исключением одной - последней, можно сократить.

Определение 1. 3. 6. Разложение на ручки $M=H_m\cup H_{m-1}\cup\ldots\cup H_0$, в котором ручки приклеиваются в обратном порядке, называется двойственным к разложению $M=H_0\cup H_1\cup\ldots\cup H_m$. При этом, если ручка имела индекс λ в начальном разложении на ручки, то его индекс в двойственном разложении будет $n-\lambda$, где n - размерность многообразия. Средние сферы (диски) начального разложения есть косредними сферами (дисками) двойственного разложения.

Используя двойственное разложение на ручки, можно сократить все, кроме одной, n-ручки. Итак, на каждом связном замкнутом многообразии существует правильное разложение на ручки с одной 0-ручкой и одной n-ручкой.

Утверждение 1.3.1. От одного разложения на ручки многообразия M к другому можно перейти с помощью операций 1)-3) и изотопий средних сфер ручек в объединении ручек меньших индексов.

Каждое разложение на ручки задает клеточное разбиение многообразия. Для этого каждую ручку сожмем к среднего диску. Более точно: каждая ручка есть произведением среднего и косреднего дисков и сжатие задается проекцией на первый множитель. Эти сжатия задают гомотопическую эквивалентность между начальным и конечным пространствами. Кроме того можно построить гомеоморфизм между ними (для этого достаточно заметить, что регулярные окрестности клеток, при отнимании от них окрестностей клеток меньших розмерностей, гомеоморфны начальным ручкам).

Приведенные выше свойства, а также другие свойства разложений на ручки, можно найти в [34, 38].

В разделе 2 разложения многообразий на ручки будут использованы для получения критерия топологической эквивалентности функций Морса.

1.4. Диаграммы Хегора трехмерных многообразий

Пусть M - гладкое замкнутое трехмерное многообразие, $M=H^0\cup H_1^1\cup\ldots\cup H_m^1\cup H_1^2\cup\ldots\cup H_m^2\cup H^3$ - разложение на ручки с одной 0-ручкой H^0 и одной 3-ручкой H^3.

Определение 1. 4. 1. Поверхность $F=\partial(H^0\cup H_1^1\cup\ldots\cup H_m^1)\subset M$ называется *поверхностью Хегора*.

Поскольку эта поверхность есть также поверхностью Хегора для двойственного разложения на ручки, то ее род равен числу 1-ручек и равен числу 2-ручек. Поверхность Хегора разбивает многообразие M на два полных кренделя $M_1=H^0\cup H_1^1\cup\ldots\cup H_m^1$ и $M_2=H_1^2\cup\ldots\cup H_m^2\cup H^3$...

Определение 1. 4. 2. *Разбиением Хегора* замкнутого трехмерного многообразия называется представление его в виде объединения двух полных кренделей, которые пересекаются по общему краю. *Род* разбиения Хегора это род кренделя *F*. Род многообразия *M* определяется как минимальный род разбиений Хегора.

Для задания разбиения Хегора надо указать как склеиваются края двух полных кренделей. Поскольку два полных кренделя одного рода гомеоморфны, то для задания разбиения Хегора достаточно задать гомеоморфизм края полного кренделя на себя.

Пример. Рассмотрим разбиение Хегора рода 1. Полными кренделями есть полнотории. При тождественном гомеоморфизме края (тора) в результате склейки получим многообразие $S^1 \times S^2$. При гомеоморфизме, который отображает параллели на меридианы, а меридианы на параллели, получим сферу S^3. Трехмерные многообразии рода 1, кроме многообразий S^3, $S^1 \times S^2$, $\mathbf{R}P^3$, называются линзовыми пространствами. Если u - меридиан на торе (граница диска в полнотории), то 3-многообразие задается гомотопичным классом его образа при гомеоморфизме тора, то есть элементом из $\pi_1(T^2)=\mathbf{Z}\oplus\mathbf{Z}$. Пусть это пара (l, m) целых чисел. Эти числа являются взаимно-простыми, так как кривая, определяемая ними, не имеет точек самопересечения. Соответствующее трехмерное многообразие обозначается $L_{l,m}$.

Определение 1. 4. 3. Два разбиения Хегора многообразия *M* называются *эквивалентными*, если существует гомеоморфизм многообразия *M* на себя, который отображает одно разбиение в другое, то есть первый полный крендель в первый, а второй во второй.

Известно, что все разбиения Хегора сферы S^3 одного рода есть эквивалентными. Эквивалентны также разбиения Хегора рода 1 для любого из линзовых пространств.

Определение 1. 4. 4. Если в разложение на ручки ввести пару дополнительных ручек индекса 1 и 2, то род разбиения Хегора увеличится на 1. Такой переход от одного разбиения Хегора к другому называется *стабилизацией*.

Определение 1. 4. 5. Два разбиения Хегора называются *стабильно эквивалентными*, если после нескольких стабилизаций каждого из них они становятся эквивалентными.

Из утверждения 1.5.1 следует, что любые два разбиения Хегора одного и того же многообразия есть стабильно эквивалентными.

Определение 1. 6. 6. Пусть H - полный крендель рода g, $\alpha \subset \partial H$ - простая замкнутая кривая, которая не разбивает *H*. Кривая α называется *меридианом* для H, если существует вложенный двумерный диск $D \subset H$ с $\partial D = D \cap \partial H = \alpha$. Диск D называется меридианным диском.

Определение 1. 4. 7. Набор $\alpha_1, \ldots, \alpha_g$ меридианов, которые не пересекаются, называется полной системой меридианов, если при разрезании ∂H по ним выйдет сфера с $2g$ дырками.

Пример полной системы меридианов для полного кренделя, который ограничен замкнутой поверхностью в трехмерному просторную, изображен на рис. 1.7.

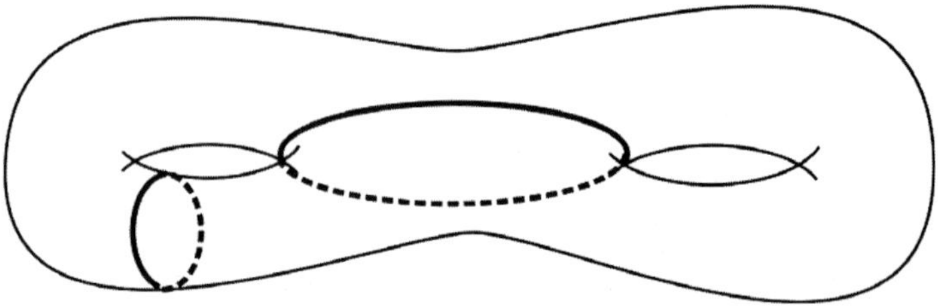

Рис. 1.7.

Определение 1. 4. 8. Диаграммой Хегора рода g многообразия M называется тройка (F, u, v), которая состоит из поверхности Хегора F рода g и двух полных систем меридианов $u=\{u_1, \ldots, u_g\}$ для M_1 и $v=\{v_1, \ldots, v_g\}$ для M_2.

Определение 1. 4. 9. Две диаграммы Хегора (F, u, v) и (F', u', v') называются гомеоморфними, если существует гомеоморфизм $\varphi: F \to F'$ такой, что $\varphi(u)=u'$, $\varphi(v)=v'$.

По каждому разложению на ручки можно построить диаграмму Хегора, взяв в качестве меридианов u косредние сферы 1-ручек, а в качестве меридианов v средние сферы 2-ручек. Наоборот, каждая диаграмма Хегора задает разложение многообразия на ручки.

Утверждение 1.4.1. Разложения на ручки изоморфные тогда и только тогда, когда их диаграммы Хегора гомеоморфные.

Доказательство. *Необходимость* следует из построения.

Достаточность. Гомеоморфизм диаграмм Хегора по построению задает гомеоморфизм поверхностей Хегора, средних сфер 2-ручек и косредних сфер 1-ручек. Продолжим, эти гомеоморфизмы на средние диски 2-ручек и косредние диски 1-ручек, а потом и на их окрестности, которые есть 2- и 1-ручками. Для произвольной 0- и 3-ручки мы построили гомеморфизм ее границы (3-сферы).

Продолжая эти гомеоморфизмы внутрь ручек, получим искомый гомеоморфизм многообразий.

Определение 1. 4. 10. Диаграммы Хегора $(F,u,v),(F,u',v')$ называются изотопными, если существует такая изотопия $\varphi_t : F \to F$, что $\varphi_0 = 1, \varphi_1(u) = u', \varphi_1(v) = v'$.

Определение 1. 4. 11. Диаграммы $(F,u,v),(F,u',v')$ называются полуизотопными, если существуют такие изотопии $\varphi_t, \psi_t : F \to F$, что $\varphi_0 = \psi_0 = 1, \varphi_1(u) = u', \psi_1(v) = v'$.

Гомеоморфные диску области, на которые граф $u \cup v$ разрезает поверхность F, будем трактовать как криволинейные многоугольники, считая вершинами точки пересечения меридианов разных систем. Каждый многоугольник имеет четное число сторон.

Определение 1. 4. 12. Диаграмма Хегора (F,u,v) называется нормализованной, если среди областей, на которые меридианы разбивают поверхность, нет двоугольников.

Теорема 1.4.1. Произвольная диаграмма Хегора полуизотопная нормализованной. Если две нормализованные диаграммы полуизотопные, то они изотопные.

Операция “уничтожения” двоугольника (с помощью полуизотопии) приводит к диаграмме Хегора, у которой на две точки пересечения между меридианами меньше. Обратная операция, которая приводит к возникновению нового двоуголника, называется “пальчиковым” движением (см. рис. 1.8)

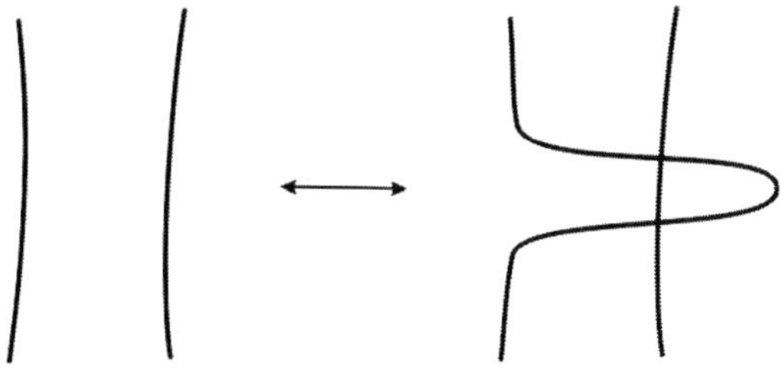

Рис. 1.8.

Доказательство фактов, приведенных в этом параграфе, можно найти в [19].

Диаграммы Хегора будут использованы для классификации функций Морса и градиентно-подобных векторных полей Морса-Смейла на трехмерных многообразиях.

Соглашение. *Под окружностью в пространстве X будем понимать гомеоморфный образ S^1 в X, т.е. простую замкнутую кривую в X.*

1.5. Стратифицированные множества Уитни

Определение 1.5.1. Стратификацией $\Sigma=\{X_i\}_{u\in W}$ локально компактного сепарабельного метрического пространства X называется локально конечное разбиение просторанства X на локально замкнутые подмножества X_i, которые попарно не пересекаются и являются топологическими многообразиями и такие, что $\mathrm{cl}\, X_i \cap X_j \neq \varnothing$ в том и только том случае, если $X_j \subset \mathrm{cl}\, X_i$. Множество индексов W есть частично упорядоченным множеством: $j \le u$ тогда и только тогда, когда $X_j \subset \mathrm{cl}\, X_i$. Множества X_i называются стратами.

Хотя стратификации рассматривались довольно давно, но лишь в последнее время приступили к изучению того как страты могут прилегать один к одному, то есть геометрии окрестностей стратов. В 1962г. Р. Том [69] описал свойства стратификаций, страты которых имеют окрестности расслоенные над стратами. В своих фундаментальных роботах [71], развивая идеи Тома, Х. Уитни ввел свои условия A и B.

Определение 1.5.2. Пара подмногообразий (X, Y) многообразия M называется регулярной по Уитни, если для любых последовательностей точек $x_i\in X$, $y_i\in Y$, которые сходятся к точке $y\in Y$ и таких, что в некоторой локальной системе координат на M прямые $l_i = \overline{x_i y_i}$ сходятся к прямой l, а касательные пространства $T_{x_i}X$ сходятся к пространству τ, выполняются условия

(A) $Ty\subset\tau$,

(B) $l\subset\tau$.

Определение 1.5.3. Подмножество $X\subset M$ называется стратифицированным множеством Уитни, если на нем задана стратификация $\Sigma=\{X_i\}_{i\in W}$ такая, что для любых $j \le i$ пара (X_i, X_j) есть регулярной по Уитни. Сама стратификация при этом называется стратификацией Уитни.

Примерами множеств, которые допускают стратификацию Уитни, являются полуалгебраические множества (множество решений системы полиномиальных уравнений в $\mathbf{R}^n$).

Стратификации Уитни имеют следующие свойства:

1) стратификации локально топологически тривиальные вдоль стратов [12];

2) стратифицированные пространства Уитни являются триангулируемыми [53];

3) трансверсальное пересечение стратифицированных множеств есть стратифицированным множеством [12].

Определение 1.5.4. Обобщенным касательным пространством T к стратифицированному множеству Уитни в точке x называется любое пространство, которое имеет вид

$$T = \lim_{x_i \to x} T_{x_i} R\ ,$$

где R – страт, а точки $x_i \in R$.

Определение 1.5.5. Функция $f\colon X \to \mathbf{R}$, заданная на стратифицированном множестве Уитни $X \subset M$, называется функцией Морса, если она продолжается до гладкой функции g на M и имеет следующие свойства:

1) f – собственная функция и все ее критические значения разные;
2) ограничение функции f на любой страт есть функцией Морса;
3) для произвольных страта S, критической точки $x \in S$ и обобщенного касательного пространства $T \neq Tx$ выполняется условие $dg(x)(T) \neq 0$.

Топологические свойства функций Морса на стратифицированных множествах рассматривались в [12], где построены конструкции аналогичные разложениям на ручки гладких многообразий.

Глава 2.

ОСНОВНЫЕ КОНСТРУКЦИИ

В этой главе приводится критерий топологической эквивалентности функций Морса на многообразиях произвольной размерности. В размерностях 2 и 3 задача топологической классификации функций и векторных полей часто сводиться к построению некоторого двумерного стратифицированного множества. Для проверки эквивалентности таких стратифицированных множеств вводим понятия НСС-графа (графа с набором списков слов, буквы которых отвечают ребрам графа). Описаны примеры применений НСС-графов к топологической классификации векторных полей Морса- Смейла без замкнутых траекторий на двумерных и трехмерных многообразиях.

2.1. Эквивалентность функций Морса и разложений на ручки

Для проверки топологической эквивалентности функций Морса удобно использовать разложения на ручки с воротниками. Потом, сжимая воротники к их основаниям, можно перейти к обычным разложениям на ручки.

2.1.1. Разложения на ручки с воротниками, порожденные функциями Морса.

Определение 2. 1. 1. *Разложением на ручки с воротниками* называется последовательность вложений

$$M_0 \subset M'_0 \subset M_1 \subset M'_1 \subset M_2 \subset \quad \subset M_N = M$$

таких, что M_0 есть объединение *n-мерных* дисков (0-ручек), M'_i получается из M_i с помощью приклейки воротника $N_i \times [0,1]$, где $N_i = \partial M_i$, а M_{i+1} получается из M'_i с помощью приклейки непересекающихся ручек H_j. На каждом воротнике задано тривиальное расслоение π: $N_i \times [0,1] \to [0,1]$.

Пример разложения тора на ручки с воротниками изображен на рис. 2.1.

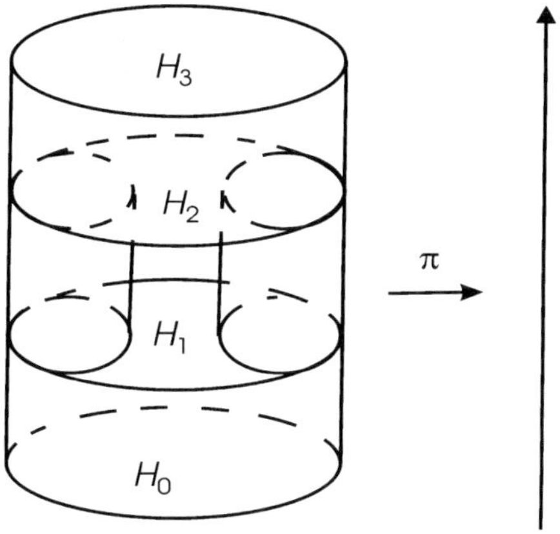

Рис. 2.1

Определение 2.1.2. Разложения на ручки с воротниками многообразий M и M' называются *изоморфными*, если существует гомеоморфизм между многообразиями M и M', который переводит ручки в ручки, воротники в воротники, сохраняя разбиения воротников на слои.

По функции Морса $f: M \to \mathbf{R}^1$ с критическими значениями $\{1,2,..., N\}$ зададим разложение на ручки с воротниками так, что при этом внутренности воротников $N_i \times [0,1]$ будут пошарово гомеоморфными компонентам связности множества $M \backslash f^{-1}(\{1,2,..., N\})$. Опишем два способа, которыми можно это сделать.

Первый способ.

Пусть p — критическая точка. Рассмотрим такую покрывающую ее карту, в которой

$$p=(0,0,..., 0) \text{ и } f(x)=f(p) - \sum_{i=1}^{k} x_i^2 + \sum_{i=k+1}^{n} x_i^2 .$$

Существование такой карты следует из леммы Морса.

Обозначим D^k, D^{n-k} такие диски достаточно малого радиуса ε:

$$D^k = \{(x_1, x_2,..., x_k, 0,0,...,0): \sum_{i=1}^{k} x_i^2 \le \varepsilon^2 \},$$

$$D^{n-k} = \{(0,0,..., 0, x_{k+1},..., x_n): \sum_{i=k+1}^{n} x_i^2 \le \varepsilon^2 \}.$$

Эти диски являются средним и косредним дисками ручки

$$H_{\mathrm{j}} = D^{\mathrm{k}} \times D^{\mathrm{n-k}} = \{(x_1, x_2, \ldots, x_{\mathrm{n}}) \colon \sum_{i=1}^{k} x_i^2 \le \varepsilon^2,\ \sum_{i=k+1}^{n} x_i^2 \le \varepsilon^2\}.$$

Удалим из многообразия M критические уровни и так построенные ручки для каждой критический точки. Обозначим через W_i замыкание компонент связности полученного множества.

Лемма 2.1.1. *Любое W_i есть гомеоморфным $N_i \times [0,1]$, где N_i — регулярный уровень, который лежит в W_i.*

Доказательство. Построим для некоторой римановой метрики на многообразии M поле градиента grad f, которое трансверсально пересекает край W_{i}. Тогда, поскольку N_{i} трансверсально к grad f, то W_i гомеоморфно $N_{\mathrm{i}} \times [0,1]$.

Последовательное приклеивание ручек H_j и воротников $N_{\mathrm{i}} \times [0,1]$ задает разложение на ручки с воротниками. Например, для случая функции высоты на торе ручками будут заштрихованные области, которые изображенные на рис. 2.2.

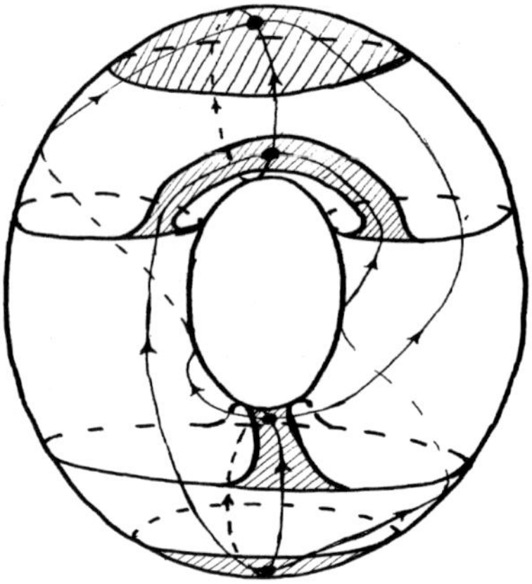

Рис.2.2.

Обратно, по каждому разложению на ручки с воротниками с помощью процедуры сглаживание углов можно построить функцию Морса, которая порождает данное разложение на ручки.

Для дальнейших выкладок зафиксируем на каждом воротнике тривиальное расслоение $\pi: N_i \times [0,1] \to [0,1]$, которое, за исключением регулярных окрестностей края, топологически эквивалентно ограничению функции f на соответствующую компоненту дополнения к критическим уровням. Чтобы построить такое расслоение для каждой ручки H_i, которая есть регулярной окрестностью критической точки q_i, рассмотрим ее (ручки) регулярную окрестность W_i. Пусть h_i: $W_i \to W_i$ - такое отображение, удовлетворяющее условиям:

1) h_i тождественное на краю ∂W_i;
2) $h_i(H_i)=q_i$;
3) h_i гомеоморфно отображает $W_i \backslash H_i$ на $W_i \backslash q_i$. (Рис. 2.3.)

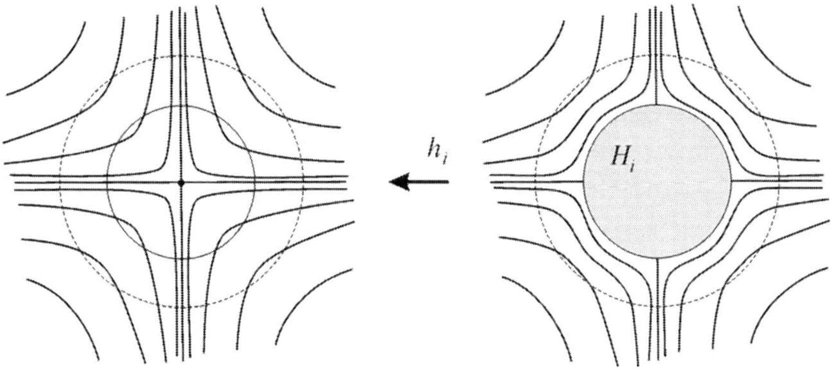

Рис. 2.3.

Рассмотрим гладкую функцию g: $\mathbf{R} \to \mathbf{R}$, график которой изображен на рис. 2.4. Здесь $g((-\infty,1])=0$, $g([1,2])=[0,1]$, $g([2, +\infty))=1$.

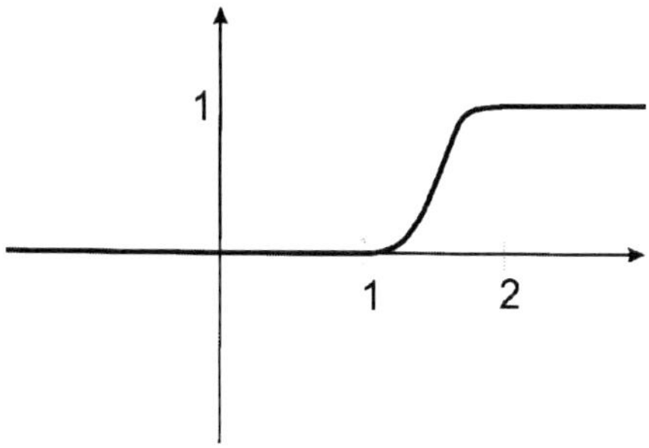

Рис.2.4.

Выберем в окрестности точки q_i систему координат, в которой $q_i=(0,0, ..., 0)$, $H_i=\{x : \|x\|\leq 1\}$,), $W_i = \{x : \|x\| \leq 2\}$. Тогда отображение h_i может задается формулой

$$h_i(x) = g(\|x\|)\, x.$$

Рассмотрим отображение $h:M\to M$, которое при ограничении на любое W_i равно h_i и есть тождественном вне объединения окрестностей W_i. Это отображение есть гомеоморфизмом дополнения к ручкам на дополнение к критическим точкам. Тогда слои на каждом воротнике получаются как прообразы регулярных уровней функции f.

Лемма 2.1.2. *Функции будут топологически эквивалентные тогда и только тогда, когда соответствующие разложения на ручки с воротниками изоморфные.*

Доказательство. Необходимость. Предположим, что существует гомеоморфизм между многообразиями, который задает топологическую эквивалентность. Тогда этот гомеоморфизм отображает разложение на ручки с воротниками одного многообразия в какое-то разложение на ручки с воротниками для другого многообразия. Нужно показать, что любые два разложения на ручки с воротниками одного многообразия есть изоморфными, то есть, с точностью до изоморфизма, не зависят от выбора римановой метрики и окрестностей критических точек. Поскольку окрестности критических точек есть регулярными, то они попарно объемно изотопные.

Покажем, что разложение на ручки с воротниками не зависит от выбора римановой метрики. Так как все метрики на многообразии гомотопны, то порожденные ими средние и косредние сферы S^{k-1} и S^{n-k-1} для разных метрик объемно изотопные в соответствующих подмногообразиях размерности n-1. Тогда эти изотопии задают послойные отображения воротников. Продолжая эти отображения на ручки, получим искомый гомеоморфизм.

Достаточность. Гомеоморфизм между многообразиями, разложенными на ручки с воротниками, задает сопрягающий гомеоморфизм между функциями Морса.

Второй способ.

Разрежем многообразие по критическим уровнями. По теореме Морса [20] любая из полученных компонент связности гомеоморфна $N_i\times(0,1)$. Она будет рассматриваться нами как внутренность воротника $N_i \times [0,1]$. Многообразие M может быть получено после отождествления соответствующих (после роазрезания) точек границ соседних воротников $N_i \times [0,1]$ и $N_{i+1} \times [0,1]$ и стягивания сфер S^{k-1} и S^{n-k-1} с $N_i \times \{1\}$ и $N_{i+1} \times \{0\}$, соответственно, в критическую точку индекса k.

Зададим риманову метрику и построим поле grad f. На $N_i \times (0,1)$ зададим такую структуру прямого произведения, что для всех $x \in N_i$ $\{x\} \times (0,1)$ лежат на траекториях grad f, а для всех $t \in (0,1)$ $N_i \times \{t\}$ лежат на линиях уровня. Тогда попарно склеивающиеся точки из границ воротников, задаются как границы разрезанных траекторий. При этом средние и косредние сферы состоят из точек $\{x\} \times \{0,1\}$, где $\{x\} \times (0,1)$ задают траектории, которые принадлежат устойчивым и неустойчивым многообразиям критических точек.

Разложение на ручки построим следующим способом: точки соседних воротников, кроме тех которые входят в регулярные окрестности указанных сфер на краях воротников, склеиваются как и раньше, а к регулярным окрестностям сфер S^{k-1} и S^{n-k-1} приклеивается ручка индекса k. На рис. 2.5 изображены критические точки и критические уровни функции высоты на торе (штрихованные линии). После разрезания ручки H_0 и H_3 приклеиваются к соответствующим дыркам, а ручки H_0 и H_3 к выделенным дугам с одинаковыми буквами.

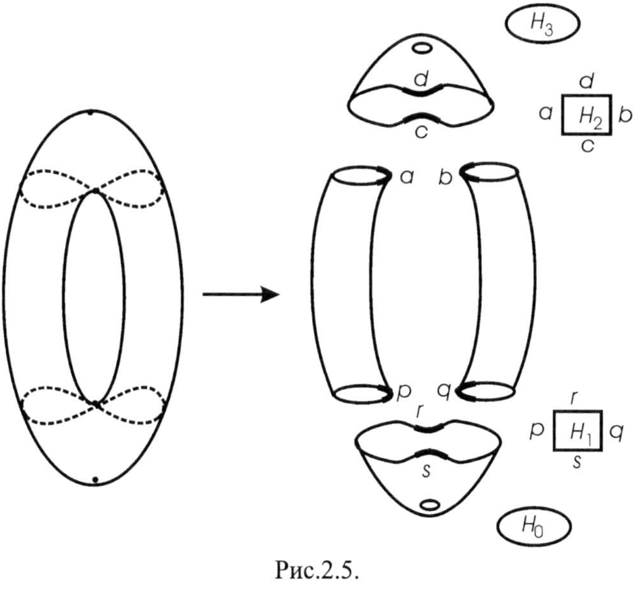

Рис.2.5.

Обратная процедура состоит в стягивании ручек в соответствующие критические точки.

Из лемм 2.1.1 и 2.1.2 следует, что разложения на ручки с воротниками, построенные первым и вторым способами, изоморфные.

2.1.2. Критерий сопряженности функций Морса. Зададим на каждом воротнике такую структуру прямого произведения $N_i\times[0,1]$, что для любого $t\in(0,1)$ и соответствующего регулярного значения y $N_i\times\{t\} = f^{-1}(y)$. (Задание такой структуры неоднозначно. Например, если задать метрику на многообразии и определить структуру прямого произведения из условия ортогональности $x\times[0,1]$ и $f^{-1}(y)$, то прямые углы в одной метрике могут не быть прямыми в другой.) Тогда после удаления из многообразия воротников и отождествления $N_i\times\{0\}$ с $N_i\times\{1\}$ получим разложения на ручки без воротников. Это разложение зависит от того, как задана структура прямого произведения на каждом воротнике.

Покажем, что разным структурам прямого произведения отвечают приклейки ручки по изотопным вложениям, то есть диффеоморфизмы p, q: $N_i\times\{0\} \to N_i\times\{1\}$, которые являются проекциями нижнего основания воротника на верхний при соответствующих структурах прямого произведения, есть изотопными. Действительно, пусть p_t, q_t: $N_i\times[0,1] \to N_i\times\{t\}$ - соответствующие проекции воротника на уровень $N_i\times\{t\}=f^{-1}(y_t)$. Тогда искомая изотопия $N_i\times[0,1]\to N_i\times[0,1]$ задается формулой

$$F(x,t)= p_0(q_t(x)).$$

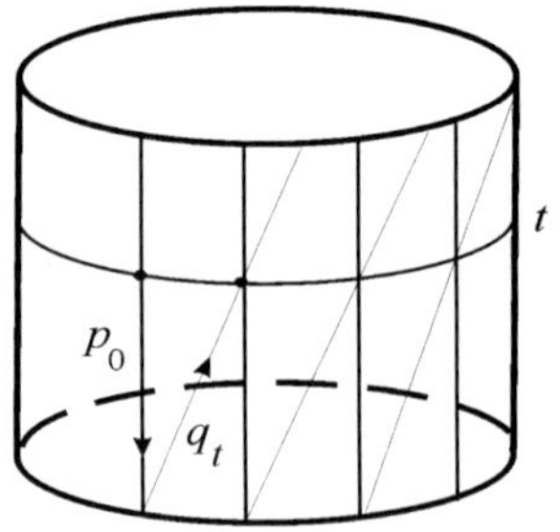

Рис.2.6.

Схематично она изображенная на рис. 2.6.

Таким образом, справедлива

Лемма 2.1.3. *Две функции Морса сопряжены тогда и только тогда, когда в построенных по ним разложениях на ручки без воротников соответствующие ручки приклеиваются по изотопным вложениям.*

С помощью изотопий средних сфер любое разложение на ручки можно привести к такому, у которого средние и косредние сферы ручек пересекаются трансверсально и каждая ручка приклеивается к объединению ручек меньшей размерности. Такие разложения на ручки будем называть *простыми*.

Разложение на ручки называется *упорядоченным*, если задано отображение множества ручек на множество {1, 2,..., N}. Каждая функция Морса задает упорядочение на множестве ручек соответствующего ей разложения на ручки: выбрав такое $h: R^1 \to R^1$, что множество критических значений отобразится на множество номеров {1, 2,..., N}, сопоставим каждой ручке номер соответствующей критической точки.

Упорядоченные простые разложения на ручки (УПРР) называются изоморфными, если существует гомеоморфизм многообразий, который переводит ручки в ручки, средние и косредне диски в средние и косредние диски, соответственно, сохраняя при этом упорядочение ручек. Обозначим через M^k объединение ручек, индекс которых не превосходит k и $L^k = \partial M^k$.

Теорема 2.1.1. *Две функции Морса будут сопряжены тогда и только тогда, когда из упорядоченного простого разложения на ручки первой функции можно получить такое разложение на ручки, которые изоморфно упорядоченному простому разложению на ручки второй функции, с помощью следующих операций*

1) *изотопий в* L^k *вложений средних сфер с носителем в границе объединения ручек с меньшими номерами.*

2) *замены ручки* H_i *на сумму* $H_i\#H_j$*, если номер* H_i *большее* H_j *(здесь ручки имеют одинаковый индекс). При этом новая ручка* $H_i\#H_j$ *имеет тот же номер, что и ручка* H_i.

Доказательство. Рассмотрим изотопии вложений средних сфер ручек из леммы 2.1.3. Приведем каждую такую изотопию в общее положение с косредними сферами меньших номеров. Тогда при такой изотопии средняя сфера каждой ручки ни при каком t (здесь t — параметр изотопии) не будет пересекать косредних сфер большего индекса.

Если при изотопии средней сферы ручки H_i она проходит через косреднюю сферу ручки H_j того же индекса (в какой-либо момент времени изотопии t эти средняя и косредня сферы пересекаются в одной точке), то ручка H_i фактически заменяется на сумму $H_i \# H_j$.

Из-за того, что такие изотопии осуществляются в границе объединения уже приклеенных ручек, то есть ручек с меньшими номерами, мы получаем условия теоремы.

2.2. Комбинаторные стратифицированные двумерные множества и НСС-графы

В дальнейшем под графом понимаем одномерный клеточный комплекс, то есть мультиграф с кратными ребрами и петлями.

Определение 2.2.1. Полуграфом называется несвязное объединение графа с окружностями. Полуграф есть конечнным, если он имеет конечное число вершин, ребер и окружностей.

Заметим, что полуграф можно сделать графом, вводя на каждой окружности вершину и превращая эту окружность в петлю.

Определение 2.2.2. Комбинаторное стратифицированное двумерное множество – это топологическое пространство, которое получено из конечного полуграфа в результате приклеивания к нему конечного числа компактных поверхностей с краем по непрерывными отображениям краев, которые являются или локальными гомеоморфизмами, за исключением, возможно, конечнного числа точек, отображающихся в вершины графа, или постоянными отображениями в вершины. При этом поверхности, которые приклеиваются, называются двумерными стратами, ребра графа – одномерными, а вершины – нольмерными стратами. Граф называется 1-скелетом.

Понятие комбинаторного стратифицированного множества есть обобщением понятия комбинаторного клеточного комплекса, в котором диски заменены на многообразия с краем. Примерами стратифицированных двумерных множеств есть поверхности с вложенными в них конечными графами.

Определение 2.2.3. Два комбинаторных стратифицированных двумерных множества называются изоморфными, если существует гомеоморфизм между ними, который сохраняет их разбиение на страты, то есть такой гомеоморфизм, ограничение которого на 1-скелеты задает изоморфизм графов.

В этом подразделе решается задача о том, когда существует изоморфизм комбинаторных стратифицированных двумерных множеств. Вопрос о существовании такого изоморфизма равносилен вопросу о возможности продолжения изоморфизма ориентированых графов к гомеоморфизму комбинаторных стратифицированных двумерных множеств. Эта задача возникает при топологической классификации векторных полей Морса-Смейла на 2- и 3-мерных многообразиях.

2.2.1. Продолжение изоморфизма графов до гомеоморфизма комбинаторных стратифицированных двумерных множеств.

Пусть G и G' — ориентированные графы, g: $G \to G'$ — изоморфизм графов, который отображает вершины A_i графа G в вершины A'_i, а ребра B_j в B'_j. Обозначим F_i (соответственно, F'_i) – поверхности с краями, которые приклеиваются к G (G'). Любая окружность, которая содержится в крае поверхности F_i, прообразами вершин графа разбивается на дуги, которые отвечают (гомеоморфно отображаются на) ребрам графа G. При этом ориентация ребер графа задает ориентацию дуг. Каждой дуге припишем ту же букву, что и у соответствующего ребра графа.

На каждой поверхности F_i зафиксируем ориентацию, если эта поверхность ориентируемая. Ориентацию на каждой компоненте края зададим согласованной с ориентацией поверхности, в случае ориентированных поверхностей, и произвольным образом для неориентированных поверхностей. Для любой окружности из границы поверхности, обходя ее по ориентации, выпишем слово, состоящее из букв $B_j^{\pm 1}$ в соответствии со встречающимися ребрами. Буква имеет степень +1, если ориентация соответствующей ей дуги совпадает с ориентацией окружности, и -1 в противном случае. Два слова называются эквивалентными, если одно из другого можно получить в результате циклической перестановки букв, что отвечает другому выбору начала обхода окружности. Слова называются обратными если одно из другого получается в результате выписывания букв в обратном порядке и с обращением степеней и, возможно, циклической перестановки. Это отвечает обходу окружности против ориентации.

Для каждой поверхности F_i составим список, который состоит из тследующих элементов: 1) числа n_i равного роду поверхности F_i, если поверхность ориентирована, и $-n_i$ в противном случае; 2) слов, выписанных при обходе границы поверхности по ориентации. Два таких списка назовем эквивалентными, если в них совпадают числ n_i и между буквами слов можно установить взаимно однозначное соответствие так, что при замене букв в соответствующих словах получим эквивалентные или обратные слова. При этом если поверхность есть ориентированной, то все слова являются одновременно эквивалентными или одновременно обратными.

Таким образом, для комбинаторного стратифицированного двумерного множества мы построили набор списков слов (НСС) так, что каждый список отвечает одной поверхности F_i . Два таких набора назовем эквивалентными, если существует взаимно однозначное отображение между их буквами и взаимно однозначные соответствия между словами и списками такие, что соответствующие списки эквивалентные при данном отображении букв.

Примеры. Рассмотрим такие графы на сфере как на рис. 2.7 (здесь сфера представлена в виде плоскости с бесконечно удаленной точкой).

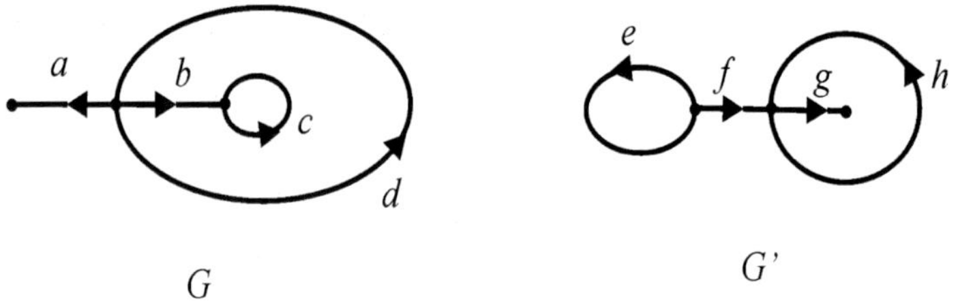

Рис.2.7.

НСС в первом случае имеет вид

$$\{\{0, c\}, \{0, dbc^{-1}b^{-1}\}, \{0, aa^{-1}d^{-1}\}\},$$

а для второго —

$$\{\ \{0, e\}, \{0, fh^{-1}f^{-1}e^{-1}\}, \{0, hgg^{-1}\}\}.$$

В каждый список входит только одно слово, поскольку графы связные. К первому НССу применим такую замену букв:

$$a \to g,$$
$$b \to f^{-1},$$
$$c \to e,$$
$$d \to h^{-1}.$$

Получим такой НСС:

$$\{ \{0, e\}, \{0, h^{-1}f^{-1}e^{-1}f\}, \{0, gg^{-1}h\}\}.$$

При циклической перестановке букв в втором и третьем списке получим второй НСС (НСС для G'). Итак, эти два НССы эквивалентные.

Теорема 2.2.1. *Пусть G — ориентированный полуграф, который есть 1-оставом комбинаторного стратифицированного двумерного множества K, а G' – 1-оставом K', g: $G \to G'$ — изоморфизм графов, переводящий вершины A_i графа G в вершины A'_i, а ребра B_j в ребра B'_j. Изоморфизм графов продолжается до гомеоморфизма стратифицированных множеств тогда и только тогда, когда замена B_j на B'_j в наборе списков для K задает эквивалентность на набор списков для K'.*

Доказательство. *Необходимость.* Из построения набора списка слов следует, что гомеоморфизм комбинаторных стратифицированных множеств при его ограничении на любую из поверхностей F_i задает эквивалентность соответствующего набора списка слов.

Достаточность. Эквивалентность списков позволяет построить гомеоморфизмы между поверхностями F_i и F_i', ограничение которых на краях совпадает с изоморфизмом между графами. Действительно, эти поверхности имеют одинаковый род и число компонент края, а в случае ориентированных поверхностей ориентация края согласованная с ориентацией поверхности. Тогда изоморфизм графов продолжается на любую поверхность F_i, а, значит, и на все множество K.

Определение 2.2.4. Граф вместе с набором списков слов (НСС), в которых буквы отвечают ребрам графа, назовем НСС-графом. Два НСС-графа назовем изоморфными, если существует изоморфизм графов такой, что замена букв второго НСС буквами соответствующими при изоморфизме с первого НСС задает эквивалентность между НССами.

Замечание. Каждый НСС-граф задает комбинаторное стратифицированное двумерное множество. Действительно, список слов задает (с точностью до гомеоморфизма) компактную поверхность с краем и ее приклеивающее отображение к графу, которое есть локальным гомеоморфизмом, кроме точек, отвечающих вершинам.

2.2.2. НСС-графы замкнутых поверхностей. Рассмотрим вопрос, когда НСС-граф задает поверхность. Пусть *K* — двумерное стратифицированное множество (комплекс), полученное в результате приклейке к графу поверхностей, которые отвечают спискам. Так как каждый список слов задает поверхность с краем, то структура поверхности (локальная гомеоморфность плоскости) комплекса *K* может быть нарушена лишь в местах склейки, то есть на ребрах и в вершинах графа.

1) Условие того, что комплекс *K* локально плоский во внутренних точках ребер равносильно тому, что к любому ребру приклеивается две части краев поверхностей. Это означает, что каждая буква или ей обратная во всех словах с НСС встречается два раза.

2) Пусть первое условие выполнено. Для каждой вершины рассмотрим множество ребер, инцидентных к ней. Два ребра назовем соседними, если они принадлежат краю одной из приклеивающихся поверхностей. Это условие равносильно тому, что существует слово, в котором буквы, отвечающие ребрам, или им обратные (в зависимости от ориентации ребер и поверхностей), расположенны рядом или есть первой и последней буквами слова. Два ребра назовем эквивалентными, если существует цепочка соседних ребер, соединяющая их. Тогда условие того, что комплекс *K* есть локально-плоским в вершинах графа, равносильно тому, что для каждой вершины все инцидентные с ней ребра эквивалентны. Если для какой-то вершины это условие не выполнено, то окрестность такой вершины гомеоморфна букету плоскостей, с число плоскостей равным числу классов эквивалентности.

Глава 3.

ФУНКЦИИ С ИЗОЛИРОВАННЫМИ КРИТИЧЕСКИМИ ТОЧКАМИ НА ЗАМКНУТЫХ МНОГООБРАЗИЯХ

3.1. ФУНКЦИИ МОРСА НА ТРЕХМЕРНЫХ МНОГООБРАЗИЯХ

3.1.1. Обобщенные диаграммы Хегора трехмерных многообразий. Пусть $H \cup H'=M$ — разбиение Хегора трехмерного многообразия M, $F=\partial H=\partial H'$ — общая поверхность кренделей H и H'.

Определение 3. 1. 1. Набор $u=\{u_1, u_2,..., u_n\}$ непересекающихся замкнутых кривых на поверхности F называется обобщенной системой меридианов кренделя H, если они ограничивают диски $D_i \subset H$, после разрезания кренделя по которым получится несвязное объединение трехмерных дисков.

Пусть $v=\{v_1, v_2,..., v_m\}$ — другая обобщенная система меридианов кренделя H'.

Определение 3. 1. 2. Тройка (F, u, v), которая состоит из замкнутой поверхности и двух обобщенных систем меридианов, называется обобщенной диаграммой Хегора (ОДХ) многообразия M.

Определение 3. 1. 3. Диаграммы (F, u, v) и (F', u', v') называются гомеоморфными, если существует такой гомеоморфизм h: $F \to F$, что $h(u)=u'$, $h(v)=v'$.

Определение 3. 1. 4. Диаграммы (F, u, v) и (F', u', v') называются полуизотопными, если существуют такие изотопии φ_t, ψ_t : $F \to F$, $t \in [0,1]$, что $\varphi_0=\psi_0=1$, $\varphi_1(u)=u'$, $\psi_1(v)=v'$.

Определение 3. 1. 5. Определим операцию прибавления меридиан: суммой $u_1 \# u_2$ двух меридианов u_1 и u_2 вдоль простой кривой γ, соединяющей u_1 и u_2, называется та компонента края окрестности объединения $\partial U(u_1 \cup u_2 \cup \gamma)$, которая неизотопна ни u_1, ни u_2 в U (см. рис. 3.1).

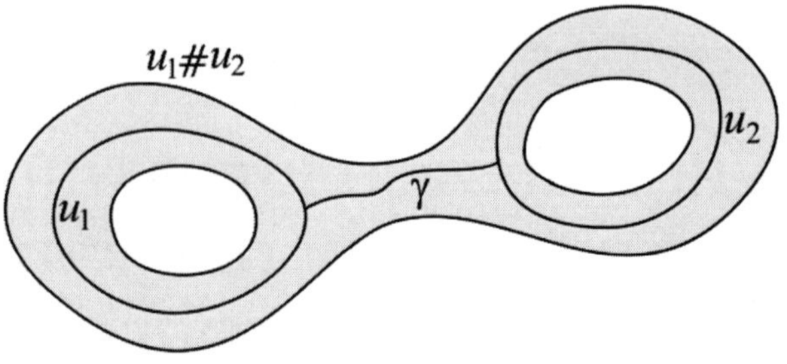

Рис. 3.1.

Обозначим через U_1, U_2,..., U_k те области, на которые меридианы u_1, u_2,..., u_n разбивают поверхность F, а через V_1, V_2,..., V_l — соответствующие области для меридиан v_1, v_2,..., v_m.

Определение 3. 1. 6. Диаграмма называется упорядоченной, если задано отображение σ, которое есть отображением на:

$$\sigma: \{U_1, U_2, ..., U_k, u_1, u_2, ..., u_n, v_1, v_2, ..., v_m, V_1, V_2, ..., V_l\} \rightarrow \{1, 2, ..., N\}.$$

Определение 3. 1. 7. Упорядоченные обобщенные диаграммы Хегора (УОДХ) называются эквивалентными, если одну из другой можно получить с помощью последовательности гомеоморфизмов и следующих операций

1) полуизотопий диаграмм (пальчиковых движений и им обратных) между u_i и v_j при условии, что $\sigma(u_i) > \sigma(v_j)$,

2) замен меридианов u_i на $u_i \# u_j$ при условии, что $\sigma(u_i) < \sigma(u_j)$,

3) замен меридианов v_i на $v_i \# v_j$ при условии, что $\sigma(v_i) > \sigma(v_j)$.

При выполнении второй операции $\sigma(u_i \# u_j) = \sigma(u_i)$, а выполнении третьей операции $\sigma(v_i \# v_j) = \sigma(v_i)$.

По функции Морса построим УПРР (без воротников, неоднозначно). Как и для обычных диаграмм Хегора поверхность F есть краем объединения ручек индекса 0 и 1. Меридианами будут косредние сферы 1-ручек и средние сферы 2-ручек. Пусть y_1, …, y_N — критические значения функции, упорядоченные по возрастанию ($y_1 < y_2 < \ldots < y_N$). Положим $\sigma(y_i) = i$. Каждой критической точке индекса 0 отвечает область U_i, точке индекса 1 — меридиан u_i, точке индекса 2 — меридиан v_i и точке индекса 3 — область V_i. Тогда задано отображение σ множества $\{U_1, U_2, ..., U_k, u_1, u_2, ..., u_n, v_1, v_2, ..., v_m, V_1, V_2, ..., V_l\}$ на множество $\{1, 2, \ldots, N\}$. Таким образом, каждая функция Морса задает (неоднозначно) УОДХ. Так построенную по функции Морса УОДХ будем называть УОДХ, порожденной этой функцией.

Пример. Рассмотрим обобщенную диаграмму Хегора, изображенную на рис. 3.2.

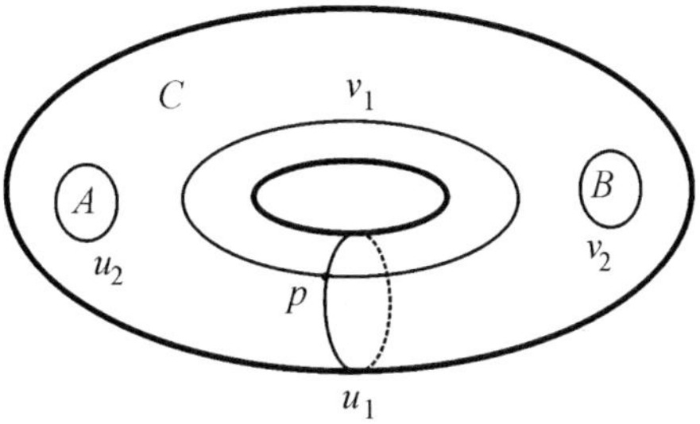

Рис. 3.2.

Здесь F — тор, $p=u_1\cap v_1$, а A, B, C — области, полученные при разрезании тора по всем меридианам. Введем следующие обозначения для областей

$$U_1 = F \setminus (u_1 \cup A \cup u_2),\ \ U_2 = A,\ \ V_1 = F \setminus (v_1 \cup B \cup v_2),\ \ V_2 = B.$$

Эта ОДХ отвечает функции Морса на трехмерной сфере, у которой по две критические точки каждого индекса. Пусть эта функция имеет последовательность регулярных уровней, изображенную на рис. 3.3. Здесь Этот задано раздожение на ручки, которые отвечает функции Морса:

$$M = H_1^0 \cup H_1^1 \cup H_1^2 \cup H_2^0 \cup H_2^1 \cup H_2^2 \cup H_1^3 \cup H_2^3\ .$$

При этом имеем

$$U_1 \to H_1^0,\ U_2 \to H_2^0,\ u_1 \to H_1^1,\ u_2 \to H_2^1,\ v_1 \to H_1^2,\ v_2 \to H_2^2,\ V_1 \to H_1^3,\ V_2 \to H_2^3.$$

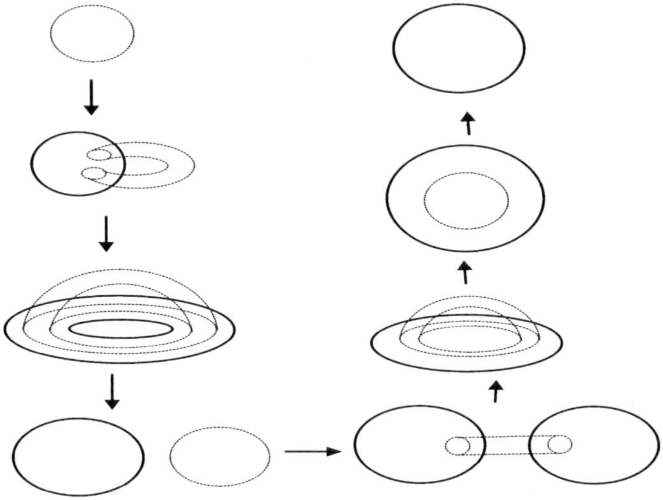

Рис.3.3.

Поскольку ручки упорядочены по возрастанию соответствующих им критических значений, то последние соответствия задает отображение ρ:

$$\rho(U_1)=1,\ \rho(U_2)=4,\ \rho(u_1)=2,\ \rho(u_2)=5,\ \rho(v_1)=3,\ \rho(v_2)=6,\ \rho(V_1)=7,\ \rho(V_2)=8.$$

3.1.2. Сопряженность функций Морса на трехмерных многообразиях. Покажем, что для трехмерных многообразий изотопии из 1) теоремы 2.1.1 в L^1 можно осуществить с помощью пальчиковых движений и обратных движений между косредней сферой ручки H^1 и средней сферой ручки H^2 в L^1, если номер ручки H^1 меньше номера H^2.

Пусть функции сопряжены и номер ручки H^1 меньше номера H^2. Тогда при приклейке ручки H^2 косредня сфера ручки H^1 и средняя сфера ручки H^2 могут пересекаться. При этом изотопия средней сферы ручки H^2 относительно косредней сферы ручки H^1 будет осуществляться с помощью пальчиковых движений и им обратных. При этом происходит рождение или сокращение пары точек пересечения между этими сферами (окружностями).

Теорема 3.1.1. *Две функции Морса на трехмерных многообразиях сопряжены тогда и только тогда, когда построенные по ним упорядоченные обобщенные диаграммы Хегора эквивалентны.*

Доказательство. Два набора меридиан обобщенной диаграммы Хегора есть косредними сферами ручек индекса 1 и средними сферами ручек индекса 2 в L^1. Изотопии из 1) теоремы 2.1.1 в L^1 осуществляются с помощью пальчиковых движений между соответствующими меридианами. Добавлению ручек индекса 1 ли 2 на обобщенной упорядоченной диаграмме Хегора отвечает добавление соответствующих меридиан.

3.1.3. Реализация. Опишем некоторые свойства функции ρ. Если $u_i\subset\partial U_j$, то средняя сфера ручки H_i^1 пересекает косредню сферу ручки H_j^0. Следовательно ручка H_i^1 приклеивается после ручки H_j^0. Значит, $\rho(u_i)>\rho(U_j)$. Это и аналогичные ему рассуждения определяют следующие свойства:

1) если $u_i\subset\partial U_j$, то $\rho(u_i)>\rho(U_j)$,
2) если $v_i\subset\partial V_j$, то $\rho(v_i)<\rho(V_j)$,
3) если $u_i\cap v_j\neq\varnothing$, то $\rho(u_i)<\rho(v_j)$,
4) если $U_i\cap v_j\neq\varnothing$, то $\rho(U_i)<\rho(v_j)$,
5) если $u_i\cap V_j\neq\varnothing$, то $\rho(u_i)<\rho(V_j)$,

6) если $U_i \cap V_j \neq \varnothing$, то $\rho(U_i) < \rho(V_j)$.

Определение 3.1.8. Функцию ρ, удовлетворяющую свойствам 1) - 6), будем называть *допустимой*.

Утверждение 3.1.1. *Пусть в УОДХ функция ρ есть допустимой. Тогда существует функция Морса, которая порождает эту УОДХ.*

Доказательство. ОДХ задает разложение многообразия на ручки. Функция определяет порядок приклеивания ручек. После приклеивания каждой ручки будем приклеивать воротник. В результате получим разложение на ручки с воротниками. Сжимая каждую ручку в (критическую) точку, получим многообразие с функцией на нем, задающейся с помощью проекций воротников на отрезок + константы, такой что бы эти функции были согласованы на краях воротников. Любая функция Морса, которая топологически эквивалентна построенной функции, будет искомой, поскольку обратное построение приведет к заданной УОДХ.

3.1.4. Примеры, подсчеты. Обозначим через $N(M, g, I_0, I_1, I_2, I_3)$ число топологически не эквивалентных функций Морса на многообразии M, для которых g — род поверхности F, а I_k — число критических точек индекса k, k=0, 1, 2, 3. (При этом $g=I_1-I_0+1=I_2-I_3+1$, $\chi(M)=I_0-I_1+I_2-I_3=0$.)

Поскольку существует единственная с точностью до топологической эквивалентности функция на трехмерной сфере, то $N(S^3, 0, 1, 0, 0,1)=1$.

$N(S^3, 0, 2, 1, 0,1)=2$ (две возможности для ρ: $\rho(U_1)=\rho(U_2)$ или $\rho(U_1)\neq\rho(U_2)$).

$N(S^3, 1, 1, 1, 1, 1) = 1$ (параллель и меридиан на торе).

$N(S^3, 1, 2, 2, 1, 1) = 25$ (это число способов (за счет разных ρ), которыми можно к предшествующей функции добавить пару дополнительных точек индекса 0 и 1, то есть гомотопный 0 меридиан + две диаграммы с двумя не гомотопними 0 параллелями, у которых равные ρ).

3.1.5. Компоненты связности пространства функций Морса на трехмерном многообразии. На двумерных многообразиях компонента линейной связности функции Морса в пространстве всех таких функций задается числами критических точек каждого индекса, что было показано С.В.Матвеєвим и В.В.Шарко. В трехмерном случае необходимо дополнительно требовать изотопность поверхностей Хегора.

Теорема 3.1.2. *Функции Морса можно соединить путем в пространстве функций Морса на трехмерном многообразии M тогда и только тогда, когда они имеют одинаковое число критических точек для каждого индекса и их поверхности Хегора есть изотопными при изотопии, что сохраняет разбиение многообразия на нижний и верхний крендели.*

Здесь под нижним понимаем крендель, который содержит все точки локального минимума.

Доказательство. *Необходимость.* Пусть функции f и g соединены путем f_t, $t \in [0,1]$, в пространстве функций Морса. Зафиксируем риманову метрику такую, что для $t \in \{0,1\}$ поле grad f_t есть векторным полем Морса-Смейла. Рассмотрим пересечения между устойчивыми и неустойчивыми многообразиями особых точек. Сведем путь к общему положению по отношению к этим пересечениям. Тогда для всех, кроме конечнного числа, $t \in [0,1]$ поле grad f_t есть векторным полем Морса-Смейла, а для тех t, где оно не является полем Морса-Смейла, возможны пересечения лишь устойчивых и неустойчивых многообразий одного индекса. Если для любого t поверхность Хегора рассматривать как границу ε-окрестности (с фиксированным достаточно малым ε) объединения устойчивых многообразий особых точек индексов 0 и 1, то получим набор поверхностей Хегора, зависящих от t, то есть их изотопию. Произвол в выборе начальных поверхностей Хегора для функций f и g ликвидируются с помощью изотопии, при которой точки двигаются по интегральным траекториям.

Достаточность. Зафиксируем риманову метрику и построим диаграммы Хегора функций f и g. При изотопии поверхности Хегора обобщенная система меридиан f перейдет в систему меридиан на поверхности Хегора функции g. Итак, имеем две ОДХ с общей поверхностью. Покажем, что любая из обобщенных систем меридианов может быть получена из системы такого же типа. Действительно, две системы одного типа имеют одинаковое число меридиан, поскольку у функций одинаковое число критических точек соответствующих индексов. Для минимальных систем этот факт доказан в [19, лемма 3.4]. Для двух произвольных систем выберем в любой из них минимальные. В первой системе остаток меридиан с помощью добавления сделаем гомотопными 0. Потом переведем первую минимальную систему в другую и, прибавляя к гомотопным 0 меридианам другие меридианы, получим необходимую систему.

Построим непрерывную последовательность диаграмм Хегора (за исключением конечного числа точек, где прибавляются меридианы). Построим разложения на ручки с воротниками. Заметим, что добавление меридианов реализуется как добавление ручек в разложениии на ручки или просто как изотопия ручки в разложении на ручки с воротниками. При этом ручка, которая прибавляется, должна быть опущена или поднята по отношению к ручке, к которой она прибавляется (этому будет отвечать увеличение или уменьшение значения функции в окрестности соответствующей критической точки).

По разложениям на ручки с воротниками построим функции Морса. Полученная последовательность функций Морса будет искомым путем в пространстве функций Морса. Теорема доказана.

Примеры. На трехмерной сфере две любые замкнутые поверхности - изотопны. При этом их можно „выворачивать наружу”. Поэтому две функции Морса можно соединить путем в пространстве функций Морса тогда и только тогда, когда у них одинаковое число критических точек каждого индекса. В общем случае, условие изотопности поверхностей Хегора опустить нельзя, поскольку существуют неизотопные разбиения Хегора [72].

3.2. Функции с изолированными критическими точками на двумерных многообразиях

Основная цель этого раздела — дать топологическую классификацию функций с изолированными особыми точками на замкнутых поверхностях. Покажем, что локально функции классифицируются целым числом — индексом Пуанкаре. Для глобальной классификации применим графы с дополнительной информацией, аналогичной к НСС. Эффективность построенной классификации подтверждается конкретными примерами подсчета числа топологически не эквивалентных функций.

3.2.1. Локальная классификация. Пусть F — замкнутая гладкая поверхность, $f\colon F\to \mathbf{R}$ — гладкая функция, у которой конечное число критических точек. Ввиду компактности поверхности, это условие равносильно тому, что каждая критическая точка изолированная.

Лемма 3.2.1. *Если y — регулярное значение функции f, то $f^{-1}(y)$ состоит из конечного числа окружностей. Для любого открытого множества U с* *границей, трансверсальной к $f^{-1}(y)$, пересечение $f^{-1}(y)\cap U$ имеет конечное число компонент связности .*

Доказательство. От противного. Пусть $f^{-1}(y)$ содержит бесконечное число окружностей. Тогда они разбивают поверхность на бесконечное число областей, любая из которых содержит локальный минимум или максимум, что противоречит конечности числа особых точек.

Если $f^{-1}(y)\cap U$ имеет бесконечное число компонент связности, то тогда и точек пересечения $f^{-1}(y)\cap\partial U$ бесконечное число. Тогда существует точка $x\in f^{-1}(y)\cap\partial U$, являющаяся предельной точкой множества $f^{-1}(y)\cap\partial U$. Тогда производные функции f в точке x вдоль $f^{-1}(y)$ и ∂U равны 0. Значит точка x — особая. Это противоречит условиям леммы.

Лемма 3.2.2. *Для каждой критической точки x_0 с критическим значением $y_0=f(x_0)$ существует окрестность $U(x_0)$, в которой*

$$f^{-1}(y_0)\cap \mathrm{cl}(U(x_0))\cong \mathrm{Con}\,(\cup S^0).$$

Здесь $\mathrm{Con}\,(\cup S^0)$ — конус над объединением 0-мерных сфер, то есть объединение парного числа отрезков, у которых одна общая точка — конец каждого из отрезков (см. рис.3.4).

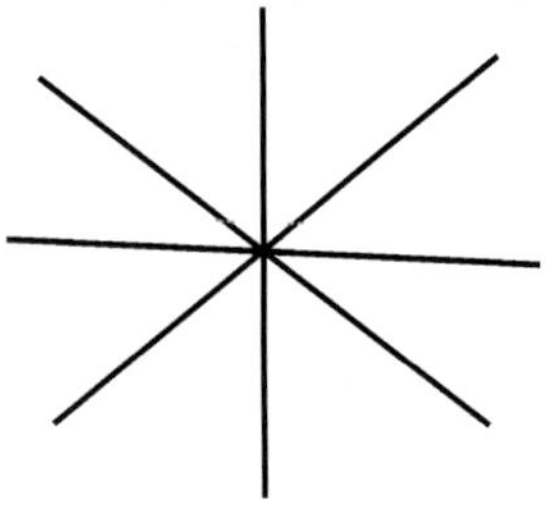

Рис. 3.4.

Доказательство. Поскольку x_0 — изолированная особая точка, то существует ее окрестность U, которая не содержит других критических точек функции f. Положим g — ограничение функции f на множество $U\backslash\{x_0\}$. Тогда на этом множестве линии уровней обоих функций совпадают. Поскольку y_0 — регулярное значение функции g, то прообраз $g^{-1}(y_0)$ есть 1-мерным подмногообразием в $U\backslash\{x_0\}$, то есть несвязным объединением замкнутых кривых и открытых интервалов.

Без ограничения общности можем считать, что ∂U пересекается трансверсально с $f^{-1}(y_0)$ и не содержит критических точек. Аналогично лемме 3.2.1, можно показать, что точек пересечения конечное число.

Сузим окрестность U до такой окрестности $U(x_0)$, замыкание которой не пересекается с окружностями и дугами, у которых оба конца лежат на ∂U, и такой, что $\partial U(x_0)$ трансверсально пересекается с $g^{-1}(y_0)$ и не содержит критических точек. Тогда $f^{-1}(y_0) \cap \mathrm{cl}(U(x_0))$ состоит из объединения замкнутых дуг, хотя бы один из концов которых совпадает с точкой x_0.

Покажем, что ни одна из этих дуг не образует петли (то есть оба конца совпадают с точкой x_0). От противного, пусть такая дуга существует, тогда она ограничивает двумерный диск и функция f принимает на нем минимальное или максимальное значение, отличное от y_0. Таким образом, в $U(x_0)$ существует другая критическая точка (минимума или максимума), отличная от x_0. Это противоречит выбору окрестности $U(x_0)$.

Покажем, что дуг конечное число. От противного, пусть их бесконечное число. Разрежем поверхность F по $f^{-1}(y_0)$. Так как разрезание по каждой замкнутой кривой с концами на $f^{-1}(y_0)$ уменьшает род поверхности или увеличивает число компонент связности, то получим бесконечное число компонент связности. На любой из компонент связности существует точка локального минимума или максимума. Это противоречит конечности числа критических точек на поверхности F. Полученное противоречие доказывает, что критический уровень в окрестности критической точки есть объединением конечного числа дуг с общим концом.

Покажем, что число дуг четное. Назовем области из $U(x_0)\backslash f^{-1}(y_0)$ с $f(x)>y_0$ положительными, а с $f(x)<y_0$ отрицательными. Каждая дуга входит в границу как положительной, так и отрицательной области. Эти области чередуются. Значит, областей каждого типа одинаковое число и общее число областей, как и дуг, четное.

Теорема 3.2.1. *Для каждой критической точки x_0 (кроме локального минимума и максимума) существует окрестность, в которой функция сопряжена с функцией* $\mathrm{Re}\, z^k$ *для некоторого числа* $k \in \mathbf{Z}$.

Линии уровня функции $\mathrm{Re}\, z^k$ при $k=3$ схематично изображены на рис. 3.5.

Рис. 3.5.

Доказательство. Пусть $U(x_0)$ — окрестность с теми же свойствами, что и в лемме 3.2.2, а $2k$ — число дуг, концом которых есть точка x_0. Если $k=1$, то в окрестности критической точки линии уровня функции такие же как и в окрестности регулярной точки (с точностью до гомеоморфизма). Дале будем предполагать, что $k>1$.

Рассмотрим одну из областей V, на которые критический уровень разбивает окрестность $U(x_0)$. Пусть для определенности $f(x)<y_0$ на V. Тогда в точках из пересечения $\partial U(x_0)\cap\partial V$ векторное поле $\mathrm{grad} f$ направлено внутрь области V.

Покажем, что существует траектория γ, которая проходит через $\partial U(x_0)\cap\partial V$ и заканчивается в x_0. Действительно, пусть h: $\partial U(x_0)\cap\partial V\to f^{-1}(y_0)$ — отображение, заданное формулой

$$h(x)=\begin{cases} x_0, & \text{если } \gamma(x)\bigcap f^{-1}(y_0)=\varnothing, \\ \gamma(x)\bigcap f^{-1}(y_0), & \text{если } \gamma(x)\bigcap f^{-1}(y_0)\neq\varnothing. \end{cases} \tag{3.1}$$

Из гладкости векторного поля $\mathrm{grad} f$ следует непрерывность отображения h в точках, образ которых не совпадает с точкой x_0. Если множество таких точек совпадает с $\partial U(x_0)\cap\partial V$, то образ этого связного множества при непрерывном отображении есть несвязным. Полученное противоречие доказывает существование искомой траектории.

Для каждой окрестности W точки x_0 в $f^{-1}(y_0)$ определим окрестность $W(\varepsilon)$ в F для $\varepsilon>0$:

$$W(\varepsilon)=\{x\in F: |f(x)-y_0|<\varepsilon,\ \gamma(x)\cap W\neq\varnothing\}.$$

Выберем W и ε настолько малыми, чтобы $W(\varepsilon)\subset U(x_0)$ (См. рис. 3.6).

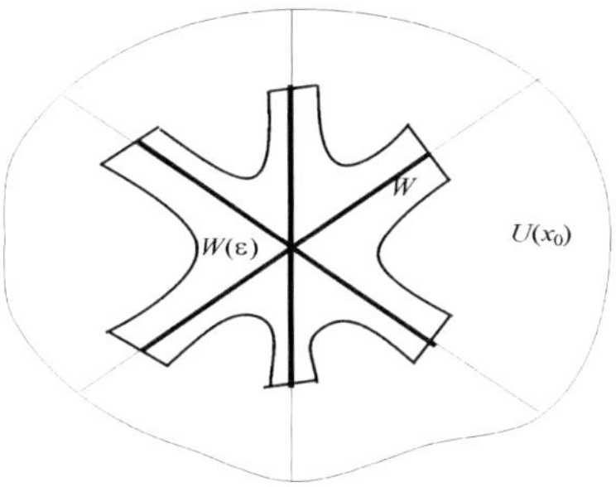

Рис. 3.6.

По той же формуле, что и выше (формула 3.1), определим отображения h: $W(\varepsilon)\to W$.

Построим гомеоморфизм, который отображает эту окрестность на соответствующую окрестность функции Re z^k. В качестве окрестности W функции Re z^k возьмем множество

$$\{z: |z|<1, \arg z=\alpha(z)=\pi(2n+1)/2k, 0\le n\le k-1, n\in \mathbf{Z}\}.$$

Выберем взаимно однозначное соответствие между областями, на которые линии уровня разбивают окрестности $W(\varepsilon)$, так чтобы соседним областям отвечали соседние, а положительным — положительные. Построим сопрягающий гомеоморфизм между соответствующими областями. Пусть, для определенности, области V отвечает область с полярным углом α:

$$\pi/(2k)<\alpha<3\pi/(2k).$$

Пусть $\{x_1, x_1'\} = F\mathrm{r}(V)\cap F\mathrm{r}(W)$, $x_2=\gamma(x_1)\cap f^{-1}(y_0-\varepsilon)$, x_3 — ближайшая к x_2 на $F\mathrm{r}(V)\cap f^{-1}(y_0-\varepsilon)$ точка, для которой $h(x_3)=x_0$ (см. рис. 3.7.)

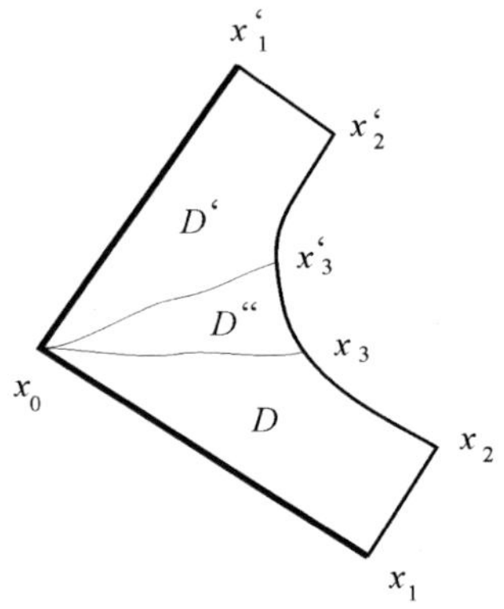

Рис. 3.7.

Зафиксируем гомеоморфизм p кривой с $f^{\ 1}(y_0)$ между точками x_0 и x_1 в [0, 1] так, что $p(x_0)=0$, $p(x_1)=1$. Определим отображение H замкнутой области D, ограниченной криволинейным четырехугольником с вершинами x_0, x_1, x_2, x_3 и сторонами, которые лежат на $f^{\ 1}(y_0)$, $\gamma(x_2)$, $f^{\ 1}(y_0\text{-}\ \varepsilon)$, $\gamma(x_3)$, в прямоугольник $[0,1]\times[0,\varepsilon]$ формулой:

$$H(x) = (\ p(h(x)), f(x_0)\text{-}\ y_0).$$

Таким образом, линии уровня функции и интегральных кривых отображаются в отрезки параллельные сторонам прямоугольника.

Докажем, что отображение H является гомеоморфизмом. Из того, что каждая точка лежит на какой-то интегральной траектории, и того, что функция монотонная при движении по траектории в одном направлении, следует взаимная однозначность отображения H. Для произвольной точки $z\in D$ и последовательности точек $z_i\in D$, необходимо доказать, что $z_i\to z$ тогда и только тогда, когда $H(z_i)\to H(z)$. От противного, пусть $z_i\to z$, а $H(z_i)$ не стремиться к $H(z)$. Тогда существует такое $\varepsilon_z>0$ и подпоследовательность z_{i_k}, для которой $|h(z_{i_k})\text{-}\ h(z)|<\varepsilon_z$ или $|f(z_{i_k})\text{-}\ f(z)|<\varepsilon_z$. Это равносильно тому, что

$$z_{i_k} \in D\backslash(h^{-1}(h(z)\text{-}\varepsilon_z, h(z)+\varepsilon_z) \cap f^{\ 1}(f(z)\text{-}\varepsilon_z, f(z)+\varepsilon_z)).$$

Таким образом, z_{i_k} не лежит в окрестности точки z, ограниченной кривыми $h^{-1}(h(z)-\varepsilon_z)$, $f^{-1}(f(z)-\varepsilon_z)$, $h^{-1}(h(z)+\varepsilon_z)$, $f^{-1}(f(z)+\varepsilon_z))$. Это противоречит сходимости последовательности z_i.

Предположим теперь, что последовательность $H(z_i)$ стремится к $H(z)$, а последовательность z_i не стремиться к z. Тогда, поскольку D — компакт, существует подпоследовательность z_{i_k}, которая стремится к z_0, $z_0 \neq z$. По доказанному выше, $H(z_{i_k}) \to H(z_0)$. Это противоречит тому, что $H(z_i) \to H(z)$.

По аналогии с сделанным выше, построим криволинейный четырехугольник с вершинами в точках x_0, x_1', x_2', x_3'. Если $x_3'=x_3$, то как и выше, строим гомеоморфизм этого четырехугольника на прямоугольник $[0,1]\times[0,\varepsilon]$. Если $x_3' \neq x_3$, то обозначим через D' криволинейный четырехугольник с вершинами в x_0, x_1', x_2', x_3', а через D'' криволинейный треугольник с вершинами в точках x_0, x_3, x_3' (см. рис. 3.7).

Зафиксируем гомеоморфизмы p, q дуг на линиях уровня функции между точками x_0, x_1' и x_3, x_3' в $[0,1]$ и $[0,1/2]$, соответственно. Зададим отображения H: $D' \cup D'' \to [0,1]\times[0,\varepsilon]$ формулой:

$$H(x) = \begin{cases} \left(p(h(x)) - \dfrac{1-p(h(x))}{2\varepsilon} f(x),\ -f(x) \right), \text{ если } x \in D', \\ \left(-\dfrac{f(x)}{\varepsilon} q(\gamma(x) \cap f^{-1}(\varepsilon)),\ -f(x) \right), \text{ если } x \in D''. \end{cases}$$

Это отображение есть гомеоморфизм, отображающий линии уровня в горизонтальные кривые. Образы интегральных кривых изображены на рис. 3.8.

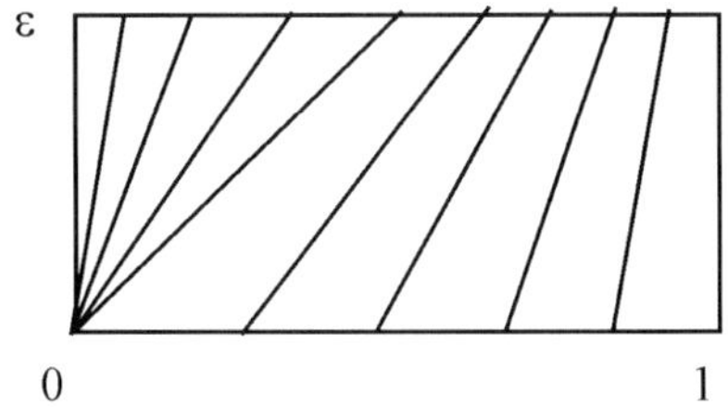

Рис. 3.8.

Аналогично строим гомеоморфизмы областей для функции $\operatorname{Re} z^k$. Взяв соответствующие композиции гомеоморфизмов, получим гомеоморфизмы областей функции f на области функции $\operatorname{Re} z^k$. По построению, эти гомеоморфизмы совпадают на границах областей и, таким образом, задают искомый гомеоморфизм окрестности $W(\varepsilon)$.

Следствие 3.2.1. Если $k=1$, то существует такая окрестность критической точки, в которой функция сопряжена функции без критических точек.

Замечание. Аналогично доказательству теоремы можно показать, что у каждого локального минимума (максимума) существует окрестность, в которой функция сопряжена функции

$$g(x,y)=x^2+y^2\ (g(x,y)=-x^2-y^2).$$

Определение 3.2.1. Назовем индексом Пуанкаре $\mathrm{ind}^f(x_0)$ критической точки x_0 функции f индекс Пуанкаре ее поля градиента $\mathrm{grad}\, f$ для некоторой римановой метрики.

Следствие 3.2.2. Пусть x_0 — изолированная критическая точка функции f, а y_0 — функции g. Функции f и g топологически эквивалентные в некоторых окрестностях этих точек, которые не содержат других критических точек, тогда и только тогда, когда они имеют одинаковые индексы Пуанкаре, $\mathrm{ind}^f(x_0) = \mathrm{ind}^g(y_0)$.

Замечание. Для функции $f = \mathrm{Re}\, z^k$ индекс Пуанкаре $\mathrm{ind}^f(0)=1-k$. Кроме того, в каждой критической точке на поверхности $\mathrm{ind}^f(x_0)\le 1$.

3.2.2. Глобальная классификация.

3.2.2.1. Диаграмма функции. Пусть F — гладкая замкнутая поверхность и $f\colon F \to \mathbf{R}$ — гладкая функция с изолированными критическими точками и критическими значениями $y_1, \ldots, y_n$ такими, что $y_i<y_j$, если $i<j$. По теореме 3.2.1 прообраз каждого критического значения гомеоморфный графу в объединении с замкнутыми кривыми. Ребра графа и замкнутые кривые являются гладко вложенными 1-многообразиями. На каждой замкнутой кривой зафиксируем точку, тем самым превратив эту кривую на петлю с выделенной вершиной.

Обозначим через $G_i(f)$ — граф (возможно не связный), который геометрически совпадает с прообразом критического значения y_i функции f. При этом вершинами графа есть критические и выделенные точки.

Определение 3.2.2. Поверхность F вместе с вложенными в нее графами $G_i(f)$ называется *диаграммой* $D=\{F, G_1(f), \ldots, G_n(f)\}$ функции f.

Определение 3.2.3. Две диаграммы называются *изоморфными*, если существует гомеоморфизм поверхностей, который отображает графы в графы, а вершины графов — в вершины и сохраняет порядок графов.

Теорема 3.2.2. *Две функции с изолированными критическими точками на замкнутой поверхностях тополгически эквивалентные тогда и только тогда, когда изоморфные их диаграммы.*

Доказательство. Необходимость. Если задано сопрягающий гомеоморфизм поверхности, то он отображает критические уровни в критические и значит задает изоморфизм диаграмм.

Достаточность. Пусть диаграммы двух функций изоморфные. Тогда существует гомеоморфизм g поверхности F, который отображает критические уровни в критические. Разрежем поверхность F по критическим уровням. Получим поверхности F_k, гомеоморфные цилиндрам $S^1\times[0,1]$. Тогда гомеоморфизм g индуцирует гомеоморфизмы полученных цилиндров. Заменим эти гомеоморфизмы на гомеоморфизмы, которые переводят уровни функции в уровни пропорционально значению функции между двумя критическими значениями и совпадают с исходными на каждом из оснований цилиндров. Поскольку построенные гомеоморфизмы совпадают на границах, то они задают искомый гомеоморфизм поверхности.

3.2.2.2. Различающий граф. Пусть $D=\{F, G_1(f), \ldots, G_n(f)\}$ — диаграмма функции f с изолированными критическими точками на поверхности F. Каждый цилиндр F_k с основаниями на графах $G_i(f)$, $G_{i+1}(f)$ задает по одному циклу, который отвечает основанию цилиндра, на этих графах. Цикл на $G_i(f)$ будем называть верхним, а на $G_{i+1}(f)$ — нижним. При этом локальным минимумам и максимумам отвечают циклы, которые состоят из одной вершины. Заметим, что каждое ребро помещается в одном верхнем и одном нижнем цикле.

Определение 3.2.4. Различающим графом называется граф G, разбитый на непересекающиеся подграфы $G_1,\ldots,G_n$, на которых выделены циклы, разбитые на две группы — верхние и нижние, и задано взаимно однозначное соответствие ψ между нижними циклами с G_i и верхними циклами с G_{i+1}, $u=1,\ldots,n$-1. При этом каждое ребро содержится в одном верхнем и одном нижнем цикле, а каждая изолированная вершина образует один верхний или нижний цикл.

Изоморфизм различающих графов - это такой изоморфизм графов, при котором подграфы отображаются на подграфы, верхние циклы - в верхние, нижние - в нижние, а также сохраняется соответствие между верхними и нижними циклами.

Каждая функция с изолированными особыми точками на замкнутой поверхности задает единственный, с точностью до изоморфизма, различающий граф.

Теорема 3.2.3. *Две функции топологически сопряжены тогда и только тогда, когда их различающие графы изоморфны.*

Доказательство. *Необходимость.* Если функции топологически сопряжены, то их диаграммы изоморфны. Ограничение этого изоморфизма на граф задает изоморфизм различающих графов.

Достаточность. Пусть различающие графы изоморфные. Построим изоморфизм диаграмм. По построению каждой паре верхних и нижних циклов, связанных взаимно однозначным соответствием ψ, отвечает некоторый цилиндр F_k. Таким образом, задано соответствие между цилиндрами. Построим произвольным образом гомеоморфизмы между цилиндрами так, что их ограничения на верхнее и нижнее основания совпадают с ограничениями изоморфизмов графов на соответствующие циклы. Поскольку эти гомеоморфизмы будут совпадать на границах, то они задают гомеоморфизм поверхности F, и, значит, изоморфизм диаграмм.

3.2.2.3. Реализация. Исследуем теперь вопроса: когда различающий граф задает функцию с изолированными особыми точками на замкнутой поверхности? Два ребра e_1, e_2 инцидентные одной вершине v назовем *соседними* для вершины v, если в различающем графе существует такой цикл, который содержит фрагмент (e_1, v, e_2) или фрагмент (e_2, v, e_1).

Утверждение 3.2.1. *Различающий граф задает функцию с изолированными особыми точками на замкнутой поверхности тогда и только тогда, когда для любых двух ребер, инцидентных одной вершине, существует последовательность ребер, в которой каждое следующееребро есть соседним, в этой вершине, с предшествующий.*

Доказательство. Необходимость прямо следует из построения. Докажем достаточность. Условия теоремы гарантируют что после приклейки к графу цилиндров получим замкнутую поверхность. Построим на ней функцию f. Для этого положим $f(G_i)=u$, а для цилиндра $S^1\times[0,1]$ с основаниями на G_i и G_{i+1}: $f(S^1\times\{t\})=u+t$. При этом в вершинах графа цилиндры приклеиваются так, что функция f совпадает с функцией $u+\mathrm{Re}\ z^k$ в соответствующей системе координат.

Определение 3.2.5. Вершина графа называется *плоской*, если для нее выполняются условия утверждения 3.2.1. Иначе вершина называется *конической*.

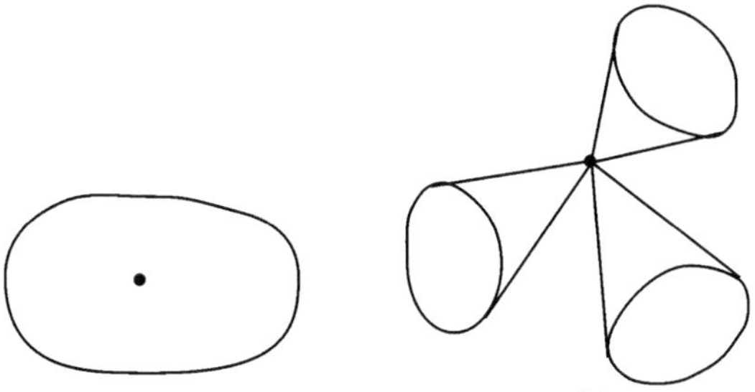

(*a*) (*b*)

Рис. 3.9.

На рис. 3.9 изображены результаты приклейки цилиндров в окрестности плоской (*a*) и конической (*b*) вершин.

3.2.2.4. Примеры и вычисления. В этом разделе на конкретных примерах подсчета числа неэквивалентных функций демонстрируется эффективность проведенной классификации.

Рассмотрим функции на замкнутых ориентированных поверхностях с минимальным числом критических точек (минимальные функции) и сопрягающие гомеоморфизмы, которые сохраняют ориентацию.

На сфере S^2 эти функции имеют две критические точки, которые есть точками минимума и максимума. Очевидно, что все такие функции сопряжены.

На других поверхностях минимальная функция имеет три критические точки. Графы G_1, G_3 есть точками, а граф G_2 — граф с единственной вершиной, то есть букет $2g + 1$ окружностей, где g — род поверхности. Так как циклы на графах G_1 и G_3 тривиальные, диаграмма функции фактически состоит из графа $G = G_2$ и двух циклов на нем. Пусть v — единственная вершина графа G. Зададим ориентацию на ребрах G так, чтобы она совпадала с ориентацией на нижнем цикле. Обозначим ребра $2g + 1$ буквами: a, b, c, d, e, … так, что нижний цикл задается словом $abcde$…

Тогда верхний цикл — ориентированный цикл, который задается словом w, которое состоит из тех же букв. Это слово, с точностью до сопряженности, задает функцию. Так как циклическая перестановка букв в слове ведет к той же функции, можем предполагать, что первая буква слова w есть буквой a.

Два слова отвечают одной и той самой функции, если и только, если одно из них можно получить из другого циклическим переименованием сменных:

$$a\to b,\ b\to c,\ \ldots,\ \text{последняя буква} \to a.$$

Если в слове есть фрагмент двух последовательных букв (*ab*, *bc*, *cd*, …) тогда вершина *v* есть конической, так как конец первого и окончание второго ребра имеют только друг друга как соседние ребра. В дальнейшем рассматриваем слова без таких фрагментов.

Для тора слова состоят из трех букв *a*, *b*, *c*. Единственным словом, которое удовлетворяет приведенным выше условиям и которое отвечает графу с плоской вершиной, есть слово *w=acb*. Значит существует единственная (с точностью до топологической эквивалентности) минимальная функция на торе.

Для ориентированной поверхности рода 2 слово состоит из букв *a*, *b*, *c*, *d*, *e*. Существует 4 слова, которые удовлетворяют нашим условиям:

1) *acbed*,

2) *acebd*,

3) *adbec*,

4) *aedcb*.

Циклическое переименование букв в любом из слов 2), 3), 4) дает то же самое слово. При циклическом переименовании букв в слове 1) получим все другие возможные слова: *acedb*, *adceb*, *aebdc*, *aecbd*. Все слова 1) — 4) отвечают графу с плоской вершиной. Значит число топологически не сопряженных минимальных функций на ориентированной поверхности рода 2 - четыре.

Для поверхности рода 3 слова состоят из 7 букв *a*, *b*, *c*, *d*, *e*, *f*, *g*. Существует 37 слов, которые удовлетворяют приведенным выше условиям:

1) *acbedgf*, 2) *acbedgf*, 3) *acbegdf*, 4) *acbfdge*, 5) *acbfegd*,
6) *acbgedf*, 7) *acbgfed*, 8) *acebdgf*, 9) *acebgdf*, 10) *acebgfd*,
11) *acegbdf*, 12) *acfbdge*, 13) *acfbegd*, 14)*acfdbge*, 15) *acfdgeb*,
16) *acfegdb*,17) *acfebgd*, 18) *acgbfed*, 19) *acgdbfe*, 20)*acgfbed*,
21) *acgfedb*, 22) *adbfcge*, 23) *adbgcfe*, 24) *adbgfec*, 25) *adcgfeb*,
26) *adgcfbe*, 27) *aecbgfd*, 28) *agfedcb*, 29) *aebfcgd*, 30) *afdbgec*,
31) *acbdgfe*, 32) *acfbged*, 33) *acgebfd*, 34) *acgfdbe*, 35) *adcbgfe*,
36) *adcgfbe*, 37) *aecgfdb*.

Слова 1) - 30) отвечают плоской вершине, остальные - конический. Например, если обозначить начала ребер через a_- , b_- , c_-, d_-, e_-, f_-, g_- и концы через a_+, b_+, c_+, d_+, e_+, f_+, g_+, то для слова 1) имеем последовательность соседних ребер:

$$a_-c_+b_-e_+d_-g_+f_-a_+g_-f_+e_-d_+c_-b_+a_-.$$

Мы видим, что произвольные ребра (их начала и концы) могут быть связаны последовательностью соседних. Значит слову 1) отвечает плоская вершина. Для слова 31) имеем три цепи:

$$1)a_-c_+b_-d_+c_-b_+a_-,$$
$$2)d_-g_+f_-e_+d_-,$$
$$3)g_-f_+c_-a_+g_-.$$

Ребра из разных цепей не могут быть связаны последовательностью соседних, например, ребра b_+ и g_+. Значит, это слово задает коническую вершину. Таким образом, существует 28 топологически несопряженных минимальных функций на замкнутой ориентированной поверхности рода 3.

Предположим, что сопрягающий гомеоморфизм поверхности обращает ее ориентацию. Это соответствует обращению ориентации на циклах графа. Тогда буквы в слове выписываются в обратном порядке и, кроме того, буквы заменяются на им обратные. Например, если слово содержит 7 букв, делаем следующие замены:

$$a\leftrightarrow a,\ b\leftrightarrow g,\ c\leftrightarrow f,\ d\leftrightarrow e.$$

Так что слово *acbegfd* переходит в слово *acebdgf*. Значит эти слова задают топологически (неориентированно) сопряженые функции. Для поверхностей рода 1 и 2 каждое слово переходит само в себя. Для поверхности рода 3 имеем такие 5 пар слов, которые переходят одно в другое: 3) и 8), 2) и 16), 4) и 15), 7) и 21), 17) и 19). Все другие слова переходят сами в себя. Обозначим через $k(g)$ число топологически несопряженных минимальных функций на замкнутой ориентированной поверхности рода g. Тогда $k(0)=1$, $k(1)=1$, $k(2)=4$, $k(3)=25$.

Рассмотрим топологическую эквивалентность минимальных функций на ориентированных поверхностях. По слову w для функции f запишем слово w' для функции $-f$. Если слово $w = a_1a_2a_3a_4\ldots$, где a_1, a_2, a_3, ... ($a_i \in \{a, b, c, d, \ldots\}$) - буквы, тогда слово w' получено из слова *abcd* следующей заменой букв:

$$a_1\to a,\ a_2\to b,\ a_3\to c,\ a_4\to d,\ \ldots$$

Например в слове $w = acebd$ заменяем $a\to a$, $c\to b$, $e\to c$, $b\to d$, $d\to e$ в слове *abcde*. Тогда $w' = adbec$. Так что функции, заданные словами *abcde* и *adbec* есть топологически эквивалентными. Если $w = acbed$ или $w = aedbc$, тогда $w' = w$. Значит имеется 3 топологически неэквивалентные функции на ориентированной поверхности рода 2. Для ориентированной поверхности рода 3, такие пары слов определяют эквивалентные функции:

3) - 4), 5) - 6), 8) - 17), 9) - 18), 10) - 24), 12) - 13), 15) - 19), 16) - 22), 21) - 25).

Для всех других слов $w' = w$. Значит имеем 16 топологически неэквивалентных функций на ориентированной поверхности рода 3.

Пусть $f\colon F \to \mathbf{R}$ - минимальная функция на неориентированной поверхности. Как и выше обозначаем ребра буквами *a*, *b*, *c* … и ориентируем их таким способом, что нижнее слово имеет форму *abc*. Верхний цикл при этом будет неориентированным. Буквы, которые отвечают граням с обратной ориентацией, записываются с отрицательной степенью. Таким образом, функции задаются словами, которые состоят из букв как с положительными, так и с отрицательными степенями.

Для проективной плоскости $\mathbf{R}P^2$ имеем единственное слово ab^{-1}. Для бутылки Клейна все возможные слова $ab^{-1}c^{-1}$, acb^{-1}, $ac^{-1}b$ являются циклически эквивалентными. Значит все минимальные функции на бутылке Клейна, как и на проективной плоскости, есть топологически сопряжеными и топологически эквивалентными.

Для неориентированной поверхности рода 3 имеем 4 топологически не сопряженных функции, которые задаются словами

1) $ab^{-1}c^{-1}d^{-1}$,
2) $ab^{-1}dc$,
3) $ab^{-1}d^{-1}c$,
4) $ab^{-1}dc^{-1}$.

Слова 3) и 4) определяют топологически эквивалентные функции. Итак, имеем 3 топологически неэквивалентные функции на неориентированной поверхности рода 3. Полученные результаты вычислений подытожен в табл. 3.1 (пишем род для ориентированных поверхностей с "+" и для неориентированных поверхностей с "-")

Табл. 3.1. **Число неэквивалентных минимальных функций**

Эквивалентность \ Род	0	1	2	3	-1	-2	- 3
Ориент. сопряженность	1	1	4	30	-	-	-
Топол. сопряженность	1	1	4	25	1	1	4
Топол. эквивалентность	1	1	3	16	1	1	3

Замечание. .Если все вершины, кроме изолированных, имеют валентность 4, то функция топологически эквивалентная функции Морса.

3.3. Функции с изолированными критическими точками на трехмерных многообразиях

3.3.1. Локальная сопряженность функций в изолированной критической точке. Пусть f — гладкая функция на гладком трехмерном многообразии M. Известно [68], что для каждой изолированной критической точки p с критическим значением $y=f(p)$ существует замкнутая окрестность $U(p)$, в которой

$$f^{-1}(y) \cap U(p) = \mathrm{Con}\,(\bigcup_{i=1}^{k} S_i^1\ ).$$

Здесь Con $(\bigcup_{i=1}^{k} S_i^1\ )$ — конус над несвязным объединением k окружностей S_i^1, то есть объединение двумерных дисков, у которых склеенны центры.

Для описания поведения функции в окрестности критической точки p построим дерево (граф без циклов) Gf_p. Пусть $U(p)$ – окрестность описанная выше, границей которой есть сфера S^2, а $\partial(f^{-1}(y) \cap U(p)) = \cup S_i^1$ – набор вложенных окружностей. Каждой области D_j, на какие окружности разбивают сферу, поставим в соответствие вершину v_j графа Gf_p, а каждой окружности S_i^1 - ребро e_i. Вершина v_j будет концом ребра e_i, если граница области D_j содержит окружность S_i^1. Таким образом, две вершины соединены ребром, если соответствующие им области есть соседними.

Примеры. Для функции $f(x,y,z) = x^2 + y^2 - z^2$ число k=2, а для функции $f(x,y,z) = (x^2 + y^2 - z^2)(x^2 + y^2 - 4z^2)(x^2 - 4y^2 + z^2)$ число кругов k=6 в критической точке p, что есть началом координат. Расположение этих кругов на сфере, а также соответствующие графы Gf_p изображены на рис. 3.10. (Сфера рассматривается как плоскость с бесконечно удаленной точкой).

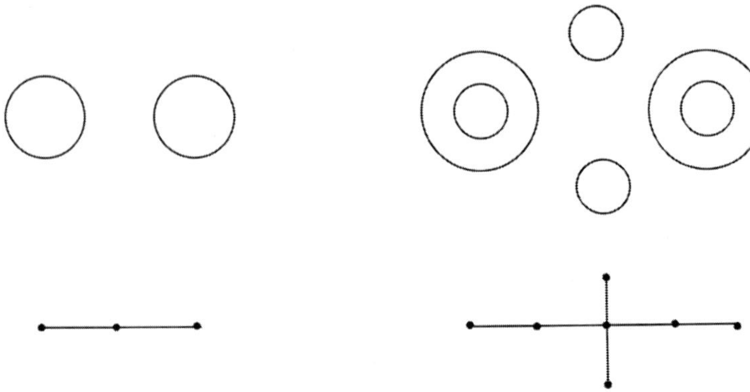

Рис. 3.10.

Теорема 3.3.1. *Пусть p — изолированная критическая точка гладкой функции f*: $\mathbf{R}^3 \to \mathbf{R}^1$, *a q — функции g*: $\mathbf{R}^3 \to \mathbf{R}^1$. *Для того, чтобы существовали окрестности U и V точек p и q соответственно и гомеоморфизмы h*: $U \to V$, h': □→□ *такие, что* $h'f = g\,h$, *необходимо и достаточно, чтобы графы* Gf_p *и* Gg_q *были изоморфными.*

Доказательство. Необходимость. Из построения графов следует, что сужение гомеоморфизма h на границу окрестностей (сферу) будет определять искомый изоморфизм графов.

Достаточность. Зафиксируем изоморфизм между графами Gf_p и Gg_q. Пусть W_p — окрестность точки p в $f^{-1}(f(p))$, гомеоморфная $\mathrm{Con}(\cup S_i^1)$. Определим окрестность $W_p(\varepsilon)$ этой точки в $\mathbf{R}^3$ для $\varepsilon > 0$ по формуле:

$$W_p(\varepsilon) = \{x \in M: |f(x) - y_0| < \varepsilon,\ \mathrm{cl}(\gamma(x)) \cap W_p \neq \varnothing\}.$$

Здесь $\gamma(x)$ - интегральная траектория поля градиента, которая проходит через точку x. Пусть π: $W_p(\varepsilon) \to W_p$ — отображение, которое задается формулой

$$\pi(x) = \begin{cases} p, & \text{если } \gamma(x) \cap f^{-1}(f(p)) = \varnothing, \\ \gamma(x) \cap f^{-1}(f(p)), & \text{если } \gamma(x) \cap f^{-1}(f(p)) \neq \varnothing. \end{cases}$$

Для критической точки q функции g окрестность $W_q(\varepsilon)$ и отображение π определяются аналогичным образом. Построим гомеоморфизм предельных сфер $H: \partial W_p(\varepsilon) \to \partial W_q(\varepsilon)$ такой, что для каждой точки $x \in W_p(\varepsilon)$

$$|f(x) - f(p)| = |g(H(x)) - g(q)|.$$

Представим границу $\partial W_p(\varepsilon)$ в виде объединения :

$$\partial W_p(\varepsilon)=V_-\cup V_0\cup V_+,$$

где

$$V_- =\partial W_p(\varepsilon)\cap f^{-1}(f(p)-\varepsilon),$$

$$V_+=\partial W_p(\varepsilon)\cap f^{-1}(f(p)+\varepsilon),$$

$$V_0 =\mathrm{cl}(\partial W_p(\varepsilon)\setminus(V_-\cup V_+)= \mathrm{cl}(\partial W_p(\varepsilon)\cap f^{-1}(f(p)-\varepsilon, f(p)+\varepsilon)).$$

Будем называть V_+ и V_- — верхней и нижней гранью, соответственно, а V_0 - боковой стенкой окрестности $W_p(\varepsilon)$.

Боковая стенка есть объединением замкнутых окрестностей окружностей S_i^1. Поэтому

$$V_0 = \cup\, S_i^1\times[-\varepsilon, \varepsilon].$$

При этом для любого i и $t\in[-\varepsilon, \varepsilon]$

$$S_i^1\times\{t\}\subset f^{-1}(f(p)+t),$$

а для любого $s\in S_i^1$

$$s\times[-\varepsilon, \varepsilon] \subset \gamma(s,0).$$

То есть на каждом цилиндре $S_i^1\times[-\varepsilon, \varepsilon]$ линии уровня функции и интегральных кривых задают структуру прямого произведения.

Обозначим через D_i' компоненту связности V_+ или V_-, которая содержится в области D_i. Тогда

$$D_i'=D_i\setminus\cup S_i^1\times(-\varepsilon, \varepsilon).$$

Пусть W_i:=Con$(S_i^1)\subset f^{-1}(f(p))$. Рассмотрим множество D_i'' тех точек из D_i', интегральные траектории которых входят в p или выходят из p:

$$D_i''=\{x\in D' \mid \gamma(x)\cap W=\varnothing\}.$$

Тогда D_i'' — деформационный ретракт как D_i', так и D_i.

Например, для функции $f(x, y, z) = x^2 - y^2 + z^2$ в стандартной римановой метрике, окрестность $W_p(\varepsilon)$ которой изображена на рис. 3.11, $V_- = D_1' \cup D_3'$, $V_+=D_2'$, $D_1'' = p_1$, $D_2'' = S^1$, $D_3'' = p_3$.

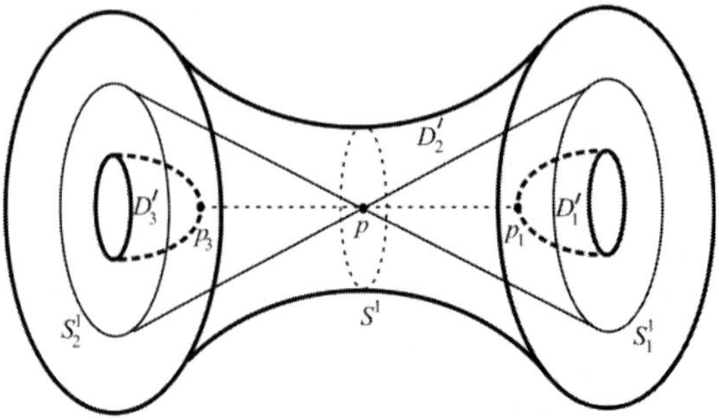

Рис. 3.11.

Пусть для определенности $f(D_i'')=f(p)+\varepsilon$. На множестве

$$U_i'=\{x\in \mathrm{cl}(W_p(\varepsilon))|\ \gamma(x)\cap W\neq\varnothing, f(x)\geq f(p)\}\cong(0,1]\times S_i^1\times[0,\varepsilon]$$

построим новое векторное поле X. Для этого на U_i' введем систему координат $(u,\ s,\ t)$, аналогичную цилиндрическим координатам в $\mathbf{R}^3$. Координата t точки x равна $f(x)$- $f(p)$. Поскольку Con $(S_i^1)\backslash p$ гомеоморфный $(0,1]\times S_i^1$, то координаты u и s при t=0 задаются этим гомеоморфизмом. Для произвольной точки $x\in U_i'$ положим координаты u и s равными координатам u и s точки $\gamma(x)\cap\mathrm{cl}(W_p)$. Существование такой системы координат следует из теоремы о трубке тока (или о выпрямлении векторного поля). Поскольку интегральные кривые векторного поля совпадают с координатными линиями, то оно имеет координаты $\{0,0,v(x)\}$, где $v(x)>0$ для каждой точки $x\in U_i$.

Положим координаты нового векторного поля X равными

$$\{\frac{u\cdot v(x)}{\sqrt{u^2+t^2}},\frac{t\cdot v(x)}{\sqrt{u^2+t^2}},0\}\ \text{ при } 2u\varepsilon\leq t \text{ и}$$

$$\{\frac{(1-u)\cdot v(x)}{\sqrt{(1-u)^2+(2\varepsilon-t)^2}},\frac{(2\varepsilon-t)\cdot v(x)}{\sqrt{(1-u)^2+(2\varepsilon-t)^2}},0\}\ \text{ при } t\leq 2\varepsilon u.$$

Легко заметить, что поле X градиетно-подобное для функции f, и совпадает с исходным полем в точках с координатой u=1 и при $u\to 0$. Для него множество $D_i'\backslash D_i''$ состоит из точек с координатой u>1/2. Так построенное векторное поле X будем называть наклоненным векторным полем.

Приступим теперь к построению искомого гомеоморфизма предельных сфер. Изоморфизм графов задает соответствие между областями D_j и окружностями S_i^1 двух функций. Выберем на одном из графов произвольную ориентацию ребер, а на другом ориентацию так, что изоморфизм графов сохраняет ориентацию. Фиксируем ориентации сфер. Тогда ориентация ребер графа задает ориентацию окружностей. Зададим гомеоморфизмы, которые сохраняют ориентацию, а между соответствующими окружностями произвольным образом. Эти гомеоморфизмы, умноженные на тождественное отображение отрезка [- ε,ε], задают гомеоморфизмы цилиндров. Произведения φ_i с тождественным отображением (0,1] задают гомеоморфизмы конусов Con (S_i^1). Используя наклоненные векторные поля и соответствующие им координаты, продолжим гомеоморфизмы конусов на множество U_i'. По построению наклоненных полей они задают гомеоморфизмы границ областей U_i (по равенству соответствующих координат). Таким образом, имеем гомеоморфизмы границ областей D_i''. Продолжим их внутрь областей произвольным образом. Эти гомеоморфизмы задают соответствия между интегральными траекториями. Соответствие между точками траекторий задается по равенству разности значений функций в них со значением в критических точках.

Из построения следует, что построенное отображение есть гомеоморфизмом и переводит уровни функции в уровни функции.

3.3.2. Глобальная сопряженность функций с изолированными критическими точками на замкнутом трехмерном многообразии. При рассмотрении вопроса о глобальной сопряженности функций на трехмерных многообразиях мы по каждой функции строим разбиение многообразия на трехмерные диски, которые пересекаются по границам. При этом каждый диск содержит одну критическую точку и изотопный окрестности построенной в п.1. Глобальный инвариант функции описывает, как эти диски склеены между собою.

3.3.2.1. Функции с произвольным конечнным числом критических точек. Пусть $p_1,\ldots,p_k$ - критические точки, $f(p_1)\leq f(p_2)\leq\ldots\leq f(p_k)$. Зафиксируем на многообразии риманову метрику и достаточно малые замкнутые окрестности $W_1,\ldots,W_k$ критических точек (не пересекающиеся между собою и такие же как $W_p(\varepsilon)$ в теореме 3.3.1). Построим аналог разложения на ручки — представим многообразие в виде объединения $M=H_1\cup\ldots\cup H_k$, где $W_i\subset H_i$, $u=1,\ldots,k$. Окрестности $H_1,\ldots,H_k$, которые называются обобщенными ручками, будем строить по индукции. Положим $H_1=W_1$. Пусть $S(W_i)$ — множество тех точек, положительная полутраектория которых поля grad f пересекает W_i. Тогда положим $H_i=\mathrm{cl}(S(W_i)\setminus\cup_{j<i}H_j)$. Таким образом, M может быть получено последовательной приклейкой обобщенных ручек.

Рассмотрим множество $S=\partial H_1\cup\ldots\cup\partial H_k$. Оно имеет естественную структуру стратифицированного множества. При этом каждый страт размерности 2 лежит в пересечении двух разных обобщенных ручек H_j, H_k. Диаграммой функции называется построенное по ней стратифицированное множество вместе с указанием для каждого страта пары номеров прилегающих стратов и наборов номеров, которые имеют одинаковые критические значения. Диаграммы называются гомеоморфными, если существует гомеоморфизм стратифицированных множеств, который сохраняет пары и наборы номеров.

Утверждение 3.3.1. Две функции топологически сопряженные тогда и только тогда, если по ним можно построить гомеоморфные диаграммы.

Доказательство. *Необходимость.* Ограничение сопрягающего гомеоморфизма на первое стратифицированное множество задает гомеоморфизм первой диаграммы на диаграмму, построенную по образу этого отображения.

Достаточность. Как и раньше без ограничения общности можно считать, что функции имеют одинаковые критические значения.

Границу каждой обобщенной ручки можно разбить на три части: 1) нижнее основание — точки пересечения с ручками с меньшими номерами, 2) верхнее основание — точки, в которых поле градиента трансверсально границе ручки и не входящие в нижнее основание, 3) боковые стенки — точки не принадлежащие основаниям. Заданный гомеоморфизм стратифицированных множеств легко подправить к такому, у которого боковые стенки переходят в боковые стенки, и сохраняется разбиение их на линии уровней функции. Использование теоремы 1 разрешает продолжить этот гомеоморфизм к искомому сопрягающему гомеоморфизму. Утверждение доказано.

Перейдем к исследованию вопроса, когда негомеоморфные диаграммы задают топологически сопряженные функции. Произвольность в выборе римановой метрики приводит к тому, что обобщенные ручки приклеиваются по изотопным вложениям. Соответствующие диаграммы будем называть полуизотопными. Из построения и последнего утверждения следует

Следствие 3.3.1. Две функции топологически сопряжены тогда и только тогда, когда их диаграммы полуизотопные.

3.3.2.2. Граф функции с тремя критическими точками. Пусть M — замкнутое трехмерное многообразие, а f: $M \to \mathbb{R}$ — гладкая функция с тремя изолированными критическими точками p_1, p_2, p_3 и критическими значениями y_1, y_2, y_3 такими, что $y_i<y_j$, если $i<j$. Таким образом, p_1 - точка минимума, а p_3 — точка максимума.

Обозначим через $U_2 = W_{p_2}(\varepsilon)$ окрестность точки p_2, определенную в п.3.3.1. Пусть U_1 — компонента связности множества $M\backslash(\mathrm{cl}(U_2)\cup f^{-1}(p_2))$, которая содержит точку p_1, а U_3 — точку p_3. Тогда любое U_i гомеоморфно открытому 3-мерному диску. Рассмотрим граничные сферы $S_i^2=\partial U_i$. Раскрасим области из $S_1^2\cap S_2^2$ в белый цвет, из $S_2^2\cap S_3^2$ — в черный, а из $S_1^2\cap S_3^2$ — в серый. Таким образом, любая из сфер S_i^2 разбита на области двух цветов. Как и в п.1 по каждой сфере построим граф Gf_i. Раскрасим вершины графов в цвета соответствующих этим вершинам областей. На любом из графов разобьем каждое ребро на два, вводя на нем дополнительную вершину. Полученные графы будем обозначать Gf_i'. Из этих графов склеим новый граф Gf таким образом, что две старые вершины разных графов склеиваются, если соответствующие им области совпадают в M, а также склеим прилегающие им ребра, если соответствующие им окружности совпадают. Другим способом граф Gf можно получить, если в качестве вершин взять области из $S_1^2\cup S_2^2\cup S_3^2$, а также окружности из $S_1^2\cap S_2^2\cap S_3^2$. При этом две вершины соединенные ребром, если одна из них отвечает области, а другая окружности, которая лежит в границе этой области. Раскрасим вершины, которые отвечают областям в те же цвета, что и области. Итак, граф Gf имеет следующие свойства:

1) вершины графа делятся на четыре типа: белые, черные, серые и не раскрашенные. Вершин первых трех типов одинаковое число. Не раскрашенные вершины имеют валентность (степень) 3;

2) если из графа удалить вершины одного цвета и прилегающие к ним ребра, то выйдет односвязный граф (дерево Gf_i').

Граф, который обладает свойствами 1) и 2), будем называть различающим графом. Два таких графа будем называть эквивалентными, если существует изоморфизм между ними, который отображает вершины каждого цвета в вершины такого же цвета. Различающий граф, построенный, как выше, по данной функции, будем называть графом этой функции.

Пример. Построим функцию с тремя критическими точками и ее диаграмму на многообразиеі $S^1\times S^2$. Диаграмма Хегора этого многообразия есть тором, на котором каждая система меридиан состоит из одной замкнутой кривой и эти две кривые не пересекаются (см. рис. 3.12)

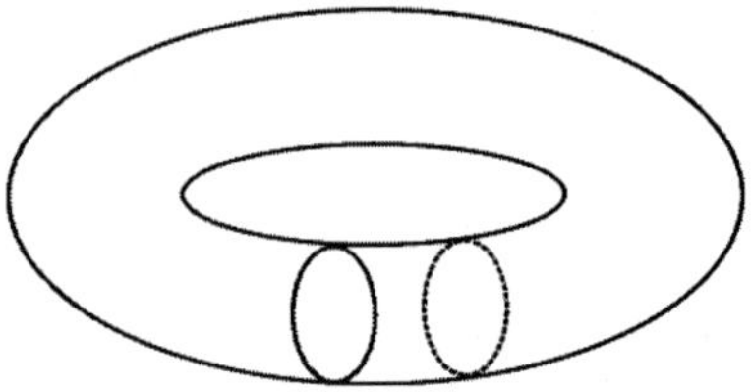

Рис. 3.12.

Поскольку меридианы не пересекаются, то существует разложение на ручки, в котором по одной ручке каждого индекса, и ручки индекса 1 и 2 приклеиваются одновременно. Приклейка таких ручек изображена на рис. 3.13.

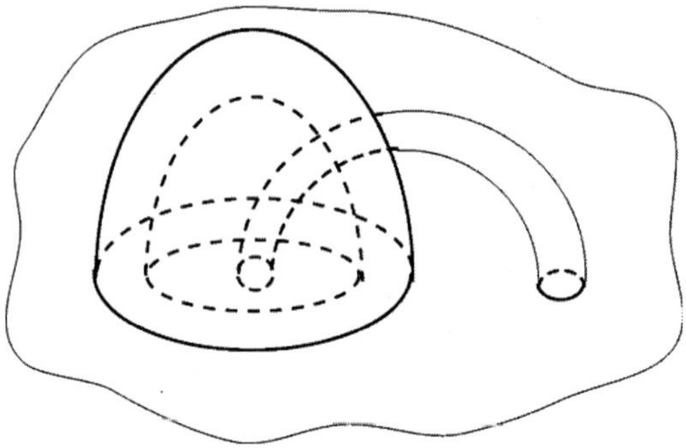

Рис. 3.13.

Приклеивание этих двух ручек можно заменить на приклеивание 3-мерного диска так, как на рис. 3.14.

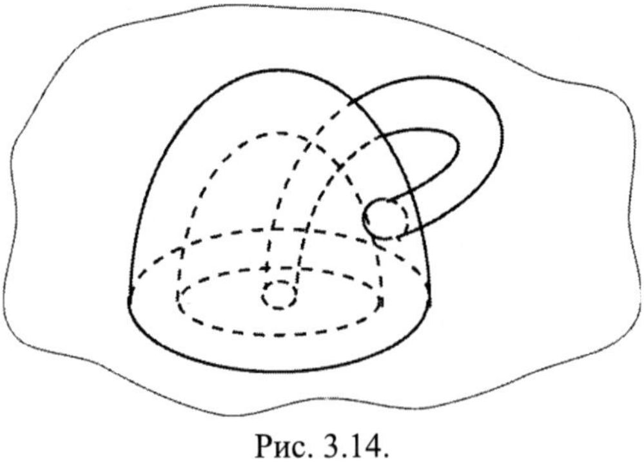

Рис. 3.14.

Итак, мы получили разбиение $S^1 \times S^2$ на три 3-мерных диска: 0-ручка, 1-ручка $\cup$ 2-ручка (как на рис. 3.14), 3-ручка. Причем второй диск приклеивается к первому по вложению, образ которого изображен на рис. 3.15.

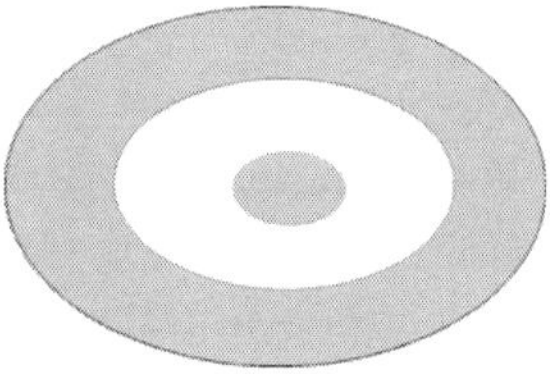

Рис. 3.15.

Области на границах других сфер (границах второго и третьего дисков) имеют такой же вид. Тогда все графы критических точек (соответствующего цвета) имеют вид, изображенный на рис. 3.16.

Рис.3.16.

После разбиения каждого ребра пополам и склеивания соответствующих половинок из разных графов получим граф, изображенный на рис. 3.17.

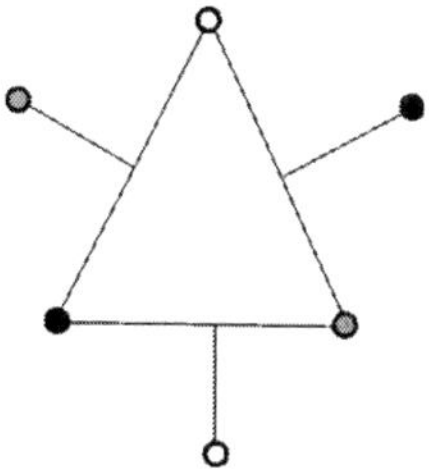

Рис.3.17.

Этот граф функции с тремя критическими точками на $S^1 \times S^2$.

Теорема 3.3.2. *Пусть f, g: $M \to \mathbf{R}$ — гладкие функции, которые имеют по три критические точки на гладком замкнутом трехмерном многообразии M. Функции f и g сопряжены тогда и только тогда, когда их графы эквивалентны.*

Доказательство. *Необходимость.* Сопрягающий гомеоморфизм задает гомеоморфизм областей U_i, i=1,2,3 и изоморфизм различающих графов.

Достаточность. Без ограничения общности, можно считать, что функции имеют одинаковые критические значения –1, 0 и 1. Пусть графы функций изоморфные. После удаления серых вершин и прилегающих к ним ребер и замены нераскрашенных вершин с двумя прилегающими ребрами одним ребром получим изоморфные графы, которые позволяют построить гомеоморфизм h между областями U_2. Соответствие между серыми вершинами задает соответствие между компонентами связности множеств $f^{-1}(0)\backslash U_2$ и $g^{-1}(0)\backslash h(U_2)$. Поскольку все области ориентированы и имеют род 0 (так как лежат на сфере), то из изоморфности различающих графов следует, что у соответствующих областей одинаковое число компонент края (равное числу прилегающих к серой вершине ребер). Поэтому гомеоморфизмы краев, заданные гомеоморфизмом h, могут быть продолжены к гомеоморфизму h_0 множества $f^{-1}(0)\backslash U_2$. Рассмотрим поля градиентов grad f и grad g в римановой метрике, использованной при построении гомеоморфизма h. Гомеоморфизмы h и h_0 задают взаимно однозначное соответствие между траекториями полей градиентов. Гомеоморфизмы между соответствующими траекториями, которые сохраняют значение функции, задают искомый сопрягающий гомеоморфизм функций.

Замечание. Функции будут топологически эквивалентны, если их графы эквивалентные или станут эквивалентными после замены цветов вершин: белых на черные, а черных на белые.

Примеры. Обозначим через n — число раскрашенных вершин различающего графа одного цвета. Тогда для соответствующей функции будем говорить, что она имеет сложность n.

При n=1 и n=2 имеем по одному (с точностью до эквивалентности) различающему графу. Тогда, существуют одна (с точностью до топологической эквивалентности или сопряженности) функция сложности 1, и одна — сложности 2. Их графы изображены на рис. 3.18.

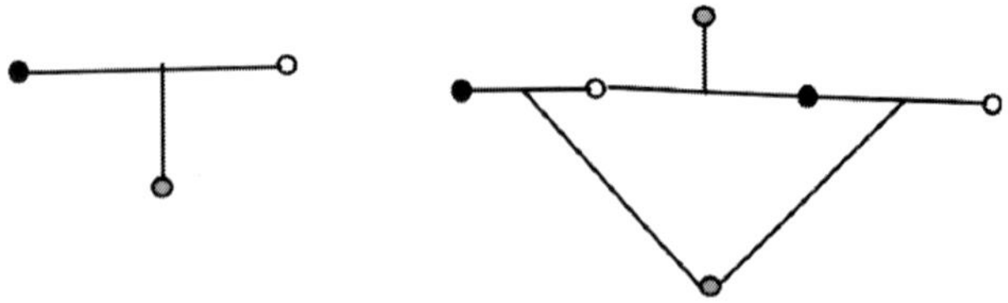

Рис. 3.18.

При n=3 возможны 4 (с учетом раскрашивания) графы критических точек. Они изображены на рис. 3.19.

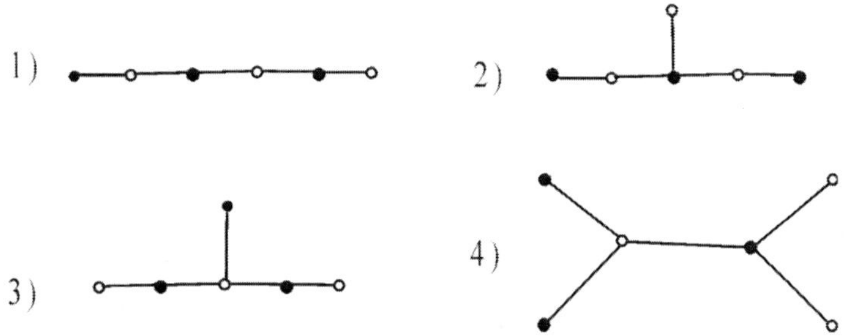

Рис. 3.19.

Граф функции получим из двух графов точек (одного с бело-черными вершинами, а другого с бело-серыми), склеив по гомеоморфизмам окрестности соответствующих белых вершин. При этом можем склеивать графы, которые имеют одинаковую валентность соответствующих белых вершин. То есть графы любого из 4 типов с графом такого же типа, а также граф первого типа с графом второго типа и граф третьего типа с графом третьего типа. При склеивании двух графов первого типа возможны 4 варианта, которые дают граф, удовлетворяющий свойствам 1)-2) для графа *Gf*. Они изображены на рис. 3.20.

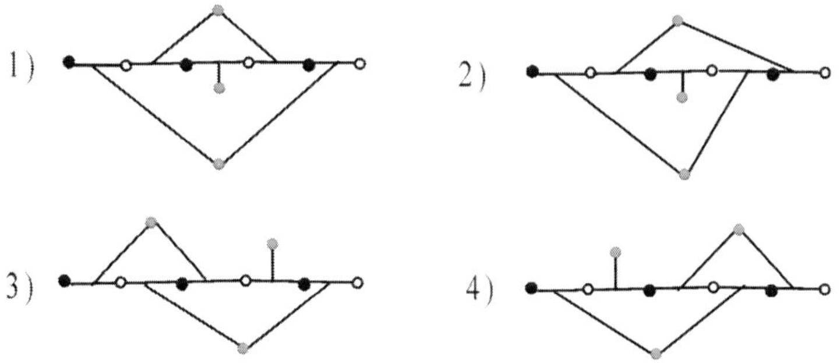

Рис. 3.20.

Для любой пары из других типов пар, кроме 4-4, возможных склеиваний графов будет лишь по одному варианту: 5) для 1-2, 6) для 2-1, 7) для 2-2, 8) для 3-3, 9) для 3-4, 10) для 4-3 (см. рис. 3.21). При склеивании двух графов типа 4) получаем граф, который не удовлетворяет нашим требованиям. Итак, существует 10 топологически не сопряженных функций сложности 3.

При замене серых вершин на черные, а черных на серые из графов 1), 5), 9) получим графы 3), 6), 10), соответственно. Другие 4 графа при таких заменах переходят сами в себя. Итак, имеем семь топологически не эквивалентных функций сложности 3.

При замене белых вершин на черные, а черных на белые из графов 3), 6), 7) получим графы 4), 8), 9), соответственно. Итак, будем иметь 4 различных разбиений на три 3-диска сложности 3.

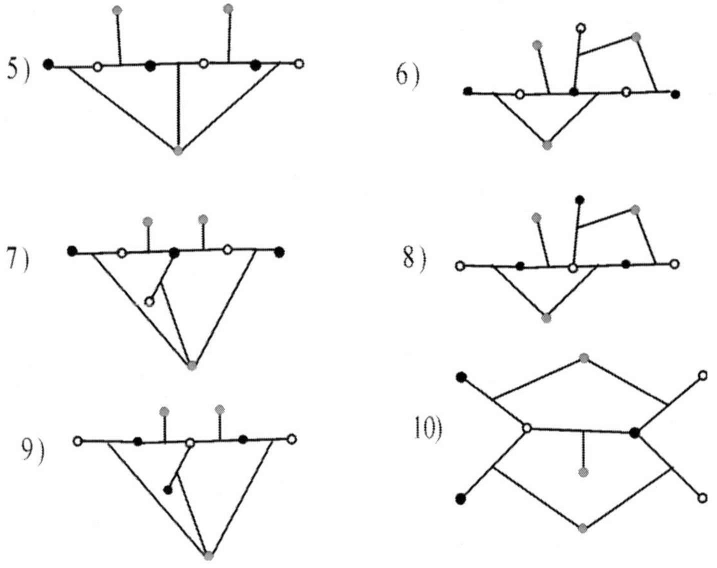

Рис. 3.21.

При n=4 можно получить 14 (с учетом раскрашивания) графов критических точек. Они изображены на рис. 3.22.

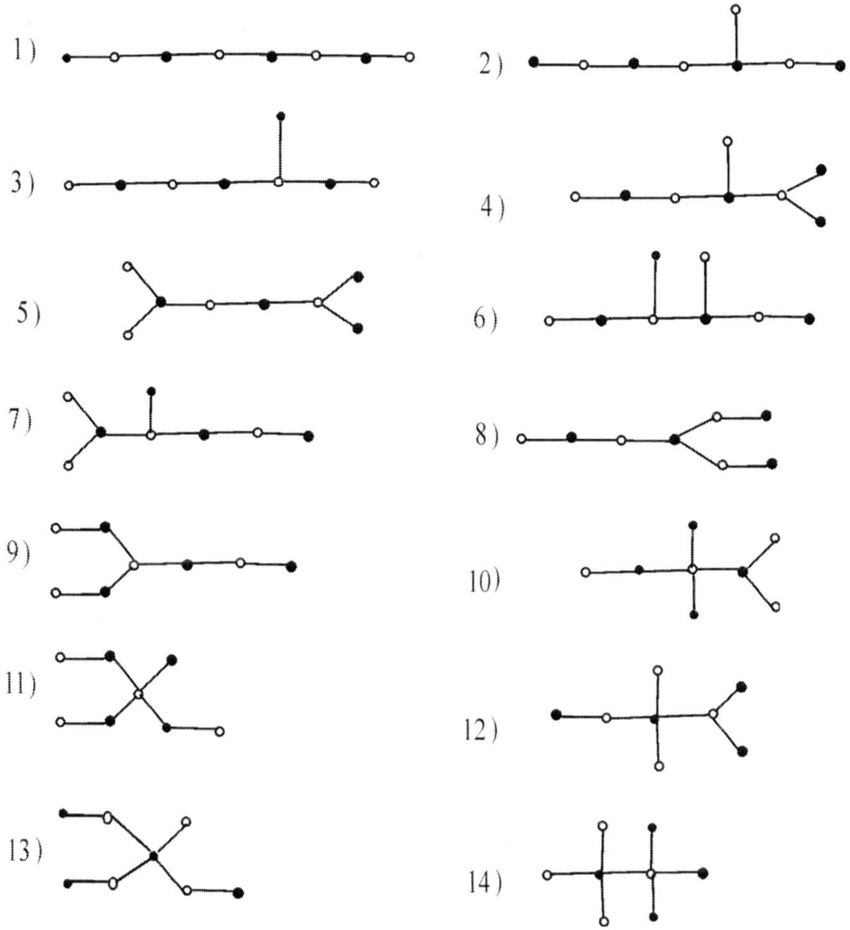

Рис. 3.22.

Число различных допустимых склеиваний пар графов разных типов приведен в табл. 3.2.

Сумма всех чисел в таблицы - 179. Итак, существует 179 топологически несопряженных функций сложности 4.

Табл. 3.2.Число разных допустимых склеиваний пар графов

	1	**2**	**3**	**4**	**5**	**6**	**7**	**8**	**9**	**10**	**11**	**12**	**13**	**14**
1	20	12						7					1	
2	12	8						5					1	
3			2	1	1	8	3		6			1		
4			1			1	2		3					
5			1			1			3					
6			8	1	1	4	2		1			1		
7			3	2		2								
8	7	5						4					1	
9			6	3	3	1			1			1		
10											2			
11										2	1			1
12			1			1			1					
13	1	1						1					1	
14											1			

Склеивание графов 1-го типа можно задавать с помощью подстановок. Так, на каждой вершине валентности 3 задано два числа - ее порядковые номера в черно-белом и в серо-белом графах, если начинать считать от черной (серой) вершины валентности 1. Тогда возникает подстановка из 7 чисел. Но поскольку последнее число всегда равно 7, то она задается подстановкой из 6 чисел. С другой стороны эта подстановка указывает на то, как склеиваются окрестности белых вершин, и, значит, задает граф функции. Существует 20 подстановок, которые задают допустимые графы:

1) (5, 6, 3, 4, 2, 1),
2) (4, 3, 6, 5, 2, 1),
3) (3, 4, 6, 5, 2, 1),
4) (4, 3, 5, 6, 2, 1),
5) (5, 6, 4, 3, 1, 2),
6) (2, 1, 5, 6, 4, 3),
7) (6, 5, 2, 1, 4, 3),
8) (6, 5, 1, 2, 4, 3),
9) (5, 6, 1, 2, 4, 3),
10) (6, 5, 2, 1, 3, 4),
11) (5, 6, 2, 1, 3, 4),
12) (2, 1, 6, 5, 3, 4),
13) (2, 1, 5, 6, 3, 4),
14) (2, 1, 4, 3, 6, 5),
15) (3, 4, 2, 1, 6, 5),
16) (4, 3, 1, 2, 6, 5),
17) (3, 4, 1, 2, 6, 5),
18) (6, 5, 3, 4, 1, 2),
19) (3, 4, 6, 5, 1, 2),
20) (4, 3, 5, 6, 1, 2).

Если допускать замены черных и серых вершин между собою, то изменятся числа на диагонали, а числа склейок графов двух разных типов надо считать один раз (а не два, как это делалось выше). Существует 12 разных 3-графов, полученных при склеивании двух графов 1-го типа (эквивалентными являются такие пары подстановок 1-18, 2-7, 3-8, 4-10, 6-12, 9-19, 11-20, 15-16, подстановки 5, 13, 14, 17 перейдут сами в себя), 6 - 2-го, 1 - 3-го, 3 - 6-го и 8 - 3-го типа. Суммируя все числа, получим, что число топологически не эквивалентных функций сложности 4 равно 93.

3.3.2.3. Функции с 4-мя критическими точками. Пусть M — замкнутое трехмерное многообразие, а f: $M \to \mathbf{R}$ — гладкая функция с четырмя изолированными критическими точками p_1, p_2, p_3, p_4 и критическими значениями y_1, y_2, y_3, y_4 такими, что $y_i<y_j$, если $i<j$. Таким образом, p_1 — точка минимума, а p_4 — точка максимума.

Обозначим через $U_2 = W_{p_2}(\varepsilon)$ окрестность точки p_2, а $U_3 = W_{p_3}(\varepsilon)$ — окрестность точки p_3, определенные в п. 3.3.1. Пусть U_1 — компонента связности множества $M \setminus (\mathrm{cl}(U_2) \cup f^{-1}(p_2))$, которая содержит точку p_1, а U_4 — компонента $M \setminus (\mathrm{cl}(U_3) \cup f^{-1}(p_3))$, которая содержит точку p_4. Рассмотрим поверхности $F = \partial(U_1 \cup U_2)$ и $F' = \partial(U_3 \cup U_4)$. По построению они гомеоморфны регулярному уровню $f^{-1}(z)$, где $y_2<z<y_3$. Более того, часть M_0 многообразия M, расположенная между ними гомеоморфна цилиндру $F \times [0,1]$. Обозначим $\{u_i\}$ — замкнутые кривые из пересечения $\mathrm{cl}(U_1) \cap \mathrm{cl}(U_2) \cap M_0$, а $\{v_i'\}$ — из пересечения $\mathrm{cl}(U_3) \cap \mathrm{cl}(U_4) \cap M_0$. Проектирование верхнего основания цилиндра M_0 на нижнее задает гомеоморфизм $\pi: F' \to F$. Обозначим $v_i = \pi(v_i')$. Так построенную поверхность F, вместе с двумя наборами замкнутых кривых $\{u_i\}$,$\{v_i\}$ на ней, будем называть *диаграммой* функции f и обозначать D_f. В то время как приклейки U_2 к U_1 и U_3 к U_4 можно описать с помощью графов G_1 и G_2, как в п. 1 а), то приклеивание $U_2 \cup U_1$ к $U_3 \cup U_4$ описывается диаграммой функции.

Диаграмма функции аналогична диаграмме Хегора трехмерного многообразия, и для нее можно ввести понятие изоморфных, изотопных и полуизотопных диаграмм.

При построении диаграммы функции мы имеем произвол в выборе структуры прямого произведения на M_0. При этом переход к другой структуре прямого произведения задает изотопию кривых v_i, оставляя кривые u_i неизменными. Наоборот, любая изотопия задает переход от фиксированной структуры к новой структуре прямого произведения. Таким образом, полученные диаграммы являются полуизотопными. С помощью полуизотопий (выборов структуры прямого произведения на M_0) уничтожим все двухугольники в диаграмме, и получим нормализованную диаграмму.

Две кривые u_i и v_j называются параллельными, если они изотопные в дополнении к другим кривым, то есть образуют границу компоненты связности, гомеоморфную $S^1\times[0,1]$ и полученную при разрезании поверхности F по кривым u_i и v_j.

Утверждение 3.3.2. *Две нормализованные диаграммы полуизотопны тогда и только тогда, когда из одной можно получить диаграмму, изотопную другой с помощью взаимных перестановок параллельных кривых.*

Доказательство. Если параллельные кривые отсутствуют, то доказательство совпадает с доказательством аналогичного утверждения для диаграмм Хегора [19]. Если параллельные кривые пересекаются в двух точках, то они образуют два двухугольника. В зависимости от того, который из них будем сокращать, получим две разные нормализованные диаграммы. Эти диаграммы отличаются на перестановку двух параллельных кривых. Очевидно и обратное, что перестановку двух параллельных кривых можно реализовать с помощью полуизотопий.

Рассмотрим граф G_1, который задает приклейку U_2 к U_1. Любая, нераскрашенная вершина валентности 3 (множество таких вершин обозначим V_0) отвечает меридиану из первой системы меридиан. Вершины, раскрашенные в первый и третий цвета (их множество обозначим V_1 и V_3, соответственно), отвечают областям, на которые первая система меридиан разбивает поверхность. Таким образом, задано биетивное отображение ψ_1: $\{V_0, V_1\cup V_2\}\to\{\{u_i\}, \pi_0(F\backslash\cup u_i)\}$ Аналогичные соответствия ψ_2 возникают для графа G_2 и второй системы меридиан.

Определение 3.3.1. Схемой функции f называется пятерка $\{D_f, G_1, \psi_1, G_2, \psi_2\}$, которая состоит из диаграммы функции двух графов и отображений соответствия. Две схемы будем называть эквивалентными, если существуют изоморфизмы диаграмм и графов, согласованные с отображениями соответствия.

Теорема 3.3.3. *Функции* f: $M\to\mathbf{R}$, g: $N\to\mathbf{R}$ *топологически сопряженные тогда и только тогда, когда схема одной из них эквивалентная схеме,* *полученной из другой с помощью полуизотопий диаграммы, которая входит в нее.*

Доказательство. *Необходимость* следует из построения и предшествующего обсуждения.

Достаточность. Без ограничения общности, считаем, что функции имеют критические значения –2, -1, 2, 3. Как и в теореме 2, построим гомеоморфизмы $f^{-1}([-2,0])$ на $g^{-1}([-2,0])$ и $f^{-1}([1,3])$ на $f^{-1}([1,3])$. При этом на множествах $f^{1}([0,1])$ и $g^{-1}([0,1])$ зафиксированны структуры прямого произведения, которые использовались при построении диаграмм. Тогда полуизотопия диаграмм может быть рассмотрена как послойный гомеоморфизм $f^{1}([0,1])$ на $g^{-1}([0,1])$. По условиям теоремы он совпадает на краях с построенными гомеоморфизмами $f^{1}([-2,0])$ и $f^{1}([1,3])$ и, таким образом, продолжает эти гомеоморфизмы к искомому сопрягающему гомеоморфизму многообразия.

3.3.2.4. Правильные функции. Критическая точка p называется *правильной*, если $\cup S_i^1$ разбивает сферу $\partial U(p)$ на две части, одна из которых связная, а другая гомеоморфна несвязному объединению двумерных дисков. Родом правильной критической точки называется число n-1, где n - количество двумерных дисков. Точки минимума и максимума, также считаются правильными.

Функция f на трехмерном многообразии M называется *правильной*, если она имеет 4 критические точки x_0, x_1, x_2, x_3 ($f(x_0)<f(x_1)<f(x_2)<f(x_3)$), все они правильные и поверхность $F = f^{-1}(\frac{f(x_1)+f(x_2)}{2})$ - связная. Род поверхности F будем называть *родом* функции f.

Обозначим $M_p=f^{\ 1}((-\ \infty,p])$, $p\in\mathbf{R}$. Тогда 1) $M_p=\varnothing$, если $p<f(x_0)$, 2) M_p дифеоморфно трехмерному диску, если $f(x_0)<p<f(x_1)$, 3) $M_p=M$, если $f(x_3)<p$. При этом поверхность F изотопна ∂M_p, если $f(x_1)<p<f(x_2)$. Ведем такие обозначения:

$$N = f^{-1}((-\infty;\frac{f(x_1)+f(x_2)}{2}]),\ \ D_1 = f^{-1}((-\infty;\frac{f(x_0)+f(x_1)}{2}]).$$

Зафиксируем риманову метрику на M. Пусть V - замкнутая окрестность критической точки x_1 в критическом уровне $f^{\ 1}(f(x_1))$, которая гомеоморфна конусу Con ($\cup S_i^1$). Положим

$$W_1=\{x\in \mathrm{cl}(N- D_1):\ \mathrm{cl}(\gamma(x))\cap V\neq\varnothing\},$$

здесь $\gamma(x)$ - интегральная траектория поля градиента, который проходит через точку x. Из построения следует, что N гомеоморфно $D_1\cup W_1$. Поскольку критическая точка x_1 правильная, то трехмерные диски пересекаются по несвязному объединению двухмерных дисков A_1, A_2, …, A_k... Пусть H_i - замкнутая регулярная окрестность A_i в W_1. Тогда N раскладывается на ручки: $\mathrm{Cl}(N- W_1)$ гомеоморфные трехмерному диску и будет рассматриваться как ручка индекса 0; $\mathrm{Cl}(W_1- H_3-\ldots-H_k)$, $H_3,\ldots,H_k$ будут рассматриваться как ручки индекса 1. Поскольку поверхность $F=\partial N$, то ее род равен k-1.

Аналогично $\mathrm{Cl}(M- N)$ гомеоморфно объединению двух трехмерных дисков D_2 и W_2, которые пересекаются по двумерным дискам B_1, B_2, …, B_k и содержат критические точки x_4 и x_3, соответственно. $\mathrm{Cl}(M- N)$ представим в виде объединения ручек индекса 2 и ручки индекса 3. При этом число ручек индекса 2 равно роду критической точки x_2 и равно роду поверхности F. Таким образом, справедлива

Лемма 3.3.1. *Род критической точки x_1 равен роду критической точки x_2 и равен роду поверхности F. Поверхность F задает разбиение Хегора многообразия M.*

Лемма 3.3.2. *Если в диаграмме правильной функции из каждой системы меридиан удалить по одному произвольному меридиану, то получим диаграмму Хегора многообразия M.*

Доказательство. Перенумеровав меридианы, можно считать, что удаляются первые меридианы. *u-меридианы*, которые остались, изотопны на поверхности Хегора косредним дискам 1-ручек в разложении на ручки, построенном в лемме 3.3.1. Аналогично, *v-меридианы*, которые остались, изотопные средним дискам 2-речек. Поскольку диаграмму Хегора можно рассматривать как поверхность Хегора с двумя системами меридиан, которые есть косредними дисками 1-ручек и средними дисками 2-ручек, получим утверждение леммы.

Процедура, обратная к удалению меридиана состоит в присоединении меридиана. При этом разрешается присоединять меридиан, который есть суммой меридианов этого типа, которые остались. Здесь под суммой меридианов мы понимаем замкнутую кривую, полученную следующим способом:

Определение 3.3.2. Пусть $\{u_i\}$, i=1,…,k-1 - полная система меридиан. Зафиксируем точку, которая не лежит на этих меридианах, и соединим ее непересекающимися путями $\{\gamma_i\}$, i=1,…,k-1 с каждым из меридианов. Пусть U - регулярная окрестность объединения $\bigcup_{i=1}^{k-1} u_i \cup \bigcup_{i=1}^{k-1} \gamma_i$. Тогда суммой меридианов $\{u_i\}$, i=1,…,k-1 будет ту компоненту границы ∂U, которая неизотопна ни одному из меридианов. Сумма меридианов v определяется аналогично. Данное определение суммы меридианов обобщает определение суммы двух меридианов. Заметим, что сумма меридианов зависит от выбора путей γ_u: каждому меридиану отвечает две дырки на поверхности, полученные после разрезания поверхности по меридиану, а путь γ_u соединяет фиксированную точку с одной из этих дырок.

В дальнейшем будем предполагать, что на диаграмме отсутствуют изотопные меридианы из разных систем меридианов (если они присутствуют, то они ограничивают цилиндр, удалив который и стянув компоненты края в точки получим новую диаграмму меньшего рода многообразия N: $M=N \# S^1 \times S^2$). При работе с диаграммами правильных функций можно использовать методы, известные для диаграмм Хегора [19]. Так, разрезая поверхность из диаграммы функции по одной из систем меридианов и стягивая каждую из полученных дырок в точку, получим два графа, вложенных в сферы. Для упрощения полученной схемы кратные ребра заменяются одним с указанием кратности. Каждая вершина графа отвечает меридиану, по котором производится разрез. Поэтому между вершинами графа существует взаимно однозначное соответствие. Графы удобно изображать на плоскости так, чтобы соответствующие вершины были симметричными относительно фиксированной горизонтальной прямой. Если в соответствующие вершины входит n ребер, то необходимо помнить какое ребро с каким нужно склеивать. Всего возможно n способов такой склейки. Поэтому на одном из графов для каждой вершины зафиксируем целое число, отвечающее за склейку ребер.

Заметим, что число точек пересечений меридианов нормализованной диаграммы функции четное. Его половину назовем сложностью функции. Сложность функции равна числу ребер (с учетом кратности) у одного из графов в построенной схеме. Поскольку плоских графов с заданным числом ребер, с точностью до изоморфизма, конечное число, то возможно лишь конечное число топологически неэквивалентных правильных функций заданной сложности.

Примеры. 1) На трехмерной сфере S^3 существует единственная правильная функция рода 1. Графы, которая ей отвечают, имеют две вершины и одно ребро кратности 2, соединяющее эти вершины. Поэтому сложность этой функции равна 2.

2) Не существует функций рода 2 и сложности 1 ли 2. Для каждой сложности больше 2 правильные функции существуют. Их графы - плоские графы с тремя вершинами. Возможные два типа таких графов, которые изображены на рис. 3.23.

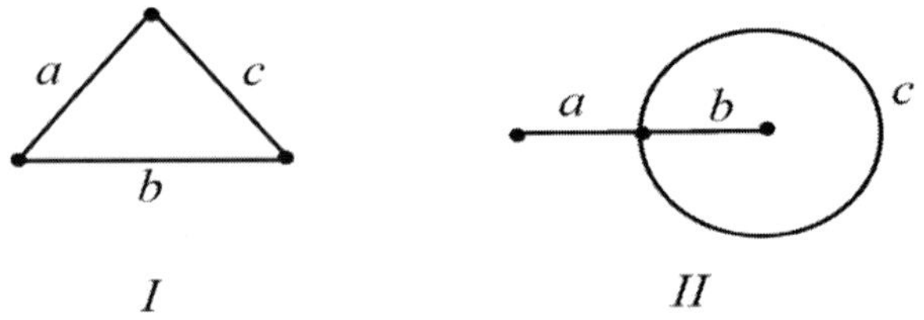

Рис. 3.23.

Здесь a, b, c - кратности соответствующих ребер. Для графа первого типа, не ограничивая общности, будем считать $a \geq b \geq c \geq 0$, для графа второго типа $a \geq b > 0$, $c \neq 0$. Для первого графа вершины имеют валентность $a+b$, $a+c$, $b+c$, для второго - $a+b+2c$, a, b. Поскольку меридианы второго типа состоят из ребер этих графов, а один из меридианов равен сумме двух других, то эти валентности четные.

Для графов первого типа все три числа a, b, c имеют одинаковую четность, а для графов второго типа a, b - четные.

Поскольку на диаграмме степени соответствующих вершин равны, то диаграмма состоит из двух графов одного типа с одинаковыми числами a, b, c. Зафиксируем планарный изоморфизм между графами диаграммы. Для каждой вершины имеем целое число p, которое определяется из такого условия: для произвольного ребра e инцидентного этой вершине, p-тое ребро, отсчитанное в этой вершине от ребра e против часовой стрелки, склеивается с ребром, в которое отображается e при планарном изоморфизме. Итак, имеем три числа p_1, p_2, p_3, которые будем называть числами вращения. При этом $0 \leq p_1 < a+b$, $0 \leq p_2 < a+c$, $0 \leq p_3 < b+c$.

Для сложности 3 функция единственная. Графы, которые ее задают, есть треугольниками. Для сложности 4 существует одна функция, а для сложности 5 существует две топологически неэквивалентные функции.

Глава 4.

ФУНКЦИИ НА МНОГООБРАЗИЯХ С КРАЕМ

4.1. m-функции и m-ручки

Пусть M — гладкое компактное n-мерное многообразие с краем.

Определение 4.1.1. Функция $f: M\to$ ▫ называется m-функцией, если

а) все ее критические точки — невырожденные и не лежат на краю ∂M,

б) край многообразия представляется в виде объединения $\partial M=\partial_- M\cup\partial_0 M\cup\partial_+ M$ такого, что ограничение f_∂ функции f на $\partial_0 M$ есть функция Морса и если множество $\partial_- M\neq\varnothing$ ($\partial_+ M\neq\varnothing$), то функция f принимает на нем минимальное (максимальное) значение. При этом пересечения $V_-=\partial_{-M}\cap\partial_0 M$ и $V_+=\partial_+ M\cap\partial_0 M$ будут $(n\text{-}2)$-мерными многообразиями, которые называются углами, а самая тройка $(M, \partial M, V_-\cup V_+)$ — многообразием с углами.

Критические значения m-функции состоят из критических значений функций f и f_∂. m-функции это обобщения функций Морса для многообразий с краем на многообразия с углами.

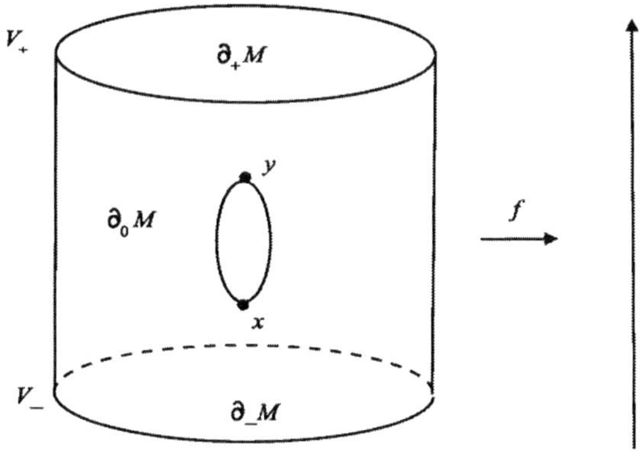

Рис. 3.24.

Определение 4.1.2. Пусть $x\in\partial_0 M$ — критическая точка f_∂. Индексом ind x этой критической точки называется пара (λ, ε), где λ — обычный индекс, а ε =

+1, если вектор gradf_x направлен наружу и $\varepsilon = -1$, если gradf_x направленный внутрь многообразия M. Если $x \notin \partial M$ — критическая точка f, то индекс определяется обычным образом.

Пример. Для функции высоты на трехмерном многообразии, изображенной на рис. 3.24, индекс ind $x = (1, +1)$, ind $y = (1, -1)$.

Будем использовать такие обозначения для диска, полудиска, сферы и полусферы:

$$D^\lambda=\{x=(x_1, x_2, \ldots, x_\lambda)\in \mathbf{R}^\lambda \mid \sum_{i=1}^{\lambda} x_i^2 \le 1\},$$

$$D_+^\lambda=\{x\in D^\lambda \mid x_\lambda\ge 0\},$$

$$S^{\lambda-1}=\partial D^\lambda,$$

$$S_+^{\lambda-1}=\{x\in S^{\lambda-1} \mid x_\lambda\ge 0\}.$$

4.1.1. Простая ручка.

Определение 4.1.3. Будем говорить, что многообразие W получено из многообразия M с помощью приклейки ручки $h^\lambda = D^\lambda \times D^{n-\lambda}$ индекса λ, если $W = M \bigcup_\varphi D^\lambda \times D^{n-\lambda}$, где $\varphi : \partial D^\lambda \times D^{n-\lambda} \to \mathrm{Int}\partial_+ M$ — гладкое вложение.

Полученное многообразие W будем рассматривать как многообразие с углами $(W,\ \partial W,\ V_- \cup V_+)$. Здесь $\partial W = \partial_{-M} \cup \partial_0 M \cup \partial_+ W$ и $\partial_+ W$ — многообразие с краем, полученное в результате перестройки Морса многообразия $\partial_+ M$; $\partial_- M$, $\partial_0 M$, V_- и V_+ — начальные подмногообразия.

Определение 4.1. 4. Диски $D^\lambda\times\{0\}$ и $\{0\}\times D^{n-\lambda}$ называются средним и косредним дисками, а их границы $S^{\lambda-1}\times\{0\}$ и $\{0\}\times S^{n-\lambda-1}$ — средней и косредней сферами.

4.1.2. m-ручки индекса (λ,- 1).

Определение 4.1. 5. Множество W получено из многообразия M с помощью приклейки тонкой m-ручки $h_T^{\lambda-} = D^\lambda \times D^{n-\lambda-1}$ индекса $(\lambda,-1)$, если $W = M \bigcup_\varphi D^\lambda \times D^{n-\lambda-1}$, где $\varphi : \partial D^\lambda \times D^{n-\lambda-1} \to V_+$ — гладкое вложение.

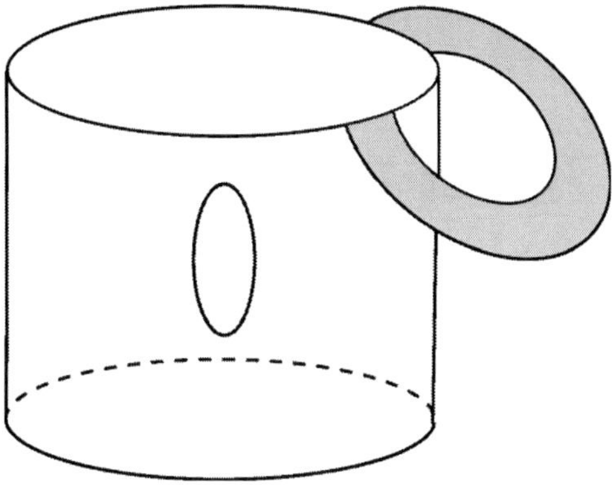

Рис. 3.25.

m-ручки индекса (λ,-1) есть утолщением тонкой m-ручки индекса (λ,-1). Более точно: многообразие W получено из многообразия M с помощью приклейки m-ручки $h^{\lambda-} = D^{\lambda} \times D_{+}^{n-\lambda}$ индекса (λ,-1), если

$$W = M \bigcup_{\varphi} D^{\lambda} \times D_{+}^{n-\lambda},$$

где $\varphi : \partial D^{\lambda} \times D_{+}^{n-\lambda} \to \partial_{+} M$ — гладкое вложение такое, что

$$\varphi(\partial D^{\lambda} \times D_{+}^{n-\lambda}) \bigcap V_{+} = \varphi(\partial D^{\lambda} \times D^{n-\lambda-1}) \text{ и } D^{n-\lambda-1} = \partial D_{+}^{n-\lambda} \setminus \mathrm{Int} S_{+}^{n-\lambda-1}$$

При этом $\partial_0 W$ получается из $\partial_0 M$ приклейкой ручки индекса λ:

$$\partial_0 W = \partial_0 M \cup D^{\lambda} \times D^{n-\lambda-1},$$

где $\psi = \varphi |_{S^{\lambda-1} \times D^{n-\lambda-1}}$, а $\partial_{+} W$ диффеоморфно $\partial_{+} M$ с приклеенной ручкой индекса λ:

$$\partial_{+} W = (\partial_{+} M \setminus \varphi(\partial D^{\lambda} \times S_{+}^{n-\lambda})) \cup_{\phi} D^{\lambda} \times S_{+}^{n-\lambda-1},$$

где $\phi = \varphi |_{S^{\lambda-1} \times S_{+}^{n-\lambda-1}}$. Угол V_{+} заменяется (в результате перестройки Морса) на подмногообразие:

$$V_+\backslash(\varphi(\partial D^{\lambda}\times D^{n-\lambda-1}))\cup_{\gamma}(D^{\lambda}\times\partial D^{n-\lambda-1}),$$

где $\gamma=\varphi|_{S^{\lambda-1}\times S^{n-\lambda-2}}$. Подмногообразия $\partial_- M$ и V_- при приклейке m-ручки индекса (λ,-1) не изменяются.

Определение 4.1. 6. Диски $D^{\lambda}\times\{0\}$ и $\{0\}\times D_+^{n-\lambda}$ называются средним диском и косредним полудиском, а их границы $S^{\lambda-1}\times\{0\}$ и $\{0\}\times S^{n-\lambda-1}$ — средней и косредней сферами m-ручки.

По построению, приклейка m-ручки индекса (λ,-1) равносильна (результаты диффеоморфны) приклейке воротника $(\partial_+ M\cup_{\varphi} D^{\lambda}\times D^{n-\lambda-1})\times[0,1]$ после приклейки тонкой m-ручки (см. рис. 3.26).

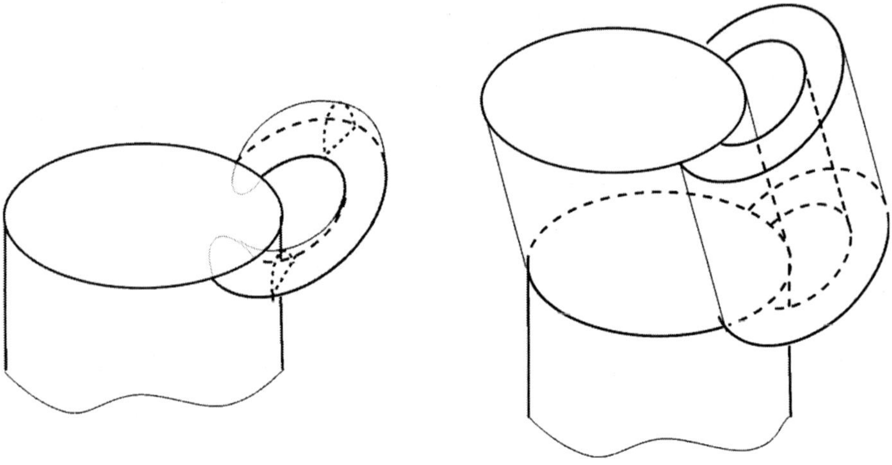

Рис.3.26.

4.1.3. m-ручка индекса (λ,+1)

Определение 4.1. 7. Многообразие W полученно из многообразия M с помощью приклейки m-ручки $h^{\lambda+}=D_+^{\lambda+1}\times D^{n-\lambda-1}$ индекса (λ,+1), если

$$W=M\bigcup_{\varphi}D_+^{\lambda+1}\times D^{n-\lambda-1},$$

где $\varphi: D^{\lambda}\times D^{n-\lambda-1}\to\partial_+ M$ — гладкое вложение такое, что

$$\varphi(D^{\lambda}\times D^{n-\lambda-1})\bigcap\partial_+ V=\varphi(\partial D^{\lambda}\times D^{n-\lambda-1}).$$

Здесь $D^{\lambda} = \partial D_{+}^{\lambda+1} \setminus \mathrm{Int}S_{+}^{\lambda}$. При этом $\partial_0 W$ получается из $\partial_0 M$ приклейкой ручки индекса λ:

$$\partial_0 W = \partial_0 M \cup_{\psi} D^{\lambda} \times D^{n-\lambda-1} ,$$

где $\psi = \varphi|_{S^{\lambda-1}\times D^{n-\lambda-1}}$,а $\partial_+ M$ диффеоморфно $\partial_+ W$ с приклееннои ручкой индекса n-λ-2:

$$\partial_+ W = (\partial_+ M \setminus \mathrm{Int}\varphi(D^{\lambda}\times D^{n-\lambda-1})) \cup_{\phi} D_{+}^{\lambda+1} \times S^{n-\lambda-2} ,$$

где $\phi = \varphi|_{D^{\lambda}\times S^{n-\lambda-2}}$. Угол V_+ заменяется (в результате перестройки Морса) на подмногообразие:

$$V_+ \setminus (\varphi(\partial D^{\lambda} \times D^{n-\lambda-1})) \cup_{\gamma} (D^{\lambda} \times \partial D^{n-\lambda-1}),$$

где $\gamma = \varphi|_{S^{\lambda-1}\times S^{n-\lambda-2}}$. Подмногообразия ∂_- M и V_- при приклейке m-ручки индекса (λ,+1) не изменяются [5].

Замечание. Многообразия W и M - диффеоморфны при приклеивании ручки индекса (λ,+1). Изменяются лишь разбиения их краев на две части и угол. Кроме того, если после приклеивания ручки индекса (λ,+1) приклеить воротник (это не изменяет многообразия и разбиение его края), то это то же самое, что приклеить воротник к $\partial_+ M \setminus \varphi(D^{\lambda} \times D^{n-\lambda-1})$, не приклеивая ручки (см. рис. 3.27). Итак, при приклеивании ручки индекса (λ,+1) из $\partial_+ M$ удаляется тонкая λ-ручка.

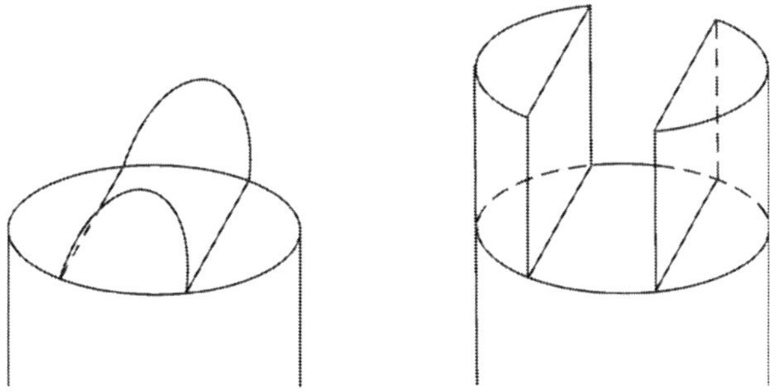

Рис. 3.27.

Определение 4.1.8. Диски $D_{+}^{\lambda+1}\times\{0\}$ и $\{0\}\times D^{n-\lambda-1}$ называются средним полудиском и косредним диском, а их границы $S^{\lambda}\times\{0\}$ и $\{0\}\times S^{n-\lambda-2}$ — средней и косредней сферами.

4. 2. m-разложения на ручки с воротниками

Определение 4.2. 1. m-разложением на ручки называется последовательность вложений

$$M_0\subset M_1\subset M_2\subset \quad \subset M_N\subset M'_N=M$$

таких, что

$M_0 = \partial_{-M}\times[0,1]$,

M_{i+1} получено из M_i с помощью приклейки обычной или m-ручки, i=0,..., N-1,

M'_N получено из M_N с помощью приклейки воротника $\partial_{+}M_N\times[0,1]$.

Определение 4.2.2. m-разложением на ручки с воротниками называется последовательность вложений

$$M'_0\subset M_1\subset M'_1\subset M_2\subset \quad \subset M'_N=M$$

таких, что $M'_0 = \partial_{-M}\times[0,1]$, M_i получено из M'_{i-1} с помощью приклейки обычных или m-ручек, а M'_i получено из M_i с помощью приклейки воротника $N_i\times[0,1]$, где $N_i=\partial_{+}M_i$, i=1,..., N. На каждом воротнике задана проекция π: $N_i\times[0,1] \to [0,1]$.

Определение 4.2.3. m-разложения на ручки с воротниками называются изоморфными, если существует гомеоморфизм между многообразиями, который переводит ручки в ручки, воротники в воротники, сохраняя разбиения воротников на слои.

По каждой m-функции $f: M \to \mathbf{R}^1$ с критическими значениями {1,2,..., N} зададим m-разложение на ручки с воротниками так, что при этом внутренности воротников $N_i\times[0,1]$ будут послойно гомеоморфными компонентам связности множества $M \setminus f^{\,1}(\{1,2,..., N\})$. Это можно сделать так же, как и для функций Морса, если взять в качестве ручек регулярные окрестности критических точек, а внутренностей воротников — дополнение к этим окрестностям и критическим уровням.

Лемма 4.2.1. *Функции будут сопряженными тогда и только тогда, когда построенные по ним m-разложения на ручки с воротниками изоморфны.*

Доказательство. *Необходимость.* Поскольку любые две регулярные окрестности изотопны, то любые два разные m-разложения на ручки, построенные по m-функции будут изоморфны. С другой стороны сопрягающий гомеоморфизм отображает m-разложение на ручки первой функции в m-разложение на ручки второй функции.

Достаточность. В окрестностях критических точек (на ручках) сопрягающие гомеоморфизмы строятся так же, как и для функций Морса, с использованием леммы Морса. Отображение между воротниками, которые заданы изоморфизмами m-разложений на ручки с воротниками, разрешает продолжить построенные гомеоморфизмы окрестностей до искомого гомеоморфизма многообразия.

4. 3. Критерий сопряженности m-функций

Зададим на каждом воротнике такую структуру прямого произведения $N_i\times[0,1]$, что для любого $t\in(0,1)$: $N_i\times\{t\} = f^{-1}(y)$ для соответствующего регулярного значения y. (Задание такой структуры неоднозначно. Например, если задать метрику на многообразии и определить структуру прямого произведения из условия ортогональності $x\times[0,1]$ и $f^{-1}(y)$, то углы прямые в одной метрике могут не быть прямыми в другой). Тогда после удаления из многообразия воротников (кроме первого и последних) и отождествления $N_i\times\{0\}$ с $N_i\times\{1\}$ получим разложения на ручки без воротников. Это разложение зависит от того, как мы зададим структуру прямого произведения на каждом воротнике.

Покажем, что разным структурам прямого произведения отвечают приклейки ручки по изотопным вложениям, то есть диффеоморфизмы $p,\ q$: $N_i\times\{0\} \to N_i\times\{1\}$, которые есть проекциями нижнего основания воротника на верхнее при соответствующих структурах прямого произведения, изотопны. Действительно, пусть p_t, q_t: $N_i\times[0,1] \to N_i\times\{t\}$ соответствующие проекции воротника на уровень $N_i\times\{t\}= f^{-1}(y_t)$. Тогда искомая изотопия задается формулой $F(x,t)= p_1(q_t(x))$. Таким образом, справедлива

Лемма 4.3.1. *Две m-функции сопряжены тогда и только тогда, когда в построенных по ним разложениях на ручки (без воротников), соответсвенные ручки приклеиваются по изотопным вложениям.*

С помощью изотопий средних сфер любое разложение на m-ручки можно привести к такому, у которого средние и косредние сферы ручек пересекаются трансверсально. Тогда мы можем изменить порядок приклейки ручек и добиться, чтобы они приклеивались в такой последовательности: 0-ручки, (0,-1)-ручки, (0,+1)-ручки, 1-ручки, (1,-1)-ручки, (1,+1)-ручки, 2-ручки и т.д. Такие разложения на ручки будем называть простыми.

m-разложение на ручки называется упорядоченным, если задано отображение множества ручек на множество {1, 2,..., N}. Каждая m-функция задает упорядочение на множестве ручек соответствующего ей m-разложения на ручки: выбрав такое $h': R^1 \to R^1$, что множества критических значений функций f и f_∂ отобразятся на множество номеров {1, 2,..., N}, мы сопоставим каждой ручке номер соответствующей критической точки.

Упорядоченные простые m-разложения на ручки (m-УПРР) называются изоморфными, если существует гомеоморфизм многообразий, который переводит ручки в ручки, средние и косредние диски в средние и косредние диски, соответственно, сохраняя при этом упорядочение ручек. Обозначим через M^k многообразие с углами, полученное из $\partial\_M\times[0,1]$ приклейкой всех ручек, индекс которых равняется i, $(i\text{-}1,+1)$ или $(i,\text{-}1)$, где i не превосходит k и через $L^k = \partial_+ M^k$.

Теорема 4.3.1. *Две m-функции будут сопряженныіми тогда и только тогда, когда из* m-*УПРР одной функции можно получить* m-*УПРР изоморфное* m-*УПРР другой функции с помощью*

1) *изотопий в* L^k *вложений средних сфер с носителем в границы объединения ручек с меньшими номерами;*

2) *замены ручки* H_i *на сумму* $H_i\#H_j$, *если номер* H_i *большее* H_j *(здесь ручки имеют одинаковый индекс или индекс* H_i *равен* $(\lambda,+1)$, *а ручки* H_j — λ *). При этом новая ручка* $H_i\#H_j$ *имеет такой же номер и индекс, как и* H_i.

Здесь H_i и H_j могут быть как простыми, так и m-ручками.

Доказательство теоремы целиком аналогично доказательству теоремы 2.2.1 для функций Морса с заменой простых ручек (и их средних и косредних сфер) на простые и m-ручки (и их средние и косредние сферы).

4.4. m-функции на ориентированных поверхностях

4.4.1. Локальная классификация. В этом разделе рассматривается вопрос эквивалентности m-функций в окрестности связной компоненты критического уровня.

Возможны 4 типа критических точек на краю, отличающиеся индексом. Для функции высоты они изображены на рис. 3.28.

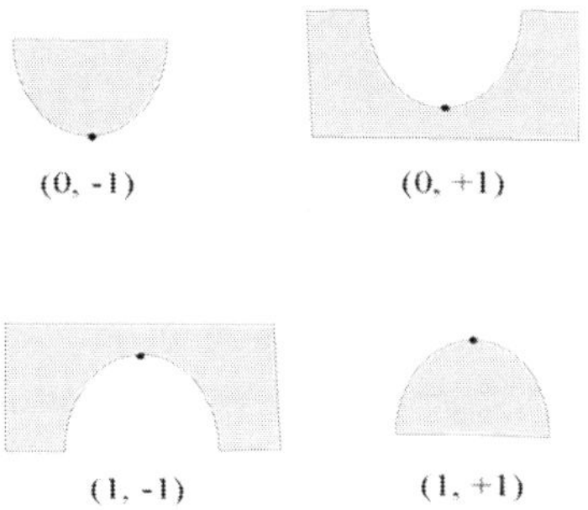

Рис. 3.28.

Пусть компонента уровня не является локальным минимумом или максимумом. Тогда она может содержать лишь следующие критические точки: 1) внутренние, 2) на краю индекса (0, +1), 3) на краю индекса (1, -1). Не ограничивая общности, будем считать, что функция f имеет критическое значение 0, а окрестность компоненты критического уровня есть компонентой множества $f^{-1}([-\varepsilon,\varepsilon])$. Компоненты $\partial_- M= f^{-1}(-\varepsilon)$ есть окружностями и отрезками. Их мы будем называть нижними. Окружности и отрезки из $\partial_+M=f^{-1}(\varepsilon)$ будем называть верхними. Построим аналог хордовой диаграммы на нижних окружностях и отрезках. Для этого рассмотрим поле grad f в некоторой римановой метрике. Устойчивые многообразия особых точек индекса 1 образуют хорды (кривые) с концами на нижних окружностях или внутренних точках нижних отрезков. Компонента края $\partial_0 M$, содержашая точку индекса (1, -1) есть хордой, которая соединяет концы нижних отрезков. С помощью поля grad f найдем проекции точек индекса (0, +1) на $\partial_- M$ (пересечение интегральных траекторий, которые проходят через эти точки, с $\partial_- M$). Уменьшая в случае необходимости ε, добьемся того что эти проекции будут лежать на нижних окружностях и отрезках. Ориентация поверхности и направление поля градиента определяют ориентацию окружностей и отрезков.

Определение 4.4.1. Объединение ориентированных окружностей и отрезков, соединенных хордами, с выделенными на окружностях и отрезках точками называется хордовой m-диаграммой. При этом если один конец хорды есть концом отрезка, то и другой конец хорды есть концом некоторого отрезка.

Две m-диаграммы называются изоморфными, если существует их гомеоморфизм, который отображает окружности на окружности, отрезки на отрезки, хорды на хорды, а выделенные точки на выделенные точки и сохраняет ориентации окружностей и отрезков.

Лемма 4.4.1. Две m-функции топологически эквивалентны в окрестности критического уровня, если соответствующие им хордовые m-диаграммы изоморфны.

Доказательство. Необходимость следует из построения.

Достаточность. Без ограничения общности, будем считать, что функции имеют одинаковое критическое значение и принимают одинаковые значения на границе окрестности критического уровня. Зафиксируем риманову метрику на поверхностях. Изоморфизм m-диаграмм задает соответствие между интегральными траекториями (кроме неустойчивых многообразий седловых точек) полей градиентов. При этом, поскольку хорды и выделенные точки отображаются на хорды и выделенные точки, то устойчивые многообразия критических точек переходят в устойчивые многообразия. Соответствие между траекториями задает гомеоморфизм между их объединениями по следующему правилу: точки на соответствующих траекториях переходят одна в одну, если значения функций в этих точках одинаковы. Соответствие ориентаций разрешает продолжить гомеоморфизм из объединения траекторий, между которыми задано соответствие, на неустойчивые многообразия седловых точек и, таким образом, построить искомый гомеоморфизм окрестностей.

Верхние окружности и отрезки задают циклы и маршруты на диаграмме, которые будем называть верхними циклами и маршрутами.

4.4.2. Глобальная классификация. Построим граф Риба m-функции f. Для этого введем следующее отношение эквивалентности на M: две точки эквивалентны, если они принадлежат одной компоненте линии уровня функции. Тогда граф Риба есть факторпространство $G_f=M/\sim$. На графе Риба есть естественная ориентация ребер, порожденная возрастанием функции на соответствующих линиях уровня. Кроме того, ребра графа раскрашены в два цвета (разбиты на два типа): 1) ребра, для которых компоненты уровня есть окружностями, 2) ребра, для которых компоненты уровня - отрезки.

Рассмотрим вершины графа, валентность которых не превышает 3. Вершины валентности 1 отвечают локальным минимумам (источники) или максимумам (стоки). При этом, если инцидентное вершине ребро имеет первый тип, то соответствующая критическая точка - внутренняя, а, если второй, то она лежит на краю. Для вершины, валентность которой больше 1, существует по крайней мере одно ребро, которое входит в нее и одно, которое выходит из нее. Ребра валентности 2 имеют два инцидентных ребра разных типов. При этом соответствующая критическая точка имеет индекс (0, +1), если ребро второго типа выходит из вершины, и индекс (1, -1), если ребро второго типа входит в нее.

Для вершин валентности 3 имеются следующие возможности:

1) все инцидентные ей ребра имеют первый тип и, следовательно, критическая точка есть внутренней индекса 1;

2) два ребра второго типа входят (выходят), а одно первого - выходит (входит). Тогда возможно два варианта: a) две критических точки на краю индекса (1, -1) ((0, +1)) - две хорды, любая из которых соединяет концы двух разных отрезков, b) две критических точки на краю индекса (1, -1) ((0, +1)) и одна индекса 1 - две хорды, любая из которых соединяет концы одного из двух отрезков и третья хорда соединяет две внутренних точки разных отрезков (см. рис. 3.29).

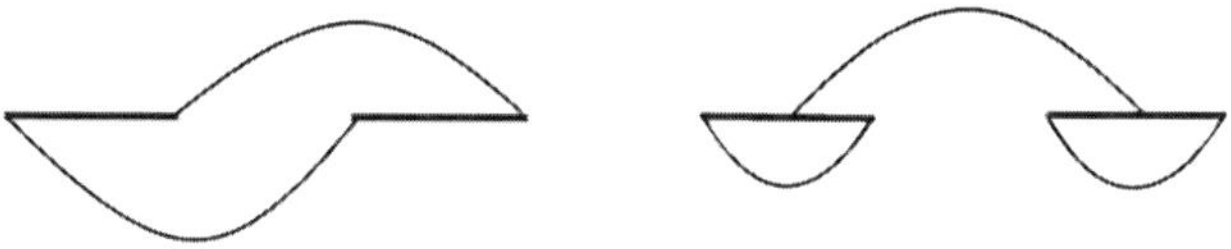

a) b)

Рис. 3.29.

3) одно ребро второго типа входит, одно ребро второго типа выходит, а третье ребро имеет первый тип. Возможные два варианта: a) одна критическая точка, которая есть внутренней индекса 1, b) три критических точки, индексы которых 1, (1, -1) и (0, +1);

4) все три инцидентные вершине ребра имеют второй тип. Тогда возможные такие варианты: a) одна критическая точка, которая лежит на краю и имеет тип (0, +1), если два ребра выходят и одно входит, b) одна точка типа

(1, -1) в противоположном случае, c) две точки типа (1, -1) и одна (0, +1), d) одна точка типа (1, -1) и две типа (0, +1);

5) два ребра первого типа, одно из которых входит и одно выходит, и одно второго типа - выходит (входит). Тогда имеем две критические точки: одна на краю индекса (1, -1) ((0, +1)), а вторая внутренняя индекса 1.

Если валентность вершины больше 3, то необходимо фиксировать хордовые m-диаграммы, как в п.4.1. 4.1. При этом будем фиксировать биекции между: 1) нижними кругами и входящими ребрами первого типа, 2) нижними отрезками и входящими ребрами второго типа, 3) циклами и исходящими ребрами первого типа, 4) максимальными маршрутами и исходящими ребрами второго типа. Как и для обычных функций, m-функция задает упорядочение (отображение на множество {1, 2, …, N}) вершин графа Риба.

Определение 4.1.2. m-графом m-функции на компактной ориентированной поверхности называется построенный по ней (как выше) ориентированный граф Риба, с раскраской его ребер в два цвета, упорядочением вершин, оснащением вершин валентности большее 2 хордовой m-диаграммой и заданием биекций инцидентных к этим вершинам ребер с соответствующими элементами хордовой m-диаграммы. Два m-графа называются изоморфными, если существует изоморфизм графов Риба, который сохраняет ориентации и раскраску ребер, упорядочение вершин, оснащение вершин и коммутирует с заданными биекциями.

Теорема 4.4.2. *Две m-функции на компактной ориентированной поверхности топологически эквивалентны тогда и только тогда, когда существует изоморфизм их m-графов.*

Доказательство. Необходимость. Топологическая эквивалентность m-функций, по построению, порождает изоморфизм m-графов.

Достаточность. Для каждой пары соответствующих вершин (соответствие задается изоморфизмом m-графов) построим, как в п.4.1. 4.1, гомеоморфизмы окрестностей соответствующих компонент критических уровней. При этом гомеоморфизме компоненты границы переходят в такие компоненты границы, что соответствующие им ребра m-графа переходят один в другой при изоморфизме m-графов. Тогда это соответствие, с учетом упорядочения вершин и ориентации ребер, разрешает продолжить гомеоморфизмы с окрестностей критических уровней на остаток поверхности (что есть объединением цилиндров $S^1\times[0,1]$ и квадратов $[0,1]\times[0,1]$).

4.4.3. Примеры вычислений. Будем обозначать ребра первого типа обычной стрелкой в конце ребра, а второго - пустой в середине. Возможны две функции, у которых по две критические точки - одна на сфере, а другая на двумерном диске. Возможны две функции с тремя критическими точками, их графы отличаются лишь ориентацией ребер. Поэтому будем изображать лишь один такой граф. На рис. 3.30 изображены графы функций с 2 и 3 критическими точками.

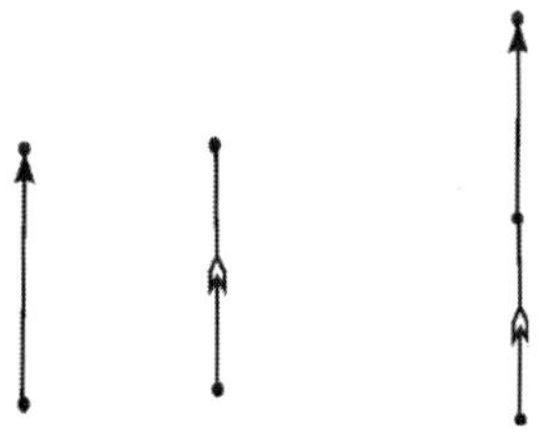

Рис. 3.30.

Графы функций с 4 критическими точками изображены на рис. 3.31.

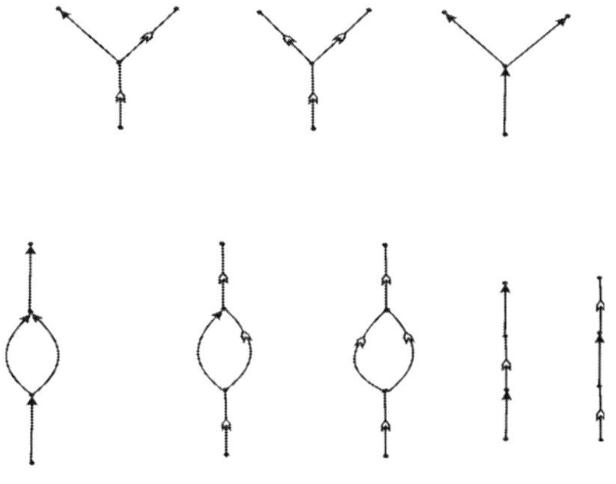

Рис. 3.31.

На первом графе возможны три разные упорядочения вершин и две ориентации ребер (всего 6 неэквивалентных функций). Следующие два графа имеют по два упорядочения и две ориентации (по 4 функции). Остальные графы задают по одной функции. Итак, существует 19 топологически неэквивалентных m-функций с 4 критическими точками.

Графы функций с 5 критическими точками изображены на рис. 3.32. Здесь, также как и для 4 критических точек, в вершинах валентности 3 берется тот из вариантов, который дает необходимое число критических точек (4 и 5, соответственно).

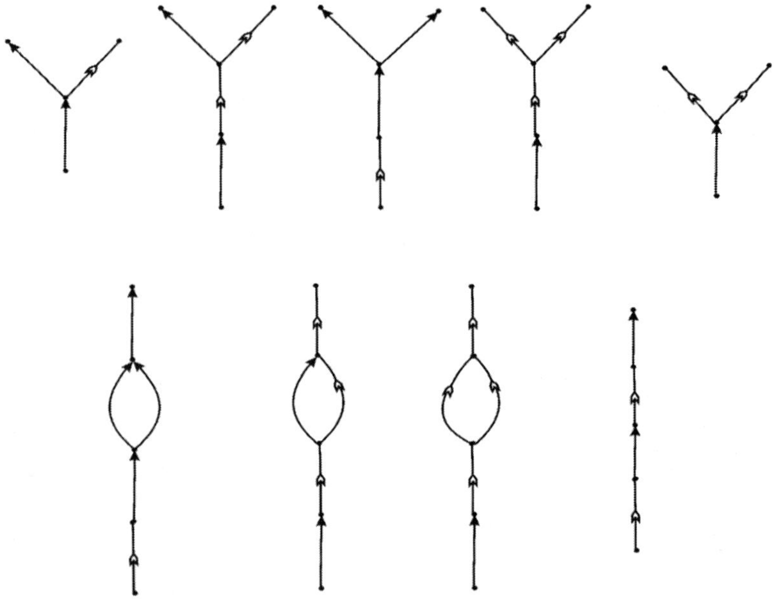

Рис. 3.32.

Первые два графа задают по 6 функций, следующие три по 4 функции, а последние 4 по 2 функции. Итак, существует 32 топологически неэквивалентных m-функций с 5 критическими точками.

4.5. m-функции на трехмерных многообразиях

4.5.1. m-диаграммы Хегора трехмерных многообразий с углами

Определение 4.5.1. Пусть $H \cup H' = M$ — разбиение многообразия M такое, что $H = M^1$ - объединение ручек, индексы которых равны 0, 1, (0, -1), (0, +1), (1, -

1), $F=L^1=\partial H=\partial H'$ — общая поверхность с краем многообразий H и H'. Набор $u=\{u_1, u_2,..., u_n, u_1^m, u_2^m,..., u_s^m\}$ непересекающихся правильно вложенных кривых на поверхности F таких, что любое u_i - косредняя сфера ручки индекса 1, а u_j^m — пересечение косредней сферы ручки индекса (1, -1) с F, называется обобщенной системой меридиан кренделя H. Набор $v=\{v_1, v_2,..., v_m, v_1^m, v_2^m,..., v_k^m\}$, который состоит из средних сфер ручек индекса 2 и пересечений средних сфер индекса (1,+1) с F, называется обобщенной системой меридиан кренделя H'.

Определение 4.5.2. Тройка (F, u, v) называется m-диаграммой Хегора многообразия M, а поверхность F - поверхностью Хегора. М-диаграммы (F, u, v) и (F', u', v') называются гомеоморфными, если существует такой гомеоморфизм $h: F\to F'$, что $h(u)=u'$, $h(v)=v'$. М-диаграммы (F, u, v) и (F', u', v') называются полуизотопными, если существуют такие изотопии φ_t, $\psi_t : F\to F$, что $\varphi_0=\psi_0=\mathrm{id}$, $\varphi_1(u)=u'$, $\psi_1(v)=v'$.

Определение 4.5.3. Суммой $u_1\#u_2$ двух меридианов u_1 и u_2 вдоль простой кривой α, соединяющей u_1 и u_2, называется та компонента края окрестности объединения $\partial U(u_1\cup u_2\cup\alpha)$, которая в этой окрестности неизотопна ни u_1, ни u_2. Если один или оба меридианы есть m-меридианы, сумма определяется аналогично. При этом, если оба меридиана есть m-меридианами, то кривая $\alpha\subset\partial F$.

Обозначим через $U_1, U_2,..., U_t$ области, на которые меридианы $u_1, u_2,..., u_n, u_1^m, u_2^m,..., u_s^m$ разбивают поверхность F, а через $V_1, V_2,..., V_l$ — соответствующие области для меридианов $v_1, v_2,..., v_m, v_1^m, v_2^m,..., v_k^m$. Обозначим через $u_1^\partial,..., u_p^\partial$ компоненты $\partial F\setminus\bigcup_{i=1}^{s}u_i^m$, а $v_1^\partial, v_2^\partial,..., v_q^\partial$ - компоненты $\partial F\setminus\bigcup_{i=1}^{k}v_i^m$.

Определение 4.5.4. М-диаграмма называется упорядоченной, если задано отображение σ множества $\{U_1,U_2,..., U_t, u_1, u_2,..., u_n, u_1^m, u_2^m,..., u_s^m, u_1^\partial,..., u_p^\partial, v_1, v_2,..., v_m, v_1^m, v_2^m,..., v_k^m, v_1^\partial, v_2^\partial,..., v_q^\partial, V_1, V_2,..., V_l\}$ на множество $\{0,1, 2,..., N+1\}$. При этом σ будет принимать значение 0 (N+1) тогда и только тогда, когда $\partial_-M\neq\varnothing$ ($\partial_+M\neq\varnothing$).

Определение 4.5.5. Упорядоченные m-диаграммы Хегора (УmДХ) называются эквивалентными, если одну из другой можно получить с помощью последовательности гомеоморфизмов, полуизотопий диаграмм (пальчиковых движений и трюков Уитни между u и v меридианами и сокращений или введений треугольников, стороны которых состоят из дуг u_i^m, v_j^m, ∂F), а также следующих замен меридианов:

1) u_i на $u_i \# u_j$ при $\sigma(u_i) < \sigma(u_j)$;

2) u_i^m на $u_i^m \# u_j$ при $\sigma(u_i^m) < \sigma(u_j)$;

3) u_i^m на $u_i^m \# u_j^m$ при $\sigma(u_i^m) < \sigma(u_j^m)$;

4) v_i на $v_i \# v_j$ при $\sigma(v_i) > \sigma(v_j)$;

5) v_i^m на $v_i^m \# v_j$ при $\sigma(v_i^m) > \sigma(v_j)$;

6) v_i^m на $v_i^m \# v_j^m$ при $\sigma(v_i^m) > \sigma(v_j^m)$;

7) u_i^m на $u_i^m \# v_j^m$ при $\sigma(u_i^m) > \sigma(v_j^m)$.

При этом порядок σ суммы равняется порядку первого слагаемого. При седьмой операции изменяется поверхность F, как на рис. 3.33 (u_i^m изображено сплошной линией, а v_j^m - штрихованной).

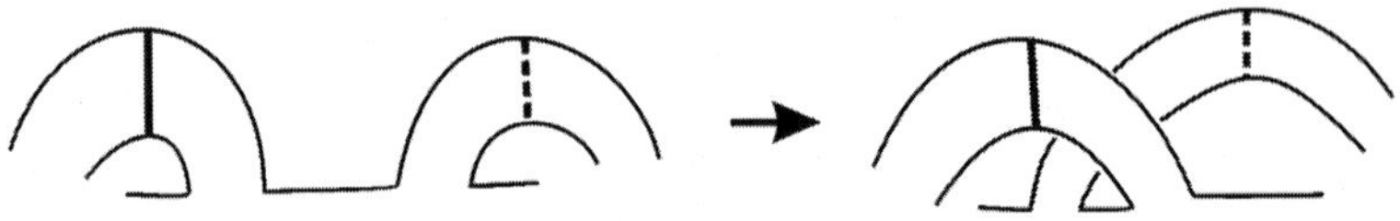

Рис. 3.33.

4.5.2. Эквивалентность m-функций на трехмерных многообразиях. Для трехмерных многообразий изотопии из 1) теоремы 3.4.1 в L^1 можно осуществить с помощью пальчиковых движений или им обратных.

Теорема 4.5.3. *Две m-функции на трехмерных многообразиях сопряжены тогда и только тогда, когда построенные по ним упорядоченные m-диаграммы Хегора эквивалентны.*

Доказательство получается прямым применением теоремы 4.5.1. При этом добавлению ручек отвечает добавление соответствующих меридианов.

Теорема 4.5..4. *Две m-функции на трехмерном многообразии можно соединить путем в пространстве m-функций тогда и только тогда, когда у них одинаковое число критических точек каждого индекса и построенные по ним поверхности Хегора изотопны в M. Причем, при этой изотопии, край ∂F скользит по $\partial_0 \Gamma$.*

Доказательство. Необходимость следует из построения. Достаточность следует из того, что соответствующие диаграммы на изотопных поверхностях будут эквивалентны, а пальчиковые движения, трюк Уитни и движения 1)-6) можно реализовать с помощью изотопий отображений соответствующих приклеивающихся ручек.

Примеры вычислений. Рассмотрим функции на трехмерном диске D^3, все критические точки которых лежат на краю. Поскольку ейлерова характеристика двумерной сферы равна 2, то число критических точек четное. Существует одна m-функция с двумя критическим точками. Диаграммы функций с 4 критическими точками изображены на рис. 3.34 (линия *u* изображена сплошной линией, а *v* - штрихованной).

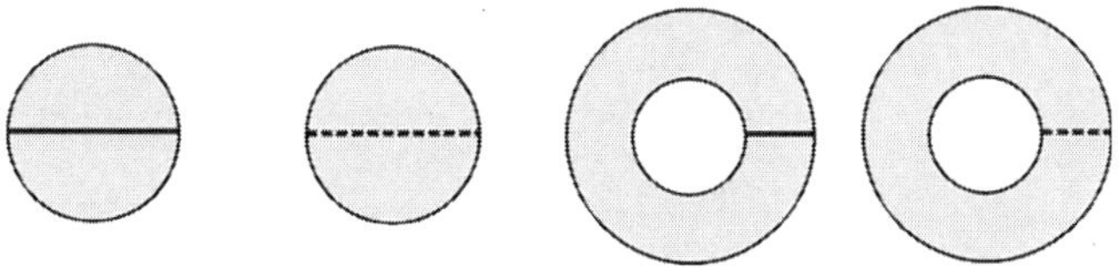

Рис. 3.34.

На первых двух диаграммах возможны два разных упорядочения σ - на двух областях, на которые линии *u* или *v* разбивают 2-диск, и σ принимает одинаковые или разные значения.

На рис. 3.35 изображенны две другие m-диаграммы функций с 4 критическими точками на краю.

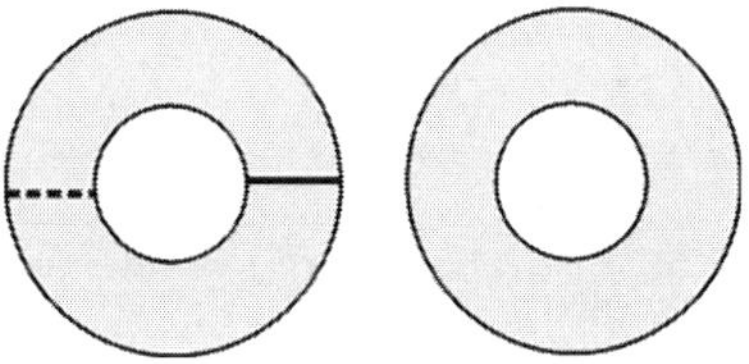

Рис. 3.35.

Первая диаграмма имеет три разные упорядочения и задает m-функции на $S^1\times D^2$, втрая имеет два упорядочения и задает m-функции на $S^2\times D^1$.

М-диаграммы функций с 6 критическими точками на границе трехмерного диска изображены на рис. 3.36.

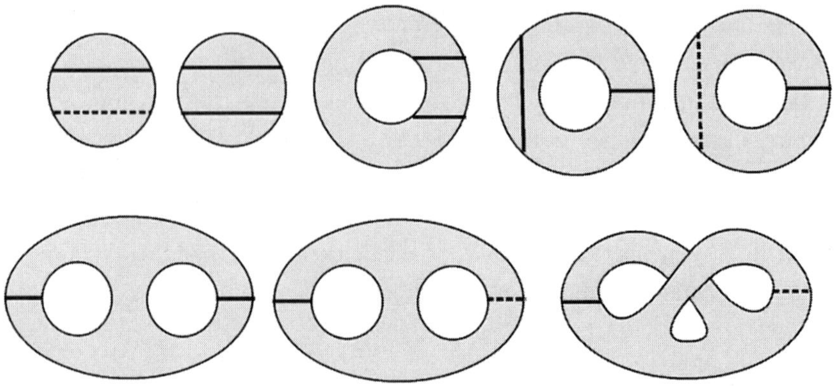

Рис.3.36.

Еще 5 диаграмм можно получить, если в любой из диаграмм, кроме первой и последних двух, заменить сплошные линии на штрихованные, а штрихованные на сплошные. Для первой диаграммы возможны 7 разных функций порядка σ, для второй - 38, третьей - 4, четвертой - 32, пятой - 16, шестой - 5, седьмой - 24. Для четырех оснащений четвертой диаграммы возможны добавления меридианов, которые приводят к третьей диаграмме. Для восьмой диаграммы, только две функции порядка дают диаграммы неэквивалентные седьмой диаграмме. Итак, всего существует $7+2\cdot38+2\cdot4+2\cdot32-4+2\cdot16+2\cdot5+24+2=219$ m-функций на трехмерном диске с 6 критическими точками на границе.

Пусть T - тор с выколотым открытым диском (как последняя диаграмма на рис. 3.36) и m-диаграмма на T содержит по два меридиана каждого типа, негомотопные между собою и негомотопные 0 (при гомотопии концы меридианов скользят по краю T). Стянув край T в точку, получим, что каждая система меридиан есть системой образующих фундаментальной группы тора. Матрица перехода от одной системы к другой есть матрицей из $SL(2,\mathbf{Z})$. Итак, существует бесконечно много топологически неэквивалентных m-функций с 6 критическими точками на границе многообразия $T\times[0,1]$.

Глава 5.

ОБОБЩЕНИЯ И ПРИМЕНЕНИЯ

В этой главе, построенные в предшествующих разделах, классификации функций обобщаются на следующие объекты: отображения поверхности в окружность, круглые функции Морса на трехмерных многообразиях, замкнутые 1-формы Морса на замкнутых поверхностях, функции на плоскости, отображения Уитни замкнутой поверхности на плоскость.

5.1. Отображения поверхности в окружность S^1

В этом разделе приведены два способа проверки сопряженности отображений поверхности в окружность, в которых все критические точки изолированные и невырожденные.

Первый способ: Аналогично тому, как это делалось для функций Морса, начав из некоторого регулярного уровня (разрезав по нему поверхность), можно построить разбиение поверхности на ручки и воротники, склеив при этом границы первого и последнего воротников по выделенным регулярным уровням. Тогда последовательность приклеивающихся воротников и ручек будет циклически упорядоченной. Назовем такое разбиение поверхности циклическим разложением на ручки с воротниками.

Границы ручек и воротников образуют граф с окружностями, вложенными в поверхность. Обозначим через $\{a_i\}$ ребра этого графа и вложенные окружности и зададим на них произвольным образом ориентации. Выпишем для каждой компоненты края ручки и воротника слово, состоящее из букв ребер или окружностей, которые встречаются при обходе вдоль ориентации этой компоненты края воротника или ручки. При этом буква в слове будет иметь степень +1 или -1 в зависимости от совпадения ориентации обхода с ориентацией ребра или окружности. Для каждого воротника разобьем слова на упорядоченные пары так, что слова одной пары отвечают границе одной компоненты связности воротника, и направление движения от первой компоненты края ко второй отвечает движению по ориентации окружности S^1. Таким образом, мы построили для каждого воротника список слов, разбитых на упорядоченные пары, а для ручки список, состоящий из одного слова. Наборы списков слов называются изоморфными, если один из другого можно получить в результате циклических перестановок букв в словах, замен всех a_i на a_i^{-1} и a_i^{-1} на a_i, и обращения порядка букв во всех словах одного списка (см. п. 2.2.2).

Определение 5.1.1. Так построенный граф вместе циклически упорядоченным набором списков слов назовем диаграммой отображения поверхности в окружность. Две диаграммы эквивалентны, если существует изоморфизм графов, такой, что при замене во втором наборе списков слов букв на соответствующие буквы первого графа получится набор списков слов изоморфный первому набору.

Теорема 5.1.1. *Два отображения поверхности в окружность с невырожденными критическими точками будут сопряжены тогда и только тогда, когда их диаграммы эквивалентны.*

Доказательство. *Необходимость.* Как и для функций Морса, если по отображению построить два разные циклические разложения на ручки с воротниками, то существует изотопия, которая переводит одно разложение в другое. Сопрягающий гомеоморфизм между двумя функциями Морса переводит разложение на ручки с воротниками первой функции в такое же второй. Тогда его ограничение на графы с окружностями задает искомый изоморфизм. При этом ограничение гомеоморфизма на границу области задает искомое отображение слов.

Достаточность. Если диаграммы двух отображений эквивалентны, то можно построить гомеоморфизм поверхностей, который переводит граф в граф и окружности в окружности. Тогда этот гомеоморфизм отображает ручки в ручки, а воротники в воротники.

Разрежем поверхности по границе одного из воротников и построим сопрягающий гомеоморфизм h для функций Морса на полученных поверхностях. Пусть h' — ограничение этого гомеоморфизма на край разрезанной поверхности, а g — естественный гомеоморфизм краев, который возникает при разрезании поверхности. Покажем как можно подправить гомеоморфизм h к такому, что $h'g=gh'$. Из построения следует, что h' изотопно $gh'g^{-1}$. Рассмотрим эту изотопию как отображение регулярной окрестности края и продолжим ее на всю поверхность тождественным образом. Тогда, после взятия композиции этого отображения с гомеоморфизмом h, получим подправленный гомеоморфизм поверхности с краем, который после склеивания поверхности по краям задает искомый гомеоморфизм замкнутой поверхности.

Второй способ: Разрежем поверхность по некоторому регулярному уровню. Получим поверхность с краем и функцию на ней. Стянув каждый компонент края в точку, получим функцию на замкнутом многообразии. При этом каждой компоненте края будет отвечать точка максимума или минимума. Разобьем эти точки на пары так, что минимум и максимум будут в одной паре, если они отвечают одной окружности из регулярного уровня, по которому разрезалась начальная поверхность.

Теорема 5.1.2. *Два отображения ориентированной поверхности в окружность с невырожденными критическими точками сопряжены тогда и только тогда, когда существуют такие их регулярные уровни, для которых построенные по ним функции Морса будут сопряжены. При этом сопрягающий гомеоморфизм должен сохранять разбиение минимумов и максимумов на пары.*

Доказательство. *Необходимость* следует из построения. *Достаточность.* Сопрягающий гомеоморфизм для функций будет задавать гомеоморфизм разрезанной поверхности (кроме точек края). Продолжим по непрерывности этот гомеоморфизм на край. Из условия сохранения разбиения минимумов и максимумов на пары и сохранения ориентации следует, что эти отображения краев изотопны естественным гомеоморфизмам g краев (все гомеоморфизмы, сохраняющие ориентацию окружности, изотопны тождественному гомеоморфизму). Тогда, как это делалось при доказательстве теоремы 3.5.1, этот гомеоморфизм подправляется к гомеоморфизму, задающему сопрягающий гомеоморфизм замкнутых поверхностей.

5.2. Круглые функции Морса на трехмерных многообразиях

Пусть M - ориентированное $n+1$-мерное многообразие с краем $\partial M=\partial M_{-}\cup\partial M_{+}$, f: $M\to[0,1]$ - гладкая функция такая, что $f(\partial M_{-})=0$, $f(\partial M_{+})=1$.

Определение 5.2.1. Функция f называется круглой функцией Морса, если все ее критические множества являются окружностями и не выровненными.

Определение 5.2.2. Многообразие M_{i+1} полученно из многообразия M_i приклейкой круглой λ-ручки (или ручки индекса λ) H, если

1) существуют расслоения E и F на диски D^{λ} и $D^{n-\lambda}$ над S^1, H=E⊕F;

2) $M_{i+1}= M_i\bigcup_{\varphi} H$, где $\varphi:\partial E\oplus F \to\partial M_i$ - гладкое вложение, ∂E – подрасслоение E над S^1 со слоем $\partial D^{\lambda}=S^{\lambda-1}$.

Разложением на круглые ручки называется последовательность вложений

$$M_0\subset M_1\subset \ldots \subset M_n=M,$$

где $M_0=\partial M_{-}\times[0,1]$ и M_{i+1} получено из M_i приклейкой круглой ручки.

Класс круглых функций Морса ввел В. Терстон в [70]. Отношение между круглыми функциями Морса, разложениями на круглые ручки и не сингулярными потоками Морса-Смейла было установлено в [70]. Д. Азимов [47] доказал, что круглые функций Морса существуют на многообразиях размерности больше чем 3, тогда и только тогда если их ейлерова характеристика нулевая. На 3-мерных неприводимых многообразиях эти функции существуют, если многообразия есть граф-многообразиями. Роль круглых функций Морса в гамильтоновых системах была описана в [40].

5.2.1. Круглые функции Морса и разложения на круглые ручки. По каждой круглой функции Морса f построим разложение на круглые ручки. Для этого в некоторой римановой метрике рассмотрим поле grad f. Особыми точками этого поля есть критические окружности функции f. Устойчивые (неустойчивые) многообразия критической окружности состоят из всех интегральных траекторий, входящих в нее (выходящих из нее). Пусть устойчивые и неустойчивые многообразии разных окружностей пересекаются трансверсально (в противном случае, изменяя риманову метрику, сведем их к общему положению). Для критических точек-источников выберем регулярные окрестности так, чтобы их замыкания не пересекались между собою и не пересекались с другими критическими окружностями и краем многообразия. В качестве круглых 0-ручек возьмем эти замыкания. В дополнении к построенным 0-ручкам рассмотрим регулярные окрестности устойчивых многообразий критических окружностей индекса 1 с наименьшим критическим значением. Их замыкания образуют круглые 1-ручки. Далее в дополнении к построенным ручкам по аналогии строим круглые 1-ручки для критических окружностей индекса 1 со следующим критическим значением и т.д. Круглые 2-ручки - это замыкания компонентов связности дополнения к 0- и 1-ручкам, которые содержат по одной критической окружности индекса 2. При построении круглых ручек регулярные окрестности будем выбирать так, что если устойчивые и неустойчивые многообразия критических окружностей не пересекаются, то соответствующие ручки не пересекаются.

5.2.2. Построение диаграммы круглой функции Морса. По круглой функции Морса f, как выше, построим разложение на круглые ручки. Если устойчивые и неустойчивые многообразия двух круглых 1-ручек пересекаются, то с помощью изотопии (если надо, проводя трюк Уитни) получим, что все пересечения между устойчивыми многообразиями одной ручки и границей другой образуют параллельные (гомотопные) отрезки.

Обозначим через F_f - объединение ∂M_- с торами, которые есть границами 0-ручек. Рассмотрим хордовую диаграмму на поверхности F, которая состоит из пересечений устойчивых многообразий критических окружностей индекса 1 поля градиента с поверхностью F. При этом все пересечения в диаграмме должны быть трансверсальними и диаграмма содержать конечное число хорд, что можно добиться изменением римановой метрики. Пересечения устойчивых многообразий окружностей индекса 1 с наименьшим критическим значением с F_f будут окружности. Другие пересечения - наборы хорд (дуг) или окружности, в зависимости от того пересекаются устойчивые многообразия этих критических окружностей с неустойчивыми многообразиями других критических окружностей индекса 1 или нет. Все эти окружности и дуги будем называть основными.

Для каждой круглой ручки выберем вложенный двумерный диск, пересекающий соответствующую критическую окружность в одной точке, а границу ручки – по окружности, которая есть границей этого диска. Рассмотрим для этих окружностей объединение всех траекторий, проходящих через них. Тогда их пересечение с поверхностью *F*, образует набор окружностей и дуг, которые будем называть дополнительными. Для каждой окружности выберем по одной точке из концов хорд, примыкающих к ней с каждой стороны от окружности. Сделаем это так, что точки разбиваются на пары, такие, что траектории проходящие через точки одной пары заканчиваются в одной и той же точке. Проделаем это и для каждого набора дуг. Полученные точки назовем выделенными, а хордовую диаграмму с выделенными парами точек - пунктированой. При выборе другой пары точек вместо данной, соответствующей точки отстоят от данной на одинаковое число концов хорд, если обходить соответствующую окружность (набор дуг) вдоль ориентации. Такие пары выделенных точек назовем эквивалентными. Окончание хорд будем называть вершинами диаграммы.

На множестве основных и дополнительных окружностей и дуг введем естественное упорядочение. Для этого каждой дуге или окружности поставим в соответствие номер критического значения соответствующей критической окружности. Заметим, что тогда любой из концов любой хорды лежит на окружности или дуге с меньшим номером.

Диаграммой круглой функции Морса называется поверхность с вложенными в нее наборами окружностей и дуг (основным и дополнительным), так, что на окружностях и дугах первого набора зафиксированы ориентация и некоторые из них разбиты на пары, с разбиением некоторых концов дуг на пары и введено упорядочение окружностей и дуг.

Две диаграммы круглых функций Морса называются изоморфными, если существует гомеоморфизм между соответствующими поверхностями *F*, который отображает окружности в окружности, дуги в дуги, выделенные пары точек в пары, эквивалентные выделенным точкам, сохраняя упорядочения окружностей и дуг.

5.2.3. Эквивалентные диаграммы. При выборе другой римановой метрики каждая ручка приклеивается по изотопному вложению (так как любые две римановые метрики можно соединить непрерывной семьей римановых метрик). Верно и обратное.

Любую изотопию можно реализовать последовательностью следующих движений:

1) сокращение двухугольников или трюк Уитни - если существует диск Уитни, граница которого состоит из хорды и дуги окружности или хорды. При этом движении хорда скользит по диску Уитни;

2) пальчиковое движение - движение, обратное к первому;

3) сокращение треугольника - если существует диск, граница которого состоит из трех дуг окружностей или хорд;

4) возникновение треугольника - обратное к третьему.

Во всех движениях хорда, которая скользит и появляется или исчезает, должна иметь номер больший номера других хорд из двухуголбника или треугольника.

Две диаграммы называются эквивалентными, если от одной к диаграмме, изотопной другой, можно перейти с помощью движений 1) - 4).

Для разложения на круглые ручки, как в п.4.1, построим τ-инвариант.

Теорема 5.2.1. *Круглые функции Морса топологически эквивалентны тогда и только тогда, когда их диаграммы и τ-инварианты эквивалентны.*

Доказательство. *Необходимость* условий теоремы вытекают из построения. *Достаточность.* Поскольку выполнение движений 1) – 4) равносильно выполнению изотопий отображения приклеивания круглых ручек, то, не ограничивая общности, можно считать, что разложения на круглые ручки есть изоморфными (так как изотопии, как и для функций Морса, реализуются с помощью разных выборов римановых метрик). Тогда для каждой круглой ручки существует гомеоморфизм (заданный изоморфизмом) ее границы на границу соответствующей круглой ручки. Эквивалентность τ-нвариантов разрешает (равно как и для полей Морса-Смейла) продолжить эти гомеоморфизмы внутрь круглых ручек и, таким образом, построить искомый гомеоморфизм трехмерных многообразий. Теорема доказана.

Если в трюке Уитни движущаяся хорда не содержит других вершин или содержит одну вершину, кроме своих концов, то происходит сокращение числа вершин на 2 или 1, соответственно. Если она содержит 2 вершины, то после проведения трюка Уитни общее число вершин не изменяется, а если более 2 - увеличивается. При проведении пальчикового движения - все наоборот.

При сокращении треугольника, если движущаяся хорда не содержит вершин кроме своих концов, то общее число вершин уменьшается; если содержит 1 вершину - не изменяется; если содержит более 1 вершины - увеличивается.

Движения, при которых общее число вершин уменьшается, назовем уменьшаемыми, увеличивается - увеличиваемыми, остается неизменным - нейтральным. Диаграмма, у которой минимальное число вершин среди всех диаграмм данной функции, называется минимальной.

Предложение 5.2.1. *Диаграмма будет минимальной, если к ней нельзя применить уменьшаемые движения. Не изоморфных минимальных диаграмм конечное число. Одну минимальную диаграмму можно получить из другой с помощью нейтральных движений.*

Доказательство. Если в последовательности движений от одной диаграммы к другой два соседних движения не имеют общих точек, то их можно поменять местами. Если же такие точки имеются, то движения можно сократить или заменить одним нейтральным движением.

5.3. Замкнутые 1-формы Морса на замкнутых поверхностях

Пусть ω - внешняя замкнутая дифференциальная 1-форма на замкнутой двумерной поверхности *M*. 1-форма ω будет формой Морса, если локально она есть дифференциалом некоторой функции Морса *f*.

Интеграл от замкнутой 1-формы Морса можно рассматривать как многозначную функцию Морса. Теория замкнутых 1-форм Морса была создана С.П.Новиковым [23]. Он показал, что такие формы естественно возникают в физических задачах [23]. А.Т.Фоменко показал, что эти формы используются при исследованные минимальных поверхностей, краем которых есть заданная замкнутая кривая. Среди дальнейших исследований в этой теории следует отметить работы М.Фарбера [49], А.В.Пажитного [58], В.И.Арнольда[2].

5.3.1. Основные определения.

Определение 5.3.1. Обозначим *N*(ω) - множество нулей замкнутой формы ω. Кривая $\gamma\subset M$, не содержащая нулей, называется интегральной траекторией формы ω, если локально она есть уровнем функции *f* такой, что $\omega=df$. Будем рассматривать только максимальные траектории, то есть такие, которые не являются собственными подмножествами других траекторий, и называть их просто траекториями. Для незамкнутых 1-форм интегральная траектория определяется как линия, касательные к которой лежат в ядре 1-формы.

Для каждой достаточно малой окрестности $U(x)$ точки $x \in M \backslash N(\omega)$ траектория, которая проходит через x, разбивает $U(x)$ на две части: положительную $\{y\colon f(y)- f(x)>0\}$ и отрицательную $\{y\colon f(y)- f(x)<0\}$ ($\omega X>0$ для векторов направленых в положительную часть и $\omega X<0$ для векторов направленных в отрицательную часть).

Определение 5.3.2. Дифференциальные 1-формы ω_1 и ω_2 на M называются траекторно эквивалентными, если существует гомеоморфизм $h\colon M \to M$, который отображает нули в нули, а траектории на траектории. При этом h называется траекторной эквивалентностью. Если, кроме того, h сохраняет разбиение каждой малой окрестности точки $x \in M \setminus N(\omega)$ на положительную и отрицательную части, то он называется топологической эквивалентностью, а соответствующие формы топологически эквивалентными.

Пример. Если $f\colon M \to \mathbf{R}$ - положительная функция, то тождественное отображение есть топологической эквивалентностью между ω и $f\omega$.

Определение 5.3.3. Нуль 1-формы $\omega = a\,du + b\,dv$ называется невырожденным, если матрица

$$\begin{pmatrix} \dfrac{\partial a}{\partial u} & \dfrac{\partial b}{\partial u} \\ \dfrac{\partial a}{\partial v} & \dfrac{\partial b}{\partial b} \end{pmatrix}$$

невырожденная, где (u, v) - некоторая параметризация поверхности.

Определение 5.3.4. Форма называется формой Морса, если все ее нули невырожденные.

Аналогично функциям Морса можно показать, что в окрестности невырожденного нуля заменой координат форму можно свести к виду $\omega = \pm u du \pm v dv$. При этом, если знаки при udu и vdv разные, то такой нуль будем называть седлом, а в остальных случаях - центром. Траектории в окрестности седла и центра изображены на рис. 5.1 a) и b), соответственно.

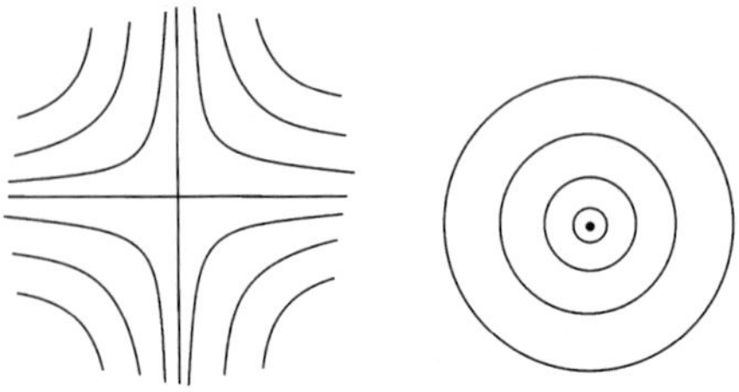

a) b)

Рис. 5.1.

Определение 5.3.5. Траекторию, граница которой содержит седло, будем называть усом этого седла.

Из любого седла выходит четыре уса. Траектория, соединяющая седла, - это та, для которой граница есть одним или двумя седлами. В последнем случае она есть усом для двух седел.

Определение 5.3.6. Траектория γ: $\mathbf{R}\to M$ называется рекурентной, если

$$\gamma\subset\{x\in M\colon \exists\{t_n\}\to\pm\infty,\ \gamma(t_n)\to x,\ n\to\infty\}.$$

Как следует из определения, если траектория замкнутая или везде плотная в M, то она рекурентная.

5.3.2. Топологическая классификация 1-форм Морса с замкнутыми рекурентними траекториями. Зафиксируем стандартную риманову метрику ρ и ориентацию на M (в случае ориентированной поверхности). Тогда по каждой форме ω можно построить следующие векторные поля:

1) нормальное поле $X_n(\omega)$, которое определяется условием, что для любого векторного поля Y $\rho(X_n(\omega),Y)=\omega(Y)$,

2) касательное векторное поле $X_t(\omega)$, которое касается интегральных траекторий ω, $|X_t(\omega)|=|X_n(\omega)|$ и ориентация пары $(X_t(\omega), X_n(\omega))$ совпадает с ориентацией поверхности.

Так же как для поля градиента функции, нормальное векторное поле зависит от выбора римановой метрики. Касательное векторное поле, с точностью до топологической эквивалентности, не зависит от выбора римановой метрики. Тем не менее, в отличие от нормального векторного поля, оно не может быть построено на неориентированных поверхностях в общем случае.

Утверждение 5.3.1. *Пусть M - замкнутая ориентированная поверхность. Форма ω топологически эквивалентна форме ω' или $-\omega'$ тогда и только тогда, когда касательное векторное поле $X_t(\omega)$ топологически эквивалентно $X_t(\omega')$ или $-X_t(\omega')$.*

Доказательство. *Необходимость.* Из определения топологической эквивалентности форм следует существование гомеоморфизма, который переводит траектории ω в траектории ω'. Поскольку траектории формы совпадают с траекториями касательного векторного поля, то этот гомеоморфизм отображает траектории $X_t(\omega)$ на траектории $X_t(\omega')$. Изменяя, при необходимости, знак векторного поля, получим, что гомеоморфизм сохраняет направление движения на траекториях.

Достаточность. Аналогично к необходимости, существует гомеоморфизм, который переводит траектории ω в траектории ω'. Изменение знака приводит к тому, что положительные и отрицательные части окрестностей точек меняются местами.

Теорема 5.3.1. *Пусть ω - 1-форма Морса на замкнутой поверхности M, все рекурентные траектории которой замкнутые. Форма ω топологически эквивалентна замкнутой форме тогда и только тогда, когда все ее траектории, кроме тех, что соединяют седла, замкнуты.*

Доказательство. *Необходимость.* Не ограничивая общности, можем считать форму ω замкнутой. От противного. Пусть существует траектория γ, которая не соединяет седла и не является замкнутой. Тогда предельное множество γ состоит более чем из двух точек. Пусть $L(\gamma)$ - та часть предельного множества, которая содержит более одной точки и отвечает движению по траектории в одном направлении. Тогда из теории Пуанкаре-Бендиксона следует, что или $L(\gamma)$ - замкнутая кривая или $L(\gamma)$ состоит из седел и траекторий, которые их соединяют. Пользуясь компактностью $L(\gamma)$, можем построить конечное открытое покрытие $\{U_0, U_1, \ldots, U_n\}$множества $L(\gamma)$ и функции f_i такие, что $\omega = df_i$ на U_i и $f_i^{-1}(0) \subset L(\gamma)$. Тогда, поскольку эти функции совпадают на пересечениях областей определения, они определяют функцию f на $U = \cup U_i$. Линии уровня в окрестности $L(\gamma)$, кроме $L(\gamma)$, есть замкнутыми кривыми, что противоречит определению $L(\gamma)$.

Достаточность. Пусть L - объединение седел и траекторий, которые их соединяют, а U - регулярная окрестность U, граница которой состоит из замкнутых траекторий. Построим на U функцию Морса f, критические уровня которой гомеоморфны L. Тогда гомеоморфизм, который переводит уровни f в траектории ω, задает топологическую эквивалентность между ω и df. На $M\backslash U$ топологическая эквивалентность строится тривиально. Теорема доказана.

Пусть ω - замкнутая 1-форма Морса на замкнутой поверхности M, все рекурентные траектории которой - замкнутые. Объединение L седел и траекторий, которые их соединяют, будем рассматривать как граф G(ω), вложенный в поверхность M. Вершинами графа являются седла, а ребрами траектории, которая их соединяют. Поскольку из любого седла выходит четыре уса, то граф G(ω) имеет валентность 4. Если компонента дополнения M/G(ω) содержит центр, то она гомеоморфна открытому диску (односвязная область), в противном случае - цилиндру $S^1\times(0,1)$ (двухсвязная область).

Теорема 5.3.2. *Пусть ω и ω' - замкнутые 1-формы Морса на замкнутых поверхностях M и M', все рекурентные траектории которых замкнуты. Для того чтобы формы были траекторно эквивалентными необходимо и достаточно, чтобы существовал гомеоморфизм $h:M\rightarrow M'$, ограничение которого на $G(\omega)$ задает изоморфизм графов.*

Доказательство. *Необходимость.* Траекторная эквивалентность есть искомым гомеоморфизмом h.

Достаточность. Пусть граф G(ω) не пустой. Рассмотрим двухсвязную область U с $M\backslash G$(ω) и ее образ $h(U)\subset M'$. Проведем кривую α, которая соединяет седла x и y из разных компонент границы U и которая трансверсальна к траекториям ω, а также кривую α′, которая трансверсальна ω′ и соединяет $h(x)$ и $h(y)$. Зафиксируем структуру прямого произведения $S^1\times[0,1]$ на cl(U) и cl(U') так, что кривым α и α′ отвечают отрезки $s\times[0,1]$. Пусть u: $S^1\times\{0\}\rightarrow S^1\times\{1\}$ - отображение проекции. Тогда поскольку отображение $h^{-1}u^{-1}hu$ изотопно тождественному отображению, то композиция этой изотопии с отображением $U\rightarrow U'$, которое действует по равенству координат в $S^1\times[0,1]$, задает искомую траекторную эквивалентность двусвязных областей. В случае односвязных областей построение траекторной эквивалентности аналогично, с заменой цилиндров на конусы.

Если форма не содержит седел, то возможны следующие два случая форм: 1) на сфере два центра и 2) на торе рациональная обмотка (без нулей). В обоих случаях, зафиксировав гомеоморфизм между парой замкнутых траекторий ω и ω′, сведем задачу к рассмотренной выше.

При рассмотрении топологической эквивалентности форм кроме условий траекторной эквивалентности надо фиксировать информацию, которая обеспечивет соответствие между положительными и отрицательными частями окрестностей. Назовем односвязную область положительной, если она содержит положительные частини окрестностей своих предельных точек и отрицательной, если - отрицательные. Положительные области определяются условием, что векторы $X_n(\omega)$ направлены внутрь этих областей. Двусвязную область разобьем любой замкнутой траекторией на две подобласти, одну из которых, аналогично односвязным областям, назовем положительной, а другую - отрицательной.

Следствие. Две замкнутые 1-формы Морса ω и ω′ на замкнутых поверхностях M и M', все рекурентные траектории которых - замкнуты, будут топологически эквивалентными тогда и только тогда, когда существует такая их траекторна эквивалентность, которая отображает положительные области и подобласти в положительные области и подобласти, а отрицательные - в отрицательные.

Доказательство прямо следует из определений положительных и отрицательных областей и подобластей.

Построение ω-графов. Для проверки существования гомеоморфизма поверхностей, который отображает граф в граф, удобно воспользоваться НСС-графами, введенными в п.2.2.1. Пусть $e_1,\ldots,e_n$ - ребра графа $G(\omega)$. Зафиксируем на каждом из них произвольную ориентацию. Обходя область по границе, выпишем слово (в случае односвязной области) или пару слов (в случае двусвязной области), составленные из букв $e_i^{\pm 1}$ тех ребер, вдоль которых осуществляется обход области. Степень буквы в слове зависит от ориентации соответствующего ребра. Упорядочим слова в каждой паре, поставив первым слово, которое соответсвует отрицательной полуобласти, а вторым - положительной. Слова, которые не входят в пары, разобьем на две группы: к первой отнесем те, которые отвечают отрицательным областям, а ко второй - положительным.

Определение 5.3.7. ω-графом называется граф $G(\omega)$ вместе со словами, разбитыми на две группы, и упорядоченными парами слов.

Определение 5.3.8. Два слова называются эквивалентными, если одно можно получить из другого или обратного к другому с помощью циклической перестановки букв. Два ω-графы называются эквивалентными, если существует изоморфизм между их $G(\omega)$ графами такой, что после замены в словах одного графа всех букв на их прообразы, с учетом ориентации, получим слова эквивалентные словам другого графа и при этом изоморфизм сохраняет разбиение слов на группы, пары и порядок в парах.

Теорема 5.3.3. *Две замкнутые 1-формы Морса* ω *и* ω' *на замкнутых поверхностях* M *и* M', *все рекурентные траектории которых - замкнуты, будут топологически эквивалентными тогда и только тогда, когда их* ω-*графы эквивалентны.*

Доказательство прямо получается, если воспользоваться теоремой для НСС-графов 2.2.1 и следствием из теоремы 5.3.2.

Несколько другой подход к построению ω графа состоит в том, чтобы свести задачу к такой, когда граф связный (или что тоже самое все области - односвязные). Для этого разрезаем любую двусвязную область на две (положительную и отрицательную) и заклеим полученные дырки дисками. Такая процедура называется перестройкой области. Обратная процедура есть или связной суммой поверхностей, или приклейкой ручки в зависимости от связности поверхности, полученной при разрезании области.

Напомним, что вложение графа в поверхность называется клеточным, если все области, на которые он разбивает поверхность, есть односвязными. В результате перестроек по всем двусвязным областям получим новые поверхности и клеточно вложенные в них графы. При этом новообразовавшиеся односвязные области разбиты на пары так, что две области из одной пары отвечают одной двусвязной области на старой поверхности. Для любого клеточно вложенного графа, как выше, построим набор слов, кажому из которых соответсвует одна область. Среди слов возникнут пары, которые соответствуют парам областей. Тогда ω-граф состоит из набора связных графов валентности 4, с выделенным набором слов для каждого графа так, что все слова разбиты на две группы (отрицательную и положительную) и, кроме того, некоторые слова разбиты на пары.

Таким образом, топологическая классификация форм свелась к классификации графов валентности 4 и их вложений в поверхность, которая есть алгоритмически разрешимой задачей.

5.3.3. Примеры вычислений.

5.3.3.1. Замкнутые дифференциальные 1-формы на сфере S^2. Поскольку сфера односвязная, то каждая замкнутая 1-форма есть точной. Таким образом, вложения графа $G(\omega)$ такие же, как для компонент уровней функции Морса, содержащих критические точки. Очевидно, что топологически неэквивалентные функции могут иметь топологически эквивалентные дифференциалы. Классификация форм отличается от классификации касательных векторных полей, что видно на примере форм с одним седлом. В этом случае $G(\omega)$ гомеоморфно 8 и возможны две топологически неэквивалентные формы: первая имеет одну положительную область и две отрицательные, а вторая - одну отрицательную и две положительные. Касательные векторные поля обоих форм топологически эквивалентны. Число неэквивалентных 1-форм с 2 и 3 седлами дано в табл. 5.3.

5.3.3.2. Дифференциальные 1-формы с 1, 2 и 3 седлами на других поверхностях. Все односвязные графы валентности 4, у которых не более 3 вершин, и их вложения, задающиеся наборами слов, приведены в табл. 5.1. Число слов D в любом из наборов равно сумме ейлеровой характеристики χ поверхности и числа V вершин графа: $D=\chi+V$.

Каждая из двух групп в наборе слов взята в фигурные скобки. Каждое ребро входит по одному разу в любую из двух групп. При этом, если слова можно записать так, что любая из букв входит в них с одинаковыми знаками, то полученная поверхность ориентированная, иначе - неориентированная. Кроме того для каждой вершины выполняется условие локальной планарности в этой вершине. Поскольку $D\geq 2$, то при $V\leq 3$ ейлерова характеристика поверхности $\chi=D-V\geq -1$. То есть, не существует клеточных вложений графов валентности 4 с более чем 3 вершинами на поверхностях, которые не указаны в табл. 5.2. Нижний индекс 2 означает, что для данного вложения графа существует две топологически неэквивалентные 1-формы. Если он отсутствует - такая 1-форма одна. Эта ситуация возникает, если существует переименование ребер и возможно изменение ориентации некоторых ребер, при котором первая группа слов перейдет во вторую, а вторая - в первую.

При подсчете числа форм на заданной поверхности, к числу вложений односвязных графов, который определяется из таблиц 5.1 и 5.2, прибавляем число неэквивалентных наборов графов с выделенными парами слов. При этом связная сумма поверхностей, в которые вкладываются графы, равна заданной поверхности.

Табл. 5.1. Клеточные вложения графов валентности 4 с 1 и 2 вершинами в поверхности

No.	\ Поверхность Граф \	S^2	T^2	P^2	$P^2 \# P^2$	$P^2\#P^2\#P^2$
		$\chi=2$	$\chi=0$	$\chi=1$	$\chi=0$	$\chi=-1$
G_1	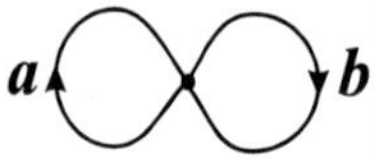	**1_2.** $\{ab\}$, $\{a,b\}$		**1.** $\{ab\}$, $\{ab^{-1}\}$		
G_2	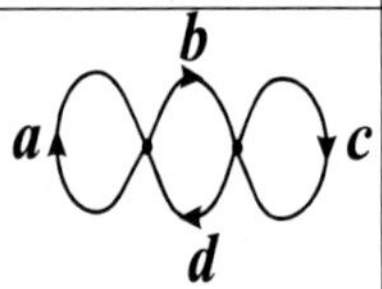	**1_2.** $\{abcd\}$, $\{a, c, bd\}$ **2.** $\{abd, c\}$, $\{a, bcd\}$		**1_2.** $\{abcd\}$, $\{a, bc^{-1}d\}$	**1.** $\{abcd\}$, $\{a^{-1}bc^{-1}d\}$	
G_3	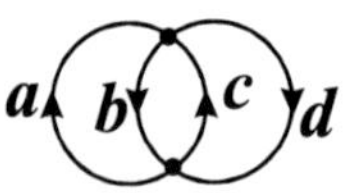	**1.** $\{ab, cd\}$, $\{ad, bc\}$	**1.** $\{abcd\}$ $\{adcb\}$	**1_2.** $\{abcd\}$, $\{ac^{-1}, bd^{-1}\}$	**1.** $\{abcd\}$, $\{ac^{-1}d^{-1}b\}$	

Табл. 5.2. Клеточные вложения графов валентности 4 с тремя вершинами в поверхности

No.	\ Поверхность Граф \	S^2	T^2	P^2	$P^2 \# P^2$	$P^2\#P^2\#P^2$
		$\chi=2$	$\chi=0$	$\chi=1$	$\chi=0$	$\chi=-1$
G_4	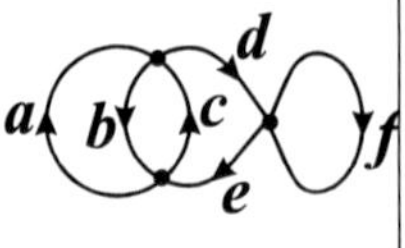	**1_2.** $\{ab,cde,f\}$, $\{adfe, bc\}$	**1_2.** $\{adfecb\}$, $\{abcde,f\}$	**1_2.** $\{abcdfe\}$, $\{f,ac^{-1}, b^{-1}de\}$ **2.** $\{ab ,cdfe\}$, $\{bc,df^{-1}ea\}$ **3_2.** $\{ab, cdfe\}$, $\{f, adeb^{-1}c^{-1}\}$	**1_2.** $\{abcdfe\}$, $\{f, adeb^{-1}c^{-1}\}$ **2_2.** $\{abcdfe\}$, $\{ac^{-1}, b^{-1}df^{-1}e\}$	**1.** $\{abcdfe\}$, $\{adf^{-1}ecb\}$ **2_2.** $\{abcdfe\}$, $\{df^{-1}eca^{-1}b^{-1}\}$

G_5	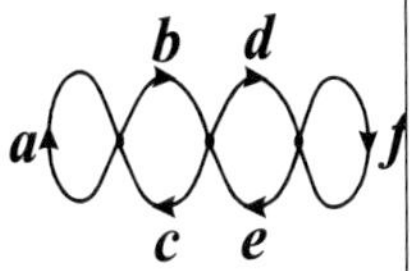	$\mathbf{1}_2$. {*abdfec*}, {*a, f, bc, de*} $\mathbf{2}_2$.{*abdec, f*}, {*a,bc , dfe*} $\mathbf{3}_2$.{*abc, dfe*}, {*a, f, bdec*}		$\mathbf{1}_2$. {*abdfec*}, {$a,f,be^{-1}d^{-1}c$} $\mathbf{2}_2$. {*abdfec*}, {$ac^{-1}b^{-1}, de,f$} $\mathbf{3}_2$.{*a, bdfec*}, {$abc, df^{1}e$} **4.** {*a, bdfec*}, {$abe^{-1}d^{-1}c, f$}	$\mathbf{1}_2$. {*abdfec*}, {$a, be^{-1}fd^{-1}c$} $\mathbf{2}_2$. {*abdfec*}, {$ac^{-1}b^{-1}$, $df^{1}e$}	**1.** {*abdfec*}, {$ac^{-1}df^{1}eb$}
G_6	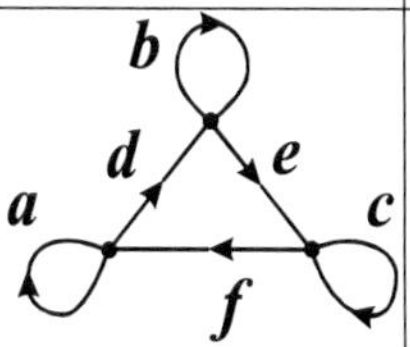	$\mathbf{1}_2$. {*adbecf*}, {*a, b, c, def*} $\mathbf{2}_2$.{*adbef, c*}, {*a, b, decf*}		$\mathbf{1}_2$. {*adbecf*}, {$a, b, dec^{-1}f$} **2.**{*a, dbecf*}, {$b, adec^{-1}f$}	$\mathbf{1}_2$. {*adbecf*}, {*a*, $f^{1}ce^{-1}bd^{-1}$}	**1.** {*adbecf*}, {$af^{1}ce^{-1}bd^{-1}$ }

Например, при подсчете числа 1-форм с 3 седлами на бутылке Клейна возможны следующие комбинации графов: 1) $G_1(P^2)$+ $G_1(P^2)$+ $G_1(S^2)$, 2) $G_2(P^2\# P^2)$+$G_1(S^2)$, 3) $G_3(P^2\# P^2)$+ $G_1(S^2)$, 4) $G_2(P^2)$+ $G_1(P^2)$, 5) $G_3(P^2)$+ $G_1(P^2)$.

В первом случае траекторно (топологически) неэквивалентных форм 4 (7), во втором - 2 (4), в третьем – 2 (4), в четвертом - 3 (6) и в пятом 2 (4). На связных графах таких форм 5 (10). Кроме того, возможны следующие варианты получения бутылки Клейна: 1) приклейка ручки к сфере с тремя седлами - 25(50), 2) сфера с ручкой с 2 седлами # сфера с 1 седлом - 9(18), 3) сфера с ручкой с 1 седлом # сфера с 2 седлами - 6(12), 4) две сферы, соединенные двумя ручками - 11 (22), 5) две сферы соединенные двумя ручками # S^2 - 6 (12), 6) три сферы, циклически соединенные ручками - 3 (6). Суммируя, получим 78 траекторно и 155 топологически не эквивалентных 1-форм.

Табл. 5.3. Число не эквивалентных замкнутых 1-форм Морса

Число седел	**Эквивалентность**	S^2	T^2	P^2	$P^2\# P^2$
V=1	Траекторная	1	1	1	1
	Топологическая	2	2	1	2
V=2	Траекторная	6	12	4	13
	Топологическая	8	18	8	19
V=3	Траекторная	29	24	28	78
	Топологическая	56	48	52	155

5.4. Конечные функции Морса на некомпактных поверхностях конечного типа

Цель этого подраздела - дать топологическую классификацию функций Морса с конечным числом особенностей на некомпактных поверхностях конечного типа.

5.4.1. Особые компоненты уровня. Пусть $F_{g,m}$ - некомпактная поверхность конечного типа, то есть поверхность, которая имеет конечный род g и конечное число m концов. Каждая такая поверхность (с точностью до гомеоморфизма) может быть получена из замкнутой поверхности удалением конечного числа точек или, по другому, есть внутренностью классической поверхности с краем.

Пусть $\varphi: F_g \setminus \{\omega_1 \cup \omega_2 \cup \ldots \cup \omega_m\} \to F_{g,m}$ - гомеоморфизм, где F_g - замкнутая поверхность рода g, $\omega_1, \omega_2, \ldots, \omega_m$ - точки на F_g. Пусть ρ - метрика на F, индуцированная этим гомеоморфизмом от некоторой метрики на F_g.

Определение 5.4.1. Компонента α уровня $f^{-1}(z)$ функции $f: F_g \to \mathbf{R}$ называется особой, если

1)для любой ее достаточно малой (в метрике ρ) замкнутой окрестности W и любого достаточно малого $\varepsilon>0$ множество $f^{-1}([z-\varepsilon, z+\varepsilon]) \cap W$ негомеоморфно $f^{-1}(z)\times[0,1]$ или

2)множества $\alpha, f^{-1}(z-\varepsilon)\cap W, f^{-1}(z+\varepsilon)\cap W$ не все гомеоморфны.

Определение 5.4.2. Компоненты, которые не являются особыми, называются регулярными. Значение функции на особой компоненте уровня будем называть особым.

Из общей теории Морса следует, что компонента, которая содержит критическую точку, есть особой [20].

Далее будем рассматривать функции Морса, имеющие конечное число критических точек и особых компонент уровней функции.

Лемма 5.4.1. *Если особая компонента не содержит критической точки, то она не компактная.*

Доказательство. От противного, предположим, что компонента α компактная и не содержит критических точек. Тогда она есть вложенным компактным одномерным многообразием, то есть гомеоморфна окружности. Поскольку каждая особая компонента, а значит и их объединение, есть замкнутым множеством, то существует такое $\varepsilon>0$, что замкнутая ε-окрестность α не содержит отличных от α особых компонент. Тогда эта окрестность будет компактным многообразиеом с краем. Ограничение функции на нее не имеет критических точек. Значит α - регулярный уровень. Полученное противоречие доказывает лемму.

5.4.2. Граф функции. Пусть $x_1, \ldots, x_n$ - критические точки, а $\alpha_1, \ldots, \alpha_m$ - особые компоненты уровней функции f.

Обозначим через G_f - вложенный в поверхность F_g граф, вершинами которого есть точки ω_j и прообразы $\varphi^{-1}(x_i)$ критических точек, а ребра - замыкания компонент связности прообразов $\varphi^{-1}(\alpha_j \backslash \cup(x_i))$. Поскольку все критические точки - невырожденные, то все вершины, кроме вершин ω_j, имеют валентность 4. Области, на которые граф разбивает $F_{g,m}$, называются гранями графа. Те вершины и ребра графа, которые лежат на границе грани, называются вершинами и сторонами этой грани. Таким образом, каждую грань можно рассматривать как криволинейный многоугольник, у которого склеены некоторые вершины.

Утверждение 5.4.1. *Внутренность каждой грани или односвязна* (*гомеоморфна* $\mathbf{R}^2$), *или двусвязна* (*гомеоморфна* $S^1\times(0,1)$).

Доказательство. Каждая компонента β уровня, лежащая во внутренности, по построению есть регулярной. Поскольку во внутренности грани нет особых компонент, то она гомеоморфна $\beta\times(0,1)$. Поскольку β - вложенное подмногообразие, то оно гомеоморфно прямой $\mathbf{R}^1$ или окружности S^1. В первом случае получим односвязную область, а во втором - двусвязную.

Лемма 5.4.2. *Каждое ребро графа может быть не более чем одной стороной грани, то есть не существует грани, примыкающей к данному ребру с двух сторон.*

Доказательство. От противного, пусть такое ребро a и грань U существуют. Грань U расслоена на поверхности уровня функции, причем функция монотонная от уровня к уровню. Тогда на ребре a ограничение функции на замыкание U принимает свое экстремальное значение. Это значит, что каждая точка ребра a есть критической, что невозможно для функций Морса.

5.4.3. Диаграмма функции. Заметим, что каждая односвязная грань U содержит среди своих вершин хотя бы одну из ω_j (возможно несколько раз). Пусть β - регулярная компонента уровня, который лежит в U. Тогда ω_j есть предельной точкой β. Возможны два типа компонент уровней: 1) оба конца β лежат в одном углу, 2) концы β лежат в двух разных углах грани, рассматриваемой как криволинейный многоугольник. Из регулярности уровней следует, что все другие компоненты уровней имеют тот же тип, и концы, которые лежат в тех же углах.

Рассмотрим первый тип компонент. При движении от границы внутрь грани трансверсально линиям уровня значение функции будет монотонно изменяться. Предельное значение функции при таком движении будем называть особым значением для грани U.

Упорядочим по возрастанию особые значения (как на особых компонентах, так и на односвязных гранях первого типа), приписав им целые числа, начиная от единицы. Эти числа будут порядковыми номерами особых значений.

Определение 5.4.3. Диаграммой функции Морса f называется вложенный в F_g граф, у которого

1)выделены вершины ω_j;

2)все другие вершины и ребра являются прообразами особых уровней при гомеоморфизме φ;

3)для граней первого типа выделены углы, в которых заканчиваются регулярные уровни;

4)ребрам и граням первого типа приписаны порядковые номера, в соответствия со значениями функций на них.

Пример. Рассмотрим одну из простейших функций Морса на плоскости $f(x,y)=x^2- y^2$. Она имеет одну седловую точку. Диаграмма для нее будет иметь вид двух окружностей, которые пересекаются в двух точках. Одна из точек пересечения соответствует критической точке, а другая есть точкой ω. Значение функции f в углах, которые прилегают к ω будут: $-\infty$ и $+\infty$, а на ребрах графа значение функции равно 0.

Определение 5.4.4. Две диаграммы называются эквивалентными, если существует гомеоморфизм F_g, который отображает один граф на другой, вершины на вершины, ребра на ребра, выделенную вершину в выделенную, выделенные углы в выделенные углы и сохраняет порядковые номера.

Теорема 5.4.1. *Две функции Морса топологически эквивалентны тогда и только тогда, когда их диаграммы эквивалентны.*

Доказательство. *Необходимость.* Если отображение $\psi{:}F_{g,m}\to F_{g,m}$ задает топологическую эквивалентность, то его композиция с φ^{-1}, задает искомый гомеоморфизм поверхностей.

Достаточность. Пусть диаграммы функций f и g эквивалентны. Эквивалентность между диаграммами задает гомеоморфизм между особыми уровнями функции. Без ограничения общности, будем считать, что функции f и g принимают на соответствующих особых уровнях одинаковые значения. Для каждой грани первой функции построим кривую, трансверсальную к каждой линии уровня и такую, что ее концами есть вершины графа. Соответствие между углами разрешает построить такую же кривую для второй функции, которая заканчивается в соответствующих углах. Зафиксируем такие гомеоморфизмы h_i между этими кривыми, что $f(x)=g(h_i(x))$. Эти гомеоморфизмы задают соответствие между компонентами уровней функций f и g. Используя функцию длины, гомеоморфизмы h_i продолжаются по каждой компоненте уровня к искомому гомеоморфизму поверхности.

Замечание. Для кодирования диаграмм удобно использовать граф с набором списков слов (НСС-граф), в котором буквы отвечают ребрам графа, слова - компонентам границы граней. Каждый список слов отвечает грани и состоит из одного слова для односвязной грани и двух слов для двусвязной. При этом углам грани отвечают пары последовательных букв в слове.

5.4.4. Реализация диаграммы. Рассмотрим вопрос реализации данных диаграмм функцией Морса, то есть когда существует функция Морса, которая порождает эту диаграмму? Для этого опишем следующее свойство диаграмм.

Пусть есть ребро и две грани, которые прилегают к нему. Тогда функция Морса не может принимать на этих гранях одинаковые значения. То есть она возрастает от одной грани к другой через это ребро. Все ребра, которые прилегают к данной грани, можно разделить на верхние и нижние так, что функция возрастает от нижних к верхним вдоль этой грани. Итак, каждое ребро есть верхним ребром одной грани и нижним ребром другой.

Определение 5.4.5. Диаграмму назовем допустимой, если для нее выполняется свойство: для каждой грани предельные ребра можно разделить на верхние и нижние так, что значение функции на верхних больше, чем на нижних и каждое ребро есть верхним ребром для одной области и нижним для другой.

Теорема 5.4.2. *Для каждой допустимой диаграммы существует функция Морса, которая ее порождает.*

Доказательство. Представим граф диаграммы так, чтобы соседние ребра при одной вершине валентности 4 пересекались под прямым углом в заданной метрике.

В окрестности каждой вершины диаграммы v_i такой, что $v_i \neq \omega_j$, построим функцию Морса стандартным образом: $f(x,y)=\pm x^2 \pm y^2 + f(v_i)$ в соответствующей системе координат (x,y) и так, чтобы при этом линии критических уровней совпадали с ребрами диаграммы в этом окрестности.

Для каждой грани зададим гомеоморфизм на цилиндр $S^1 \times (a,b)$ или на $(0,1) \times (a,b)$ так, чтобы линии уровня в построенных окрестностях вершин отображались на уровни типа $\{p\} \times (a,b)$, а в других точках так, чтобы отображение было гладким. Итак, мы фактически задали линии уровня на каждой грани, то есть задали искомую функцию Морса.

5.5. Отображения Уитни поверхности на плоскость

Определение 5.5.1. Пусть M, N – гладкие многообразия, $f: M \to N$ - гладкое отображение. Отображение f называется топологически устойчивым (C^∞-устойчивим), если существует такая окрестность U точки f в пространстве $C^\infty(M, N)$, что каждое отображение $g \in U$ есть топологически эквивалентным (C^∞-эквивалентным) отображению f.

Рассмотрим множество $T \subset C^\infty(F, \mathbf{R}^2)$ таких гладких отображений замкнутой поверхности F в плоскость, которое удовлетворяют следующим условиям:

1) каждая точка есть регулярной, точкой складки или сборкой;
2) образы складок (которые есть гладкими кривыми на плоскости) пересекаются трансверсально;
3) в каждой такой точке пересечения пересекается ровно две складки;
4) две сборки или сборка и точка складки не могут иметь один и тот же образ.

Согласно теореме Уитни (1955) множество T есть открытым и всюду плотным множеством в $C^\infty(F, \mathbf{R}^2)$.

Определение 5.5.2. Отображения из T будем называть отображениями Уитни. Отображения Уитни есть структурно устойчивыми.

Цель этого раздела - дать топологическую классификацию отображений Уитни.

Объединение складок и сборок отображения $f \in T$ образует объединение H замкнутых кривых на F, а их образы – пересекающиеся замкнутые кривые с особыми точками (образами сборок). Объединение образов будем рассматривать как граф G, вершинами которого есть точки пересечения и особые точки.

Зафиксируем на плоскости ориентацию. Она задает ориентацию ребер графа следующим образом: при движении по ориентации локально образ окрестности соответствующей точки складки остается справа (см. рис 5.4).

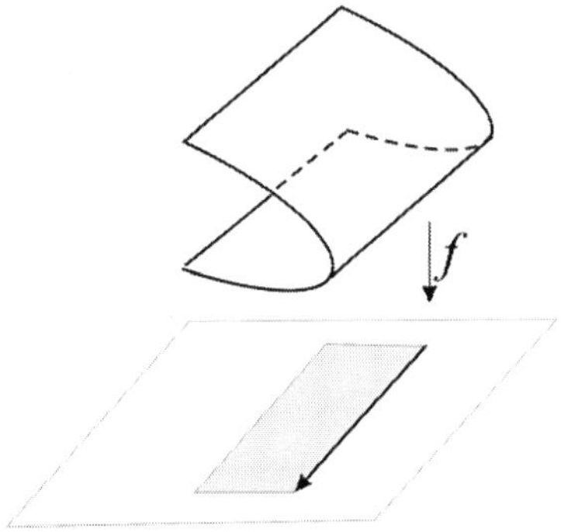

Рис. 5.4.

Каждой замкнутой кривой α_i из H отвечает ориентированный цикл ω_i графа G. Инвариант, который мы строим, будет состоять из плоского ориентированного графа G и некоторой дополнительной информации, которая носит дискретный характер.

Обозначим через Ω множество циклов ω_i. Разрежем поверхность F по замкнутым кривым из H. Получим набор поверхностей F_k с краем. Для каждой поверхности составим список циклов из Ω, которые отвечают компонентам края этой поверхности. Если ребрам графа поставить в соответствие буквы, то получим, что каждый цикл задается словом. Итак, любой из полученных поверхностей отвечает список слов.

Таким образом, имеем граф G с двумя наборами списков слов: первый задает вложение графа в плоскость, а второй - компоненты края поверхностей F_k.

Без ограничений общности, будем считать, что все вершины графа имеют валентность 4. Это можно всегда сделать, если в вершинах валентности 2 дорисовать петли, превратив их на вершины валентности 4.

Рассмотрим некоторую поверхность F_k и некоторый цикл ω_i, соответствующий компоненте края этой поверхности. Все вершины, которые являются пересечениями с другими циклами, разобьем на два типа: положительные, если ориентация циклов (первым берем цикл ω_i) в этой вершине порождает ориентацию плоскости, и отрицательные в противном случае. Каждую точку самопересечения цикла ω_{ii} будем считать два раза – один раз, как отрицательную, а второй раз как положительную (фактически под вершиной понимаем пару – точку пересечение и вектор, который задает ориентацию цикла в этой точке). Поскольку число отрицательных вершин равно числу положительных, то эти вершины можно разбить на пары. При этом для вершин одной пары должно выполняться

Условие: пусть α - ориентированная дуга цикла с началом в отрицательной вершине и концом в положительной вершине (ориентация задается направлением движения с начала до конца и совпадает с ориентацией цикла). Требуем, чтобы среди компонент связности прообраза $f^{-1}(\alpha)$ существовала дуга, каждый из концов которой есть точкой складки или сборкой. Такую дугу будем называть внутренней. Упорядочим вершины в парах так, чтобы первой в паре была отрицательная вершина.

Определение 5.5.3. Различающим графом отображения f называется так построенный ориентированный граф G с двумя наборами списков слов, и разбиением вершин любого из циклов на пары для каждого списка слов со второго НСС.

Заметим, что каждая вершина, которая есть пересечением двух разных циклов, будет встречаться в четырех парах, так как каждое слово (= каждый цикл) содержится в двух списках слов.

Теорема 5.5.1. *Два отображения Уитни будут топологически эквивалентными тогда и только тогда, когда существует изоморфизм их различающих графов, который согласован с НСС и сохраняет разбиение вершин на пары.*

Доказательство. *Необходимость* следует из построения.

Достаточность. Поскольку изоморфизмы графов и равенство первых НСС задает гомеоморфизм между плоскостями и вложенными в них графами, то, не ограничивая общности, можем считать, что отображения имеют один и тот же граф, вложенный в плоскость и один и тот же набор циклов (второй НСС) и одно и то же разбиение вершин на пары.

Пусть f и g: $F\to\mathbf{R}^2$ - отображения Уитни, имеющие один и один и тот же плоский граф G, одинаковые НССы и разбиения вершин циклов на пары. По построению любая из компонент $F\setminus f^{-1}(G)$ отображается гомеоморфно на одну из компонент $\mathbf{R}^2\setminus G$. Разбиение вершин на пары задает правило, по которому компоненты $F\setminus f^{-1}(G)$ приклеиваются одна к другой вдоль внутренних дуг. Значит имеем соответствие между компонентами $F\setminus f^{-1}(G)$ и $F\setminus g^{-1}(G)$. Тогда отображение $g^{-1}\circ f|_U$ задает гомеоморфизм между компонентой U с $F\setminus f^{-1}(G)$ и некоторой компонентой с $F\setminus g^{-1}(G)$. По построению эти гомеоморфизмы являются согласованными на границах (графе G), и значит, эти гомеоморфизмы задают искомый гомеоморфизм поверхности F. Теорема доказана.

Различающий граф, построенный по отображению Уитни, имеет следующие свойства (они прямо вытекают из построения):

1) первый набор слов задает плоский граф, все вершины которого имеют степень 2 или 4;

2) каждая буква встречается ровно в двух словах;

3) в слове для каждого списка слов (поверхности F_k), что задает внешнюю область подграфа, составленного из ребер, которые отвечают буквам из этого списка, все буквы имеют одинаковую степень (ориентация всех ребер

совпадает с ориентацией границы внешней области списанной из ориентации плоскости);

4) кни один из список слов нельзя разбить на два списка так, что для каждого из них выполняется условие 2 (что равносильно связности поверхности F_k);

5) *замкнутость маршрута*: пусть α_1 - ориентированная дуга (определенная выше) из точки x_1 в точку y_1. Образуем "левый" (неориентированный) маршрут с началом в точке x_1, который содержит α_1 следующим способом. Дойдя по α_1 к точке y_1 поворачиваем налево. Обозначим первую точку, которая нам встретится через x_2, а дугу между y_1 и x_2 через β_1. На цикле трансверсальном к β_1 существует точка, которая находится с точкой x_2 в одной паре. Обозначим ее y_2, а дугу между x_2 и y_2 через α_2. Если между α_1 и α_2 четное число точек пересечений, то в точке y_2 поворачиваем налево, а если нечетное – направо. Первую вершину, которая встретится обозначим x_3 и будем продолжать этот процесс, строя маршрут. В точке y_i будем поворачивать налево, если суммарное число точек пересечения α_i с $\alpha_1, \alpha_2, \ldots, \alpha_{i-1}$ – четное, и направо, если нечетное. Процесс построения маршрута останавливается в точке x_n, если существует дуга α_j, $1 \le j \le n-2$, что $x_n \in \alpha_j$. Так построенный маршрут будем называть левым простым маршрутом. Пример см. на рис. 5.5 (здесь $x_4 = x_1$).

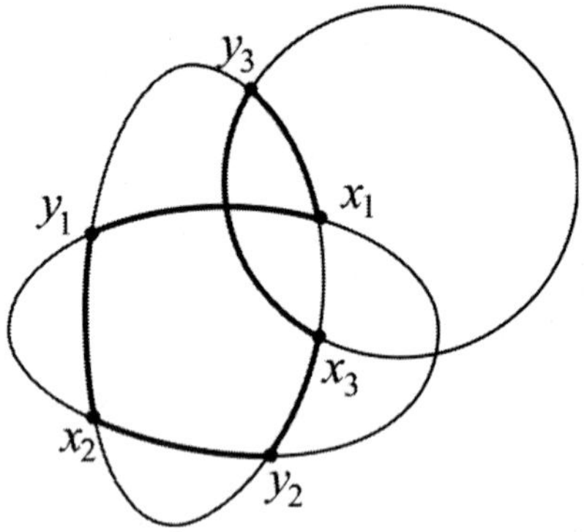

Рис. 5.5.

Аналогично определяется правый простой маршрут (с заменой левых поворотов правыми, а правых левыми).

Изменим условие построения точек x_i: двигаясь по дуге β_{u-1} будем выбирать первую такую точку, для которой общее число точек пересечения α_i с $\alpha_1, \alpha_2,\ldots,\alpha_{i-1}$ есть четным. Так построенный маршрут будем называть модернизованным. Заметим, что в левом модернизованном маршруте все повороты осуществляются налево. В примере на рис. 5.5 - это маршрут $x_1y_1x_2y_2x_1$.

Условие замкнутости состоит в том, что конец каждого простого маршрута x_n есть одной из точек $x_1,\ldots,x_{n-1}$, а модернизованный маршрут есть замкнутым (конец совпадает с началом).

Теорема 5.5.2. *Различающий граф задает отображение Уитни некоторой замкнутой (возможно несвязной) поверхности на плоскость тогда и только тогда,когда он обладает свойствами* 1-5).

Доказательство. *Необходимость.* Если модернизованный маршрут содержит петли удалим их. Получим кривую, которая есть границей некоторой области U. При этом поскольку по построению граница U содержит внутреннюю дугу между точками x_1 и y_1, то должно выполняться условие замкнутости (граница гомеоморфна окружности).

Достаточность. Опишем процесс построения отображения Уитни по различающему графу. Достаточно задать это отображение для каждой поверхности F_k. Для этого построим поверхность из копий областей (с границей), на которые граф разбивает плоскость. Внешняя область не имеет прообраза. Для остатка областей количество компонент прообраза определяется из условия задающего ориентацию циклов, который есть компонентами края поверхности F_k. При этом условие замкнутости маршрута дает возможность сделать это однозначно. Взяв по одной копии из прообраза областей, будем склеивать их вдоль внутренних дуг от одной точки пары к другой. Условие замкнутости маршрута обеспечивает то, что получим поверхность с краем (без особых точек), внутренность которой локально гомеоморфно отображается на плоскость. Сделав это для любой F_k, получим поверхность F, как их объединение и отображение Уитни.

ВЫВОДЫ

Полученные в работе результаты полностью решают проблему топологической классификации функций Морса на замкнутых трехмерных многообразиях, функций на двумерных и трехмерных многообразиях с краем (m-функции) и более общих объектов: функций с изолированными критическими точками на замкнутых поверхностях, функций с тремя и четырьмя критическими точками на трехмерных многообразиях, замкнутых 1-форм Морса на замкнутых поверхностях, отображений Уитни замкнутой поверхности на плоскость и др. Эффективность построенных классификаций продемонстрирована на примерах подсчета числа топологически не эквивалентных объектов с заданными свойствами.

Построенные полные топологические инварианты фактически описывают те свойства динамических систем и функций, которые не изменяются при топологических преобразованиях (например замене системы координат), не зависят от способа измерения или описание и т.п.

Результаты, представленные в монографии, были использованы в работах В.В.Шарко, Е.А.Гирик, И.Ю.Власенко, С.И.Максименко, А.Кадубовського, А.Климчука и др.

ЛИТЕРАТУРА

1. *Арнольд В. И.* Критические точки функций // Успехи мат. наук. – 1975. – Т.30, вып. 5. - С. 3-65.

2. *Арнольд В.И.* Топологические и эргодические свойства замкнутых 1-форм с несоизмеримыми периодами // Функ.ан. и прил. - 1991. - Т. 25, №2.- С.81- 90.

3. *Арнольд В.И.* Топологическая классификация функций Морса и 16-я проблема Гильберта // Международная конференция «Анализ и особенности». Тезисы докладов. Москва.- 2007. с.17-18

4. *Арнольд В.И., Варченко А.Н., Гусейн-Заде С.М.* Особенности дифференцируемых отображений. Классификация критических точек, каустик и волновых фронтов. – Г.: Наука, 1982. – 304 с.

5. *Асвад Х.* Функции и формы Морса на многообразиях: Дис. ... канд. физ.-мат. наук: 01.01.04. – К., 1990. – 94 с.

6. *Бахтин В. И.* О топологической эквивалентности ростков функций // Матем. заметки, **35**:4 .- 1984.- с.579–588

7. *Білун С.В., Пришляк О.О.* Замкнутые 1-формы Морса на замкнутых поверхностях // Вестник КНУ. - №8. – 2002. - С.77-81.

8. *Болсинов А.В., Фоменко А.Т.* Интегрируемые гамильтоновые системы. Геометрия, топология, классификация. Том. 1. – Ижевск: Изд. Дом «Удмурский университет», 1999. – 444 с.

9. *Болсинов А.В., Фоменко А.Т.* Интегрируемые гамильтоновые системы. Геометрия, топология, классификация. Том. 2. – Ижевск: Изд. Дом «Удмурский университет», 1999. – 448 с.

10. *Брёкер Т., Ландер Л.* Дифференциальные ростки и катастрофы. – Из-во Платон, 1997. – 208 с.

11. *Власенко И.Ю., Максименко С.И.* Корны из гомеоморфизмов и диффеоморфизмов многобразий. – К., 2004. – 64с. – (Препр. / НАН Украины. Ин-т математики; 2004.8).

12. *Горески М., Макферстон Р.* Стратифицированная теория Морса. Г.Мир, 1991, 351с.

13. *Кудрявцева Е. А.* Реализация гладких функций на поверхностях в виде функций высоты // Матем. сб., Т. 190, N.3. – 1999.- С.29–88

14.*Кулинич Э.В., Пришляк А.О.* О графах как критических уровнях функции на поверхности // Некоторые вопросы совр. мат. Т.25. – К.: Ин-т математики НАН Украины, 1998. – С. 102-108.

15.*Кулинич Э. В., Пришляк А.О.* Функции на поверхностях, критические равные которых – вложенные графы и окружности// Вестник Киев. Універс. Математика. Механика. – 1998. – №2. – С.22-24.

16.*Максименко С. И.* Классификация m-функций на поверхностях // Укр. мат. журн. – 1999. – Т.51, № 8. – С. 1129-1135.

17.*Максименко С. И.* Эквивалентность m-функций на поверхностях// Некоторые вопр. совр. математики. Т.25. – К.: Ин-т математики НАНУ, 1998. – С. 128-134.

18.*Максименко С.И.* Компоненты пространства отображений Морса // Некоторые вопросы совр. математики. Т.25. – К.: Ин-т математики НАНУ, 1998. – С.135- 153.

19.*Матвеев С.В., Фоменко А.Т.* Алгоритмические и компьютерные методы в трехмерной топологии. – Г.: МГУ, 1991. – 301 с.

20.*Милнор Дж.* Теория Морса. - Г.: Мир, 1964. - 184 с.

21.*Михайлюк Э.А.* Еквивалентные функции Морса. – К., 1986. – 46 с. (Препр./ АН УССР. Ин-т математики; 86-2).

22.*Міщенко К.И., Пришляк О.О.* Конечнные функции Морса на некомпактных поверхностях конечнного типа // Вестник КНУ. Математика. Механика. – 2003. - №9. – С. 57-59.

23.*Новиков С.П.* Гамильтонов формализм и многозначный аналог теории Морса // УМН. – 1982. - Т. 37, №5. – С. 3-49.

24.*Ошемков А.А.* Функции Морса на двумерных поверхностях. Кодирование особенностей // Труды инст. мат. Стеклова. – 1994. – Т.205. - С. 131-140.

25.*Панков М. А., Полулях Е. А.* Критические точки произвольных отображений из R^n в R^m // Функц. анализ и его прил., Т.31, N.3. -1997. – С.82–85

26.*Пришляк А.О.* О вложенных в поверхность графах // Успехи мат. наук. – 1997. – Т.52, вып.4. – С. 211-212.

27.*Пришляк А.О.* Сопряженность функций Морса // Некоторые вопросы совр. мат. Т.25. – К.: Ин-т математики НАН Украины, 1998.- С.319-325.

28.*Пришляк А.О.* Изоморфизмы комбинаторных клеточных 3-мерных комплексов // Укр. мат. журн. – 1999. – Т.51, №4. – С. 568-571.

29.*Пришляк А.О.* Сопряженность функций Морса на поверхностях со значениями на прямой и окружности // Укр. мат. журн. – 2000. – Т.52, №10. – С. 1421-1425

30.*Пришляк А.О.* Эквивалентность m-функций на трехмерных многообразиях с углами // Доклада НАНУ. – 2000. – №6. – С. 22-26.

31.*Пришляк О.О.* Круглые функции Морса и круглые ручки на 3-мерных многообразиях// Вестник КНУ. Математика. Механика. – 2002. – №7. – С. 41-43.

32.*Пришляк А.О.* Правильные функции на замкнутых трехмерных многообразиях // Доклада НАНУ. – 2003. – №8. – С. 21-24.

33.*Пришляк А.О.* Топологическая эквивалентность функций и векторных полей Морса-Смейла на трехмерных многообразиях // Топология и геометрия: Работы украинского математического конгресса, 2001. – Киев: Ін-т математики НАНУ, 2003. - С. 29-38.

34.*Пришляк О.О.* Теория Морса: Навч. пособие. - К.: Киевский университет, 2002. – 65 с.

35.*Пришляк А.О.* Топологическая классификация устойчивых отображений замкнутой поверхности на плоскость // Труды семинара по вект. и тенз. анализу, вып. 26, Москва, МГУ, мех-мат ф-т, 2005.- с.44-54

36.*Пришляк А.О., Пришляк Е.А., Вятчанинова Е.Н.* О некритическом продолжении функции, заданной на границе трехмерной области// Геометрія та топологія функцій на многовидах: зб. праць Ін-ту мат. НАН України. — 2010.— Т. 7 — с. 144-157

37.*Пуанкаре Х.* В кривых, определяемых дифференциальными уравнениями. – ОГИЗ, Москва-Ленинград, 1947. – 392 с.

38.*Рурк К., Сандерсон Б.* Введение в кусочно линейную топологию. – Г.:Мир, 1974. - 208 с.

39. *Самойленко А.М.* Эквивалентность гладкой функции полиному Тейлора в окрестности критической точки конечного типа // Функ. анализ и его прил. – 1968. – Т. 2, вып. 4. – С. 63-69.

40.*Фоменко А.Т., Цишанг Х.* Топологический инвариант и критерий эквивалентности интегрируемых гамильтоновых систем с двумя степенями свободы // Изв. Акад. наук СССР, сер. мат. – 1990. – Т.54, №3. - С. 546-575.

41.*Шарко В.В.* Об эквивалентности точных функций Морса // ДАН УССР. –1980. – №12. – С. 18-20.

42.*Шарко В.В.* Функции на многообразиях (алгебраические и топологические аспекты). - К.: Наук. мысль, 1980. – 196 с.

43.*Шарко В.В.* Функции на поверхностях I // Некоторые вопросы совр. математики. Т.25. – К.: Работы ін-ту математики НАНУ, 1998. – С. 408- 434.

44.*Шарко В.В.* Гладкая и топологическая эквивалентность функций на поверхностях // Укр. мат. журн. - 2003. - Т.55, №5. – С. 687-700.

45.*Шарко В.В.* Функции Морса на некомпактных поверхностях // Топология и геометрия: Работы украинского математического конгресса-2001. - киев: Ін-т математики НАНУ, 2003. - С. 91-102.

46.*Шарко В.В.* Функции Морса на кобордизмах // Укр. Мат. Журнал. 63, No.1.- 2011. – С.119-129.

47.*Asimov D.* Round handles and non-singular Morse-Smale flows // Ann. of Math. – 1975. – №102. – P. 41-54.

48.*Boileau M., Zieschang H.* Heegaard genus of closed orientable Seifert 3-manifolds // Inventiones Math. – 1984. – №76. – Г. 455-468.

49.*Farber M.* Exactness of the Novikov inequalities // Functional Anal. Appl. – 1985. – №19. – Г. 40-48.

50.*Friedrich Th.* m-Funktionen und ihre Anwendung auf die totale Absolutkrümmung// Math.Nachrichten. – 1975. – Vol.67. – P. 281-301.

51.*Hajduk B.* Minimal m-functions // Fund. math. Vol.110, №3. – 1981. – P. 178-200.

52.*Jankowski A., Rubinsztein R.* Functions with non-degenerated critical points on manifolds with boundary // Comm. Math. – 1972. – XVI. – P. 99-112.

53.*Johnson F.* On the triangulation of stratified sets and singular varieties // Trans. Amer. Math. Soc. 1983. – Vol.275. – P. 333-343.

54.*Kadubovsky A., Klimchuk A.* Classification of O-topologically non-equivalent functions with color chord diagrams // Methods of functional analysis and topology. – 2004. – Vol.10, №3. - P. 23-32.

55.*Lychak D.P., Prishlyak A.O.* Morse functions and flows on nonorientable surfaces// Methods of funct.an. and topology, V.15, N.3, 2009. P.251-258

56.*Maksimenko S.I.* Functions with isolated singularities on surfaces, Геометрія та топологія функцій на многовидах. Праці Інституту математики НАН України, Т. 7, № 4. -2010.- P. 7-66.

57.*Morse M.* The calculus of variations in the large. –New York, 1934. –352p.

58.*Pazhitnov A.V.* Morse theory of closed 1-form. Lecture Notes in Math. 1474. – Springer, 1991. – 348 pp.

59.*Prishlyak A.O.* Equivalence of Morse function on 3-manifolds // Methods of Func. Ann. and Topology. – 1999. – Vol.5, №3. – P. 49-53.

60.*Prishlyak A.O.* Morse functions with finite number of singularities on a plane // Methods of func.an. and topology. – 2002. – Vol. 8, №1. – Г. 75-78.

61.*Prishlyak A.O.* Topological equivalence of smooth functions with isolated critical points on a closed surface // Topology and its application. – 2002. – Vol.119, №3. –P. 257-267

62.*Prishlyak A.O.* Topological classification of flows and functios on low-dimensional manifolds.– Kyiv, 2004. – 58 p. (Preprint/ National Acad.Sci. of Ukraine. Inst. of Math.; 2004.6).

63.*Prishlyak A.O.* Equivalence of Morse functions and Morse-Smale flows on 3-manifolds// International Conference "Low-dimensional Topology and Combinatorial Group Theory", Chelyabinsk, 1999.- P.45-49.

64.*Prishlyak A.O.* Topological structure of smooth function with finite number of critical points on 2-manifold// Топология и геометрия, Тезиса докладов укр. мат. конгресс, Киев, 2001. -С.9.

65.*Sharko V.V.* On topological equivalence Morse functions on surfaces// Proc. International Conf. “Low-dimensional Topology and Combinatorial Group Theory”. – Chelyabinsk (Russia), 1996. – P. 19-23.

66.*Smale S.* On gradient dynamical systems// Ann. Math. – 1961. –Vol.74. – P. 199-206.

67.*Smale S.* Stable manifolds for differential equations and diffeomorphisms // Ann. Scuela Sup. Piza. – 1963. –Vol.17, №1,2. – P. 97-116.

68.*Takens F.* The minimal Number of Critical Points of a Function on a compact Manifold and Lusternik-Schnirelman Category // Inventiones math.- 1968. - №6. - P. 197-214.

69. *Thom R.* Les singularites des applications differentiables // Ann. Inst. Fourier. – 1956. – Vol.6. – P. 43-87.

70.*Thurston W.* Existence of codimension one foliation // Ann.Math. – 1976. – Vol.104, №2. P. 249-268.

71.*Whitney H.* On singularities of mappings of Euclidean spaces I, mappings of the plane into the plane// Ann. of Math. – 1955. – Vol.62. – P. 374-410.

72.*Zieschang H.* On Heegaard diagrams of 3-manifolds // Asterisque. – 1988. – Vol.163-164. – P.247-280.

⊙编辑手记

本书是一本俄文版的拓扑学专著，中文书名或可译为《二维和三维流形上函数的拓扑性质：函数的拓扑分类》.

本书作者是亚历山大·普里什利亚克，俄罗斯数学家．他于1991年以优异成绩毕业于基辅塔拉斯·舍甫琴科国立大学(简称基辅国立大学)，并在该大学担任讲师，2006年获得物理和数学科学博士学位，2008年起担任几何学教研室教授.

本书的内容正如绪论中所述：

> 本书主要研究拓扑学的一个分支，其主题和内容与以下问题有关：是否存在两个分层，它们在给定的流形上，具有拓扑意义上等效的奇点，也就是说，什么时候会存在能够将层映射到层的流形同拓扑(具有奇点的分层理解为以层的并集形式表示的流形，是较小固定维数和点的子流形，这些点称为奇点)．这些带有奇点的分层可以通过函数、矢量场(流)、微分形式等来定义．在这些分层上还存在补充结构：层上函数的值、积分轨迹上的运动方向等，需要拓扑等效性保留这一补充结构．在这种情况下，我们所要考虑的大部分对象(函数、流、1—形式等)，在结构上都是稳定的.

曲面上的莫尔斯拓扑经典函数是由沙尔克在1996年得出的.针对维数超过5的单联通流形,沙尔克给出了有序基本链复形等效性术语中的莫尔斯函数共轭标准.

目前仍然急需研究的是有关其他维数的莫尔斯拓扑经典函数和针对更广泛的函数类型的问题.

为了得到莫尔斯拓扑经典函数,本书中采用了流形的手柄分解.在维数为3的情况下,它们通过赫格图进行定义.

在光滑函数 $C^\infty(M)$ 空间中,在流形 M 上,莫尔斯函数集合Morse(M)是开放的处处稠密集.

若两个莫尔斯函数可以在莫尔斯函数的空间内连接,则这两个莫尔斯函数每个标记的临界点数量相同.两个任意莫尔斯函数能够在具有单独临界点的函数空间内相连接.因此,描述拓扑特性和给出具有单独临界点的函数的拓扑分类非常重要.

1955年,惠特尼写出了二维流形之间结构稳定的映射分类.这些映射(下文称为惠特尼映射)构成了所有映射空间中(在惠特尼拓扑中)开放的处处稠密集.实际上是得到了这些映射的局部分类.特别是证明了,对于这些映射,每个点都是正则点、折点或组合点.重要的问题在于,除了将折叠和组合结合在一起的形式以外,还需要知道什么补充信息,才能定义惠特尼映射(准确度达到拓扑等效).在本书中给出了这个问题的答案,并且建立了惠特尼映射的拓扑分类.

本书的成果主要具有理论特点.研究成果能够用于小维度流形,也能够用于小维度产生函数的科学领域.特别是,维数为3的莫尔斯函数和 m—函数在数学模拟情况下能够引出一些自然现象,比如,温度函数、密度函数、气团和液体中的运动函数、力场等.曲面向平面的惠特尼映射,是物体轮廓向视网膜的典型映射(即每一个人看到的事物).本书中针对函数和映射所建立的完整拓扑不变量,实际上描述了物体在拓扑变换中不会改变的特征,比如在选择新的坐标系或测量方法时.

本书是属于拓扑学范畴的.拓扑学是现代数学的主流分支之一,它主要研究拓扑空间及其中的图形在连续形变下不变的性质.拓扑学中一类基本的,但很重要的问题是如何判断两个拓扑空间是否同胚.为此引发了关于拓扑空间的拓扑不变量的研究.我们知道若两个拓扑空间是同胚的,则其对应的所有拓扑不变量均相等.从而,发现新的拓扑不变量并给出其方便的计算方法一直是推动拓扑学发展的主要动力.

最早发现的拓扑不变量主要为数值型的拓扑不变量,如拓扑空间的维数、连通度、欧拉(Euler)示性数、贝蒂(Betti)数等.随着 20 世纪 20 年代抽象代数学的发展,人们对拓扑空间定义了许多非数值的拓扑不变量,如同调群、同伦群、K 理论等,并发展了能够计算这些非数值拓扑不变量的大量有用的工具.

同调群是拓扑空间中相对简单的一类非数值的拓扑不变量.利用同调群可以解决许多几何问题,如布劳威尔(Brouwer)不动点定理等.对于我们常见的拓扑空间如光滑流形等,如何有效计算出其同调群或上同调群是拓扑学中一类非常有意义的重要问题.

本书的版权编辑佟雨繁女士为了使读者们能快速地了解本书的基本内容,特翻译了本书的目录,如下:

从目录中可见本书开篇就介绍了莫尔斯函数,那么莫尔斯是谁呢?感谢互联网时代,上网一搜便知:

莫尔斯,美国数学家,1892 年 3 月 24 日出生于沃特维尔,1977 年逝世.他 1914 年毕业于科尔比学院.

1917 年他在哈佛大学获博士学位,第一次世界大战中曾在美国远征军中服役,1920—1934 年先后在康奈尔大学、布朗大学、哈佛大学任教,1935 年,任普林斯顿高等研究所教授,1962 年退休.1932 年他当选为美国国家科学院院士,1964 年获美国国家科学奖章.莫尔斯继承了 G. D. 伯克霍夫(G. D. Birkhoff,1884—1944)在动力学上的工作,1925 年推广其极小极大原理,第一次得出莫尔斯不等式,为以后形成莫尔斯理论打下了基础.

莫尔斯理论是把拓扑学和分析学结合成为大范围分析的开端.莫尔斯还先后和其他数学家合作研究动力学及测地流、极小曲面和单复变函数论的拓扑方法、积分表示,伪调和函数和微分拓扑学.20 世纪 70 年代以来,基于莫尔斯研究的临界点理论在偏微分方程研究中发挥了重要作用.

莫尔斯理论在中国也有“传人”,那就是江泽涵教授.

江泽涵在南开大学的导师姜立夫是中国现代数学的播种人之一.1911年,姜立夫留学美国,先就读于康奈尔大学专攻数学,后考入哈佛大学攻读博士学位.1918年,姜立夫被哈佛大学聘为助教,作为W.F.奥斯古德(W.F.Osgood,1864—1943)的助手.1919年5月,姜立夫在导师J.L.库利吉(J.L.Coolidge,1873—1958)的指导下完成了题为《非欧几里得空间直线球面变换法》的博士论文,这是中国第一篇有关现代几何的论文,也是中国第二个以研究数学获得博士学位的人.不久之后,姜立夫回国,在天津创办了南开大学数学系,致力于中国现代数学教育,将其在国外留学所学到的现代几何的思想传授给他的学生们.受姜立夫的现代几何教学和研究的影响,江泽涵开始关注现代几何,“(姜立夫)教课时特别突出几何意义,无形中引导学生们(包括我在内)对几何产生了兴趣.”①这为江泽涵日后学习拓扑学奠定了坚实的基础.

1926年,江泽涵在南开大学毕业后,随姜立夫到厦门大学,并在厦门大学任教一年.1927年,江泽涵以优异的成绩通过了留学美国的选拔考试,获得了清华大学留美专科生的资格,这也是该年留学美国学数学的唯一名额.当年,江泽涵只身前往美国,在哈佛大学数学系开始攻读博士学位.1928年,江泽涵因其优异的成绩和刻苦的学习而被哈佛大学研究院数学系授予“约翰·哈佛学侣”的荣誉称号.在哈佛大学,江泽涵师从莫尔斯(M.Morse,1892—1977).

莫尔斯于1917年获哈佛大学博士学位,毕业后在哈佛大学任教,并开创了临界点理论的研究.临界点理论概括起来主要是研究贝蒂数与各种类型函数的临界点个数间的内在联系,是将拓扑学方法应用于变分学、微分方程论和复变函数论等数学分支,为其他数学分支的研究开辟了新的通道.

江泽涵被莫尔斯所开展的莫尔斯理论的研究方法和思想所深深地吸引,并由此开始专心致力于拓扑学的研究.1930年,江泽涵

① 江泽涵先生纪念文集编委会.数学泰斗 世代宗师.北京:北京大学出版社,1998年5月:9.

以运用拓扑学的方法研究临界点问题为主题而完成了他的哈佛大学博士论文，随后转到普林斯顿大学做 S. 莱夫谢茨(S. Lefschetz，1884—1972)的助教.

拓扑学对于国人来说完全是“舶来品”，20 世纪初才传入中国.

据史料研究统计，1910 年到 1929 年间，中国取得数学博士学位的有 12 位，其中研究现代几何学的有 3 位，他们是姜立夫、黄炳铨和孙光远①. 此时，中国还没有人取得有关拓扑学方面的博士学位. 1930 年到 1949 年间，中国数学家在国外取得博士学位的达到 74 位，其中有关拓扑学方面的博士有 5 位②. 但根据程民德的《中国现代数学家传(第一卷)》记录，吴文俊在 1949 年取得法国博士学位，博士学位论文于 1952 年出版③，所以还应包括吴文俊的博士论文. 这样到 1949 年为止，中国取得拓扑学方向的博士学位人数达到 6 位.

江泽涵	哈佛大学(1930 年)	Existence of critical points of harmonic functions of three variables
周绍濂	巴黎大学(1936 年)	Problèmes de rarefaction et de localization des ensembles
王宪钟	曼彻斯特大学(1948 年)	Simply-connected homogeneous manifolds with prime Euler characteristic
胡世桢	曼彻斯特大学(1947 年)	Contributions to the homotopy theory
张素诚	牛津大学(1949 年)	Problems in topology and differential geometry
吴文俊	斯特拉斯堡大学(1949 年)	Sur les classes caracteristiques des structures fibrees spheriques

这六位拓扑学家都是在国外取得的博士学位，分别在美国、法国、英国取得，其中美国 1 位，法国 2 位，英国 3 位. 而这时的拓扑学自 1920 年以后以十分强劲的速度发展，其发展中心在欧洲，到 1935 年的莫斯科拓扑会议，以

---

① 史料来自：张宙奠，中国数学史大系 中国近现代数学的发展. 石家庄：河北科学技术出版社，2000 年 2 月：70.

② 史料来自：张宙奠，中国数学史大系 中国近现代数学的发展. 石家庄：河北科学技术出版社，2000 年 12 月：189-192.

③ 史料来自：程民德，中国现代数学家传(第一卷). 南京：江苏教育出版社，1994 年 8 月：380.

它为转折点，拓扑学的中心开始转移到美国.代数拓扑的主要代表人物，其中美国有维布伦(O. Veblen，1880—1960)、莫尔斯、亚历山大(J. W. Alexander，1888—1971)，莱夫谢茨和惠特尼，英国有霍奇(D. Hodge，1903—1975)，法国的布尔巴斯学派——埃瑞斯曼(C. Ehresman，1905—1979)是其中的重要代表人物[①].说明中国人学习和研究拓扑学起点比较高，并直接受到世界一流拓扑学家的指导.

本书中的内容在国内的一些硕士研究生的论文中均有所体现.

重庆理工大学的杨莹同学在其指导教师冯惠涛教授的指导下攻读应用数学方向硕士研究生时，曾以《$G_{n,m}$的同调群》为题，对其做了研究.

1. 基本概念[②③④]

1.1 Morse 函数

设 M 是一个 n 维的光滑流形，$f \in C^{\infty}(M)$ 是 M 上的一个光滑函数，若 $\mathrm{d}f(x)=0$，那么点 $x \in M$ 称为 f 的临界点.

易见，闭(即紧致、无边)流形上的任意光滑函数必存在临界点.

设 $x \in M$ 是 f 的一个临界点.若 f 在 x 处的黑塞矩阵(Hessian Matrix)是非奇异的，即 $\det(\mathrm{Hess}_f(x)) \neq 0$，则称 x 是 f 的一个非退化临界点.易证 f 的非退化临界点一定是孤立的.

若 M 上的光滑函数 f 仅有非退化的临界点，则 f 称为 M 上的一个 Morse 函数.

可以证明 M 上总存在 Morse 函数.若 M 是一个闭的光滑流形，则该 Morse 函数只有有限多个临界点.

对于 Morse 函数 f 的任何一个(非退化)临界点 $x \in M$，总存在 x 的一个开邻域 U_x 及其上的一个局部坐标系 $y=(y^1,\cdots,y^n)$，使得在 U_x 上，有

---

① 张奠宙，20世纪数学经纬.上海：华东师范大学出版社，2002年3月：116.

② R. Bott，Non degenerate critical manifolds，Ann. of Math.，60(1954)，248-261.

③ T. Hangan，A Morse function on Grassmann manifolds，Diff. Geom.，2(1968)，363-367.

④ J. Milnor，Morse theory，Ann. Math. Studies，No. 51，Princeton Univercity Press，Princeton，N. J.，1963.

$$f(y)=f(x)-\frac{1}{2}(y^1)^2-\cdots-\frac{1}{2}(y^{n_{f(x)}})^2+$$

$$\frac{1}{2}(y^{n_{f(x)}+1})^2+\cdots+\frac{1}{2}(y^n)^2$$

其中整数 $n_{f(x)}$ 称为 f 在 x 处的(Morse)指标,即黑塞矩阵的负特征值的个数.此时显然 $0\leqslant \mathrm{ind}(x)\leqslant \dim M$.

1.2 de Rham 上同调群①②③④

设 M 是一个闭的光滑流形.令 $TM(T^*M)$ 为 M 上的切丛(或余切丛),$\Lambda^*(T^*M)$ 是 T^*M 生成的(复值)外代数丛.令 $\Omega^*(M):=\Gamma(\Lambda^*(T^*M))$ 表示 $\Lambda^*(T^*M)$ 的光滑截面构成的空间.特别地,对任意整数 $p:0\leqslant p\leqslant \dim M$,记

$$\Omega^p(M)\triangleq\Gamma(\Lambda^p(T^*M))$$

即 M 上的光滑 p－形式形成的空间.

外微分算子 $d:\Omega^*(M)\to\Omega^*(M)$ 是一个将 M 上的 p－形式映射到 $(p+1)$－形式的导子,而且有下面的重要等式成立:$d^2=0$.

由 $d^2=0$,我们知道,对于任一个整数 $p(0\leqslant p\leqslant \dim M)$,有

$$d\Omega^p(M)\subset \ker d\mid_{\Omega^{p+1}(M)}$$

从而我们可以定义流形 M 的 de Rham 上链复形和 de Rham 上同调群.

M 的 de Rham 上链复形 $(\Omega^*(M),d)$ 是由下式定义的复形

$$0\to\Omega^0(M)\xrightarrow{d}\Omega^1(M)\xrightarrow{d}\cdots\xrightarrow{d}\Omega^{\dim M}(M)\to 0$$

对于任意的整数 $p(0\leqslant p\leqslant \dim M)$,$M$ 的第 p 个(带复系数)的 de Rham 上同调群定义为

$$H^p_{\mathrm{dR}}(M;C)=\frac{\ker d\mid_{\Omega^p(M)}}{d\Omega^{p-1}(M)}$$

M 的(总的)上同调群定义为

$$H^*_{\mathrm{dR}}(M;C)=\bigoplus_{p=0}^{\dim M}H^p_{\mathrm{dR}}(M;C)$$

---

① J. Franks, Morse-Smale flows and homotopy theory, old and new, Bull. Amer. Math. Soc. 7(1982), 331-358.

② M. Hirsch, Differential topology, GTM33, Springer, Berlin, 1976.

③ 白正国,沈一兵.黎曼几何初步.2 版.高等教育出版社,2004.

④ 姜伯驹.同调论.1 版.北京大学出版社,2007.

如果 M 是紧致的、可定向的光滑流形，那么对于任意整数 $p(0 \leqslant p \leqslant \dim M)$：

(1) $\dim H^p_{\mathrm{dR}}(M;C) < +\infty$；

(2) $H^p_{\mathrm{dR}}(M;C)$ 典范同构于 M 的第 p 个奇异上同调群 $H^p_{\mathrm{Sing}}(M;C)$.

令 $\beta_p = \dim H^p_{\mathrm{dR}}(M;C)$，$\beta_p$ 称为 M 的第 p 个 Betti 数.

1.3　Morse 不等式①②③

设 M 是一个闭的光滑流形，$f \in C^\infty(M)$ 是 M 上的一个 Morse 函数. 设 m_i 表示 f 的指数为 i 的临界点个数，β_i 表示第 i 个 Betti 数. 此时我们有下述重要的 Morse 不等式成立：

弱的 Morse 不等式：对于任意的 $i, 0 \leqslant i \leqslant \dim M$，有

$$\beta_i \leqslant m_i$$

强的 Morse 不等式：对于任意的 $i, 0 \leqslant i \leqslant \dim M = n$，有

$$\beta_t - \beta_{t-1} + \cdots + (-1)^i \beta_0 \leqslant m_i - m_{i-1} + \cdots + (-1)^i m_0$$

特别地有

$$\beta_n - \beta_{n-1} + \cdots + (-1)^n \beta_0 = m_n - m_{n-1} + \cdots + (-1)^n m_0$$

1.4　Witten 复形④⑤⑥⑦

设 M 是一个 n 维的定向、闭光滑流形，设 f 是 M 上的一个 Morse 函数. 任给 M 上的一个 Riemann 度量 g^{TM}，则

---

① J. M. Bismut, The Witten complex and the degenerate Morse inequalities. , J. Diff. Geom. , 23(1987), 207-240.

② J. Milnor, Morse theory, Ann. Math. Studies, No. 51, Princeton Univercity Press, Princeton, N. J. , 1963.

③ S. Smale, Morse inequalities for a dynamical system. , Bull. Amer. Math. Soc. , 66(1960), 43-49.

④ J. M. Bismut, The Witten complex and the degenerate Morse inequalities. , J. Diff. Geom. , 23(1987), 207-240.

⑤ L. E. Èl'sgol'c, An estimate for the number of singular points of a dynamical system defined on a manifold, Amer. Math. Soc. Translations, No. 68, 1952. Translated from Mat. Sb. (N. S.) vol. 26(68)(1950), 215-223.

⑥ F. Laudenbach, On the Thom-Smale complex, appendix, in: J. -M. Bismut, W. Zhang(Eds.), An extension of a theorem by Cheeger and Müller, astérisque, 205(1992), 219-233.

⑦ Stefan J. , Some computations of the homology of real Grassmannian manifolds. A thesis for the degree of master of science. The university of British Columbia, 1979.

$$\nabla f=(df)^{*}\in\Gamma(TM)$$

定义了 M 上的一个光滑切向量场,称为 f 关于 Riemann 度量 g^{TM} 的梯度向量场.

考虑 M 上由负梯度向量场 $-\nabla f$ 定义的下列动力系统

$$\dot{x}=-\nabla f$$

熟知,由于 M 是一个闭光滑流形,上述方程的积分曲线自然给出了 M 上的一族单参数微分同胚群 $(\psi_t)_{t\in\mathbf{R}}$.

如果 $x\in\mathrm{zero}(\nabla f)$,令

$$W^{u}(x)=\{y\in M:\lim_{t\to-\infty}\psi_t(y)=x\}$$

$$W^{s}(x)=\{y\in M:\lim_{t\to+\infty}\psi_t(y)=x\}$$

则 $W^{u}(x)$ 和 $W^{s}(x)$ 分别称为 x 的不稳定流形和稳定流形.

任给的 $x,y\in\mathrm{zero}(\nabla f)$,当 $\mathrm{ind}(x)-\mathrm{ind}(y)=1$ 时,由 Smale 的工作知,流形 M 上总存在 Riemann 度量 g^{TM} 使得 $W^{s}(y)\cap W^{u}(x)$ 横截相交(以下我们总是在这种度量下讨论),从而 $W^{s}(y)\cap W^{u}(x)$ 是连接 x,y 的有限条轨线的集合,即从 x 流向 y 的所有流线的集合.

设 V 是流形 M 上的一个光滑向量场,设 $\dot{x}=V(x)$ 是 M 上由 V 定义的一个动力系统. M 的一个子流形 N 称为上述动力系统的一个不变流形,如果对于任意 $x\in N$,有 $V(x)\in T_xN$. 若对任意的 $x_0\in N$,初值问题

$$\begin{cases}\dot{x}=V(x)\\ x(0)=x_0\end{cases}$$

在 N 上有一个整体解 $x=x(t)$, $-\infty<t<+\infty$,那么就称 N 是上述动力系统的整体不变流形.

1.5 Grassmann 流形

令 $G(n,m)$ 表示 $\mathbf{R}^n$ 中的所有 m 维线性子空间(通过原点的 m 维面)所组成的集合. 在其上可以给出一个自然的 $m(n-m)$ 维光滑流形结构,称它为 Grassmann 流形.

为便于代数计算,我们下面给出 Grassmann 流形 $G(n,m)$ 的另一等价定义:

$\mathbf{R}^n$ 作为一个 n 维向量空间,它的一个 m—标架是其内 m 个线性

无关向量的向量组$\{\boldsymbol{x}_1,\cdots,\boldsymbol{x}_m\}$，其中

$$\boldsymbol{x}_1=(x_1^1,\cdots,x_1^n),\cdots,\boldsymbol{x}_m=(x_m^1,\cdots,x_m^n)$$

$\mathbf{R}^n$ 中一个m—标架可以等同于$\mathbf{R}$上秩为m的一个$m\times n$矩阵$\boldsymbol{X}$，它的行向量分别为$\boldsymbol{x}_1,\cdots,\boldsymbol{x}_m$. 记所有$m\times n$的实矩阵的全体为$M_{m\times n}(\mathbf{R})\cong\mathbf{R}^{m\times n}$，显然其是一个$m\times n$维的$C^w$微分流形. 其中，对应于$m$—标架的矩阵的秩等于$m$，其全体所成的集合是$M_{m\times n}(\mathbf{R})$的开子集. 因此，它亦是一个$m\times n$维的$C^w$微分流形，我们记之为$F(n,m)$.

显然，$F(n,m)$中的任一个点$\boldsymbol{x}$决定了$\mathbf{R}^n$中一个m维线性子空间，即由$\boldsymbol{x}_1,\cdots,\boldsymbol{x}_m$张成的子空间，并且两个$m$—标架$\boldsymbol{X}=\{\boldsymbol{x}_1,\cdots,\boldsymbol{x}_m\}$和$\boldsymbol{Y}=\{\boldsymbol{y}_1,\cdots,\boldsymbol{y}_m\}$确定同一个$m$维线性子空间，当且仅当存在$\mathbf{A}\in GL(m,\mathbf{R})$，使得$Y=\mathbf{A}X$. 在$F(n,m)$中定义如下等价关系

$$Y\sim X,\text{若 } Y=\mathbf{A}X,\mathbf{A}\in GL(m,\mathbf{R})$$

易见$F(n,m)/\sim$中定义的等价关系就是我们前面定义过的Grassmann流形$G(n,m)$，并且我们还有$F(n,m)$到$G(n,m)$上的自然投射

$$\pi:F(n,m)\to G(n,m)$$

2. Witten 思想概述

Witten(爱德华·威滕，Edward Witten)提出了一种计算流形同调群的方法，Salamon①② 对这种方法进行了更详细的介绍. 下面简要叙述Witten的方法.

设M是一个闭的光滑n维流形，$f:M\to\mathbf{R}$是M上的Morse函数. f的任一临界点P的指标记为ind(P). 显然，存在一个合适的Riemann度量使得负梯度向量场$-\nabla f$是一个Morse-Smale向量场，即对于f的任意两个临界点$P,Q\in M$，稳定流形$W^s(P)$和不稳定流形$W^u(Q)$横截相交.

为了构造Witten复形，对f的任一临界点$P\in M$，我们首先在

① D. Salamon, Morse theory, the Conley index and Floer Homology, Bull. London Math. Soc., 22(1990), 113-140.

② 迪特马尔·萨拉蒙(Dietmar Salamon).

向量空间 $E^u(P)=T_PW^u\langle P\rangle$ 上指定一个定向. 然后用 $\langle P\rangle$ 标记临界点 P 和它的指定定向所成的对. 对于每个 $r\in\{0,1,\cdots,n\}$,有 $C_r=\bigoplus_P\mathbf{Z}\langle P\rangle$,它表示 $\langle P\rangle$ 生成的自由Abel群,其中 P 取遍所有指标为 r 的临界点.

令 P 和 Q 是满足 $\mathrm{ind}(Q)-\mathrm{ind}(P)=1$ 的两个临界点. $-\nabla f$ 是 Morse-Smale 向量场意味着 $W^s(P)\cap W^u(Q)$ 是连接 P,Q 的有限条轨线的集合,对于 $W^s(P)\cap W^u(Q)$ 中的每一条轨线 $\gamma(s)$,它是 $\dot{x}=-\nabla f$ 的一个解,并且满足

$$\lim_{s\to+\infty}\gamma(s)=P,\ \lim_{s\to-\infty}\gamma(s)=Q$$

整数 n_γ 的确定方法如下. 令 $v_Q(\gamma)=\lim\limits_{s\to-\infty}|\dot{\gamma}(s)|^{-1}\dot{\gamma}(s)$, 因为 $\lim\limits_{s\to-\infty}\gamma(s)=Q$,则 $v_Q(\gamma)\in E^u(Q)$. 若 $E^u_\gamma(Q)$ 是 $v_Q(\gamma)$ 在 $E^u(Q)$ 的正交补空间,则在 $E^u_\gamma(Q)$ 上就有一个由 $v_Q(\gamma)$ 诱导的定向. 而 $E^u(P)=T_PW^u(P)$ 本身有一个已经指定的定向,切向量流诱导了 $E^u_\gamma(Q)$ 与 $E^u(P)$ 之间的一个同构. 当该同构保持定向时,定义 $n_\gamma=1$,否则定义 $n_\gamma=-1$. 令 $n(P,Q)=\sum\limits_\gamma n_\gamma$,其中 n_γ 取遍连接 P,Q 的所有轨线, Witten 边缘算子 $\partial:C_{r+1}\to C_r$ 定义如下

$$\partial\langle Q\rangle=\sum_P n(P,Q)\langle P\rangle$$

其中 P 取遍所有指标为 r 的临界点.

Witten 指出:

(1)∂ 是边缘算子,即 $\partial^2=0$,所以

$$0\longleftarrow C_n\xleftarrow{\partial}C_{n-1}\xleftarrow{\partial}\cdots\xleftarrow{\partial}C_1\xleftarrow{\partial}C_0\longleftarrow 0$$

是链复形.

(2) 链复形的 r^{th} 同调群为

$$H^W_r(M):=\frac{Z_r}{B_r}:=\frac{\ker(\partial:C_r\to C_{r-1})}{\partial C_{r+1}}$$

$H^W_*(M)$ 与 M 的 Riemann 度量的选取无关.

(3)$H^W_*(M)$ 与 M 的奇异同调群 $H_*(M,Z)$ 同构.

在下文中,给出了一类 Morse 函数 $f:G_{n,2}\to\mathbf{R}$ 并根据 Witten 和 Salamon 的方法来计算 $H^W_*(G_{n,2})$. 需要指出的是,$G_{n,2}$ 的同调群

已经通过 Schuber 分解计算出①.

3. $G_{n,2}$ 的同调群

记 $G_{n,2}$ 为 n 维线性空间 $\mathbf{R}^n$ 中的二维子空间全体构成的集合. 令

$$S=\left\{(x_{\alpha k})=\begin{pmatrix}x_{11} & x_{12} & \cdots & x_{1n}\\ x_{21} & x_{22} & \cdots & x_{2n}\end{pmatrix}\ \middle|\ x_{\alpha k}\in\mathbf{R},\operatorname{rank}(x_{\alpha k})=2\right\} \tag{3.1}$$

$GL(2,\mathbf{R})$ 对 S 有一个自然的左作用. Grassmann 流形 $G_{n,2}$ 定义为

$$G_{n,2}=M/GL(2,\mathbf{R}) \tag{3.2}$$

$\pi:S\rightarrow G_{n,2}$ 为自然投影. 显然 $G_{n,2}$ 与 $\mathbf{R}^n$ 中的所有二维子空间一一对应. 又记

$$U_{ij}=\{(x_{\alpha k})\in S\mid x_{1i}=x_{2j}=1,x_{2i}=x_{1j}=0\},\widetilde{U}_{ij}=\pi(U_{ij}) \tag{3.3}$$

其中 $1\leqslant i<j\leqslant n$. 显然 $\widetilde{U}_{ij}\simeq U_{ij}\simeq\mathbf{R}^{2n-4}$.

对任意 $P\in\widetilde{U}_{ij}$, 存在唯一的 $(x_{\alpha k})\in U_{ij}$ 使得 $\pi((x_{\alpha k}))=P$. 定义映射 $\widetilde{\varphi}_{ij}:\widetilde{U}_{ij}\rightarrow\mathbf{R}^{2n-4}$ 如下

$$\widetilde{\varphi}_{ij}(P)=(x_{1k_1}^{ij}(P),\cdots,x_{1k_{n-2}}^{ij}(P),x_{2k_1}^{ij}(P),\cdots,x_{2k_{n-2}}^{ij}(P)) \tag{3.4}$$

其中 $x_{\alpha k_s}^{ij}(P)=x_{\alpha k_s}$, $\alpha=1,2,k_s\neq i,j;s=1,2,\cdots,n-2$, 且 $1\leqslant k_1<\cdots<k_{n-2}\leqslant n$, 则 $\{(\widetilde{U}_{ij},\widetilde{\varphi}_{ij})\mid 1\leqslant i<j\leqslant n\}$ 是 $G_{n,2}$ 的一个局部坐标覆盖.

选择正数 $\lambda_1<\lambda_2<\cdots<\lambda_n$, 对于任意的 $(x_{\alpha k})\in S$, 我们定义

$$\boldsymbol{\xi}_\alpha=(x_{\alpha 1},x_{\alpha 2},\cdots,x_{\alpha n})$$

$$\overline{\boldsymbol{\xi}}_\alpha=\left(\frac{x_{\alpha 1}}{\lambda_1},\frac{x_{\alpha 2}}{\lambda_2},\cdots,\frac{x_{\alpha n}}{\lambda_n}\right),\alpha=1,2$$

并且

---

① Stefan J. Some computations of the bomology of real Grassmannian manifolds A thesis for the degree of master of science. The university of Birish Columbia, 1979.

$$\Delta=|\boldsymbol{\xi}_1|^2|\boldsymbol{\xi}_2|^2-\langle\boldsymbol{\xi}_1,\boldsymbol{\xi}_2\rangle^2,\overline{\Delta}=|\overline{\boldsymbol{\xi}}_1|^2|\overline{\boldsymbol{\xi}}_2|^2-\langle\overline{\boldsymbol{\xi}}_1,\overline{\boldsymbol{\xi}}_2\rangle^2$$

接下来我们将使用吴文俊构造的 Morse 函数,如下“引理 3.1.1”.

引理 3.1.1 $f=\Delta/\overline{\Delta}$ 是 $G_{n,2}$ 上的一个 Morse 函数,f 在每个 $\widetilde{U}_{ij}$ 上有且仅有一个临界点 $\widetilde{O}_{ij}$,这里

$$\widetilde{O}_{ij}=\widetilde{\varphi}_{ij}^{-1}(0,0,\cdots,0),\operatorname{ind}(\widetilde{O}_{ij})=i+j-3 \qquad (3.5)$$

浙江大学刘克峰教授指导的硕士研究生李炳强也曾写过一篇读书报告,第一章即为“经典莫尔斯理论”.

1.1 Morse 函数

Morse 理论在 1925 年由 H. Morse 提出,经过若干时期的发展,在 Milnor 的经典著作 *Morse Theory* 里得到了充分的总结,我这部分内容主要也是依据 Milnor 的工作.

定义 1.1 设 M 为光滑流形,f 是流形 M 上的一个实值函数,点 $p\in M$,如果 $\nabla f(p)=0$,则称 p 为 f 的临界点,$f(p)$ 为 f 的临界值. 如果黑塞矩阵 $\dfrac{\partial f}{\partial x_i\partial x_j}(p)$ 是非奇异的,则称该临界点为非退化的,如果 f 的所有临界点都是非退化的,则称 f 为 M 上的 Morse 函数.

f 为 M 上的 Morse 函数,称非蜕化临界点 p 处的黑塞矩阵 $\dfrac{\partial f}{\partial x_i\partial x_j}(p)$ 的负特征值个数 λ 为 f 在点 p 处的 Morse 指标. 该指标并不依赖于局部坐标系的选取. 设 M 为光滑流形,f 为 M 上的一个实值函数,记 $M_a=\{x\in M|f(x)\leqslant a\}$.

引理 1.1(Morse 引理) 设 p_0 为 $f:M\to\mathbf{R}$ 的一个非退化临界点,则存在 p_0 的一个局部坐标系 $(x_1,x_2,\cdots,x_n)$ 使得对于这个局部坐标系,f 有下面的恒等式:$f(x_1,x_2,\cdots,x_n)=-x_1^2-x_2^2-\cdots-x_\lambda^2+x_{\lambda+1}^2+\cdots+x_n^2+f(p_0)$,其中 λ 为 f 在 p 处的 Morse 指标,具体证明参照 Milnor 的著作.

该引理有以下推论:

推论 1.1 非蜕化临界点是孤立的.

证明 由引理1.1可知，$\nabla f(x_1,x_2,\cdots,x_n)=0$，可得$x_1=x_2=\cdots=x_n=0$，$p_0$为该临界点，并且在足够小的局部邻域由该表达式知道并没有其他的临界点.所以非退化临界点是孤立的.

推论1.2 定义在紧致流形上的Morse函数只有有限多的临界点.

证明 假设$f:M\to\mathbf{R}$上有无穷多的临界点$p_1,p_2,\cdots$，由于流形是紧致的，则存在一个收敛的子序列$p_{n_1},p_{n_2},\cdots$，设p_0为该子序列的极限点，由于f是C^∞的，$\frac{\partial f}{\partial x_i}(p)$在点$p$是光滑的，由连续性可知在$p_0$处$\frac{\partial f}{\partial x_i}(p)=0$，$p_0$是$f$的临界点，这与推论1.1矛盾.

定理1.1 (Morse函数的存在性)令$C^r(M)(r\geqslant 2)$是M上所有r次可微函数空间，则M上所有Morse函数集合F在$C^r(M)$中是稠密的，特别地，当M是一个紧流形时，F是$C^r(M)$的一个开稠集.

证明 参照马天老师的著作①，M为紧流形，$f\in C^r(M)$是Morse函数，考虑f的任何摄动

$$f+\varepsilon g,g\in C^r(M),\varepsilon\neq 0,\text{充分小}$$

我们知道∇f是非退化的，那么由非退化奇点的同伦不变性，可知摄动的梯度也是非退化的，则知Morse函数集合是$C^r(M)$的开集.

令$\varphi:M\to N$是C^r同胚，其拉回映射$\varphi_*:C^r(N)\to C^r(M)$是同构，定义为$\varphi_*(f)=f\circ\varphi$，$f\in C^r(N)$.由此可知只要考虑$\mathbf{R}^k$的嵌入子流形就可以了.

令$M\subset\mathbf{R}^m$是一个n维流形，$(x_1,\cdots,x_m)$是$\mathbf{R}^m$中的坐标系，$p\in M$存在一个邻域U，以$(x_1,\cdots,x_n)$为局部坐标系，则存在开集$V\subset\mathbf{R}^n$，使得U表示为

$$U=\{(x,x_{n+1}(x),\cdots,x_m(x))\mid x\in V\subset\mathbf{R}^n\}$$

令M分解为可数开覆盖$M=\bigcup_{i=1}^{\infty}U_i$，其中$U_i$可以用上面所说的某$n$个分量作为局部坐标系，则对任意给定的$a=(a_1,\cdots,a_m)\in\mathbf{R}^m$和

① 马天.流形拓扑学理论与概念的实质.科学出版社，2010.

$f\in C^r(M)$,构造函数

$$f_a(x)=f(x)+a_1(x)+\cdots+a_mx_m$$

该定义是合理的,只要对几乎所有的 $a=(a_1,\cdots,a_m)\in\mathbf{R}^m$,上面构造的函数$f_a(x)$是 Morse 函数就完成证明了.把 $f_a(x)$限制在 U_i 上,可得

$$f_a(x)=a_1(x)+\cdots+a_nx_n+g(x)$$

其中 $g(x)$定义为

$$g(x)=f(x,y(x))+\sum_{i=n+1}^{m}a_ix_i(x),y=(x_{n+1},\cdots,x_m(x))$$

$f_a(x)$和 $g(x)$的黑塞矩阵一致:$Hf(x)=Hg(x)$,$x\in\mathbf{R}^n$.由 $g(x)$的构造可知 x_0 是 $f_a(x)$的临界点的充要条件是$\nabla g(x_0)=-\alpha$,$\alpha=(a_1,\cdots,a_n)$.x_0 是 $f_a(x)$的非退化临界点的充要条件是$-\alpha$ 是∇g:$\mathbf{R}^n\to\mathbf{R}^n$ 的正则值.由 Sard 定理知对几乎所有的 $\alpha\in\mathbf{R}^n$,$-\alpha$ 是∇g 的正则值.这说明对几乎所有的 $a=(a_1,\cdots,a_m)\in\mathbf{R}^m$,$f_a(x)$限制在 U_i 上是 Morse 函数.令 $A_i=\{a\in\mathbf{R}^m\mid f_a$ 在 U_i 上不是 Morse 函数$\}$,则 $A=\bigcup_{i=1}^{\infty}$为零测集,而 f_a 除此零测集外皆为 Morse 函数.证毕.

本书的最后一节介绍了惠特尼的工作.

惠特尼(Whitney Hassler),1907 年 3 月 23 日生于美国纽约,1989 年 5 月 10 日卒于普林斯顿,主要研究数学、数学教育.

他在从事研究之前未曾专门研读数学①.

大学毕业后,由于对四色问题感兴趣,惠特尼就报考了哈佛大学伯克霍夫(Birkhoff,1884—1944)的博士研究生.但他第一次考试没有通过.不过伯克霍夫还是收留了这位后来绝不逊于自己的学生,并且在自己不专攻的领域指导他.不久,惠特尼的论文就一篇接一篇地出来了,在他 1932 年拿到博士学位时,他写了近 10 篇论文,完全是图论的.

---

① 此部分内容有省略,更为详细的介绍见后文摘录的文章.

惠特尼的博士论文题目是《图的着色》，在其中定义及计算“色数”. 由于他工作出色，在1931—1933年期间他担任美国国家研究委员会的研究员，1933年他在哈佛大学数学系任讲师，1946年升为教授. 这时，他的研究方向也从图论转向拓扑，1935年9月他参加在莫斯科举行的国际拓扑学大会，而这次大会成为拓扑学史的里程碑，用他最后一篇论文的题目来说就是“莫斯科1935：拓扑学移向美国”，文中写道，会上霍普夫（Hopf）成为他最喜欢的拓扑学家，而且当时所有大人物都去了，拓扑学的面貌正在改变：四个人不约而同地引进上同调，同伦论也正式出现，在向量场问题上的应用“导致”纤维丛概念的产生. 而这种大改变与惠特尼的工作密不可分，也决定了惠特尼后来10年的工作方向.

第二次世界大战期间，惠特尼参与战时的研究工作，1943—1945年他在科学研究发展局国防研究委员会应用数学组搞研究. 战后，他在美国数学会做1946年度大会讲演，题目是《光滑流形的拓扑学》，1948—1950年任美国数学会副主席，1944—1949年任《美国数学杂志》的编辑，1949—1954年任《数学评论》的编辑. 1950年他在哈佛召开的国际数学家大会任程序委员会委员，在大会上做题为《n维空间中的r维积分》的报告. 1952年他被任命为普林斯顿高级研究院教授，1977年退休. 这个时期他曾任美国国家科学基金会数学组第一任主席，1966—1967年任国家研究委员会支持数学科学研究委员会委员.

1967年起，他的兴趣完全转向数学教育，特别是中小学教育. 他亲自深入课堂，了解学生的思想及感觉，发现数学教学中许多问题. 他指出小孩的直觉方式与数学家的方式十分接近. 当时的学校教学目标狭窄，教师语言贫乏，学生碰到问题只会代公式，没有学会思考. 他感受到：教学是灌输“莫名其妙”的概念以及应付标准化的考试，学生只能被动接受. 为此他制订了教师进修计划，写了教师指导教材. 他是美国、英国、比利时、巴西等国的数学教学的顾问. 1979—1982年他任国际数学教育委员会中心主席.

由于他的非凡贡献，他获得很多荣誉. 1945年他被选为美国国家科学院院士，1976年被授予美国国家科学奖章，1982年获沃尔夫奖,1985 年以其一生成就获美国数学会斯蒂尔奖.惠特尼一生发表近 80 篇论文,三种专著——《几何积分论》(1957)、《复解析簇》(1972)和《数学活动》(1974).

一系列数学新概念和新理论的开创者

惠特尼是一系列新概念、新理论的开创者,其中最主要的是拟阵、上同调、纤维丛、示性类、分类空间、分层等.

1. 图论

惠特尼一生对四色问题感兴趣,他最早和最后的数学论文都是关于四色问题的.他给出四色问题的等价命题并研究可约性问题.从四色问题出发他研究一般图论,特别是得出两图同胚的条件.他定义图的连通度,并给出 n 重连通的充分必要条件.他还定义了图 G 的对偶 G',证明了图 G 可嵌入平面的充分必要条件是 G 具有对偶图 G',从而给著名的库拉托夫斯基(Kuratowski)不可嵌入平面图的定理一个直接的组合证明.

惠特尼的博士论文是关于图的着色问题,其中证明了 $M(\lambda)$ 的公式并进行计算,这里 $M(\lambda)$ 是用 λ 种颜色给一图不同着色的方法数,他引进一组数 m_{ij},它们不仅可用来计算 $M(\lambda)$,还可定义图 G 的拓扑不变量,其中,R 为图 G 的秩,N 为 G 的零度.他利用这些不变量研究图的分类问题.

惠特尼在组合论方面的最大成就是他引进了拟阵理论,这是一种抽象的线性相关性理论,它不仅包含图论为其特例,而且还包括网络理论、综合几何以及横截理论等.

2. 可微映射和奇点理论

(1)可微函数的解析延拓

惠特尼对拓扑学的主要贡献是建立了微分拓扑学,为此,必须将拓扑学考虑的连续映射推广到可微情形.惠特尼在他早期工作中(1932—1942)就为此奠定了基础.

1925 年苏联数学家乌雷松证明了,如果 A 是 n 维欧氏空间 E 中的闭集(有界或无界),$f(x)$为 A 中定义的连续函数,则 f 可延拓成为整个 E 上的连续函数 F.惠特尼在 1932 年证明了,存在 F 不仅连续,而且在 $E-A$ 上可微,甚至解析;如果 $f(x)$ 在 A 中属于

C^m，则在 A 中 F 与 f 相等，且 F 的到 m 阶的各阶导数与 f 的各阶导数对应相等．其后他又考虑了 A 为任意子集合的情形．他还研究了泰勒展开式的余项的可微性问题，这些对研究奇点理论很重要．

(2)奇点理论

奇点理论是惠特尼最重要的杰作之一，它来源于微分嵌入及浸入问题，奇点是临界点的推广．1942 年他首先研究 n 维欧几里得空间 E_n 到 E_{2n-1} 的微分映射的奇点．1955 年，他首先对于平面 E_2 到 E 的奇点类型进行分类；结果只有两类，一类是折点(fold)，另一类是尖点(cusp)．通过这篇论文，他开创了奇点理论．这个基本的奇点分类问题连同其他问题形成了奇点理论的热门．同年托姆(R. Thom，1923—2022)运用自己的横截理论以及普遍开折理论首先取得突破，这项研究成为后来他的突变理论的基础．其后 1968—1971 年麦泽(Mather)建立稳定性理论及决定性理论，1967 年起以苏联数学家阿诺尔德(Arnold)为首的苏联学派在理论及应用方面取得辉煌的成就．

1948 年惠特尼还发表了《论可微函数的理想》，这开辟了奇点理论另一个新方向．后来拉格朗日等人在这方面取得了很大突破．

(3)分层理论

分层理论是惠特尼最后创造的理论，从某种意义上说，也是奇点理论的自然延续．通常研究的欧氏空间及流形均有很好的齐性结构(局部具有相同的结构)，但这点对代数簇并不满足，特别是由解析几何延续下来的实代数簇一般存在奇点．从 1957 年到 1965 年惠特尼研究实代数簇的拓扑学，并讨论把簇分解为流形，1957 年引进惠特尼层化的概念，并且对代数簇及解析族进行层化分解，这概念后来被托姆发展成分层集理论，在奇点的局部及大范围研究中起重要作用．1965 年武雅谢维茨证明任何半解析集均有惠特尼分层．1965 年惠特尼对解析簇定义了切向量、切平面族及切锥的概念，并考虑剖分时切集的协调问题．

3．微分流形的拓扑学

虽然庞加莱(Jules Henri Poincaré，1854—1912)甚至黎曼(Riemann，1826—1866)已研究微分流形的拓扑学，但是由于工具不足,真正创立微分流形的拓扑学的是惠特尼.他在1936年发表了论文《微分流形》.在这篇论文中,他证明了一些最基本的定理,特别是嵌入及浸入定理:任何 n 维微分流形均可微分嵌入在 $\mathbf{R}^{2n+1}$($2n+1$维欧氏空间)中,均可微分浸入在 $\mathbf{R}^{2n}$ 中.1944年他又改进为 n 维微分流形可嵌入于 $\mathbf{R}^{2n}$ 中,可浸入于 $\mathbf{R}^{2n-1}$ 中.对于某些流形,这些结果已臻至善.这个工作成果开拓了微分流形的一个重要领域,其后,吴文俊等许多拓扑学家做出了贡献.

4.纤维丛及示性类

惠特尼在1935年首次定义真正的"纤维空间",当时他称之为"球空间",1940年他改称为"球丛",在1937年及1941年他对此做了两个报告,包括许多根本性的结果,他还打算对此写一本书,但始终没有完成.他的兴趣一直集中于"示性类"上,他于1936年和瑞士数学家施蒂费尔(Stiefel)在1935年独立地定义了这种示性类,后来称为施蒂费尔—惠特尼示性类.他的目的是用示性类来研究微分流形的拓扑学.对此,纤维丛只是一个工具,所以他的定义并非每一个细节都讲得很清楚,但是他的定义是很一般的.1940—1950年间,纤维丛成为研究许多拓扑问题(特别是同伦、同调及微分几何问题的主要工具,1949—1950年的嘉当(Cartan,1869—1951)讨论班以纤维丛为专题进行系统讨论,1951年斯廷洛德(N. Steenrod)的专著《纤维丛的拓扑学》的出版,标志着纤维丛理论的成熟,其中惠特尼做出突出贡献.

惠特尼主要研究纤维丛的分类问题和有关示性类等问题.施蒂费尔只考虑微分流形的切丛的示性类,而惠特尼考虑的要广得多,他考虑任意球丛(E,B,P)的底空间 B 也可以是任意局部有限的单纯复合形.惠特尼还给出示性类的形式幂级数以及偶示性类的概念.至此,施蒂费尔—惠特尼示性类的理论基础正式建立.其后,米尔诺(Milnor)以惠特尼提出的四个定理为公理开展示性类理论,而且其他的示性类特别是庞特里亚金(Pontryagin L. S.,1908—1988)示性类及陈省身示性类也是依据施蒂费尔—惠特尼示性类的模式定义及研究的.

示性类在拓扑学及几何学中起着极为重要的作用,惠特尼本人主要应用示性类来研究浸入问题.例如,他证明 8 维实射影空间 $P\mathbf{R}^8$ 不能浸入到 $\mathbf{R}^{14}$ 中,但能浸入在 $\mathbf{R}^{15}$ 中,他的理论后来为吴文俊等所发展.

5. 代数拓扑学

1935 年是代数拓扑学的转折点,其主要标志是上同调理论与同伦理论的建立.在庞加莱引入同调概念 40 年后,四位数学家几乎同时独立地引入上同调概念,他们是亚历山大、惠特尼、切赫(Čech,1893—1960)、柯尔莫哥洛夫(Andrey Nikolaevich Kolmogorov,1903—1987).当其他三位在 1935 年莫斯科会议宣布成果时,惠特尼的成果已经发表,上同调类由于有上积,从而有环结构,比同调包含更多的拓扑信息.

惠特尼在 1936 年给出过 2 维复形到 2 维或 3 维射影空间的映射同伦的代数条件,但未发表.

1941 年,罗宾斯(Robbins)推广到 2 维复形到任何空间的映射的同伦分类,后来奥兰姆(P. Olum)又大规模地予以简化及推广.对 3 维复形,庞特里亚金在 1941 年考虑它到 S_2 的映射的同伦分类,其中首先应用新出现的上积.其实惠特尼早在 1936 年已得出相应结果.

1948 年,惠特尼研究单连通空间 R 的第二及第三同伦群的关系,并据此给出 3 维复形 k 到 R 中两个连续映射同伦的充分必要条件以及映射扩张的阻碍类.还应该指出,1938 年惠特尼引进阿贝尔群的张量积概念,这对代数拓扑学及同调代数是必不可少的工具.

6. 几何积分论

1946—1957 年间,惠特尼建立几何积分论.它是更一般的积分理论,例如 n 维空间中的 r 维积分.借此,他给上链、上闭链等一个解析的解释,例如几何上链是处于"一般位置"的奇异链上的函数.这样,他把嘉当及德拉姆(G. de Rham,1903—1990)的外微分形式理论中的可微条件换成李普希茨条件,得出的积分理论等价于代数上同调理论,对于更一般的李普希茨空间也成立,它包括多面体及绝对邻域收缩核为其特例,特别是把斯托克斯定理推广到李普希茨空间上，他的理论总结在《几何积分论》(1957)一书中.

惠特尼的最重要的工作之一是所谓的嵌入定理①.

哈斯勒·惠特尼因在代数拓扑、微分几何与微分拓扑中做出的基础性工作而获得1982年沃尔夫数学奖，其中的重要工作之一，就是在维布伦工作的基础上，给出了微分流形的清晰概念，证明了微分流形的嵌入定理，从而打开了微分拓扑的大门，因此惠特尼是微分拓扑当之无愧的奠基人.

1. 惠特尼：微分拓扑的奠基人

1907年，惠特尼出生于纽约的一个书香门第之家，他的父亲爱德华(Edward Baldwin)是一位法官，母亲约瑟菲娜(Josepha Newcomb)是一位艺术家，但却在政治上异常活跃. 惠特尼的祖父威廉(Willian Dwight)是一位语言学家，他是耶鲁大学的梵语教授，外祖父西蒙(Simon Newcomb)是天文学家与数学家，曾担任美国数学会主席，不过少时的惠特尼并没有显现出在数学上的天赋，倒是在爬山与音乐上表现出极大的兴趣.

酷爱爬山、喜爱音乐

1921—1923年，惠特尼到瑞士上学，除了学习法文与德文外，最让他兴奋的则是学会了高超的爬山技术，当年就登上了阿尔卑斯山顶，后来惠特尼爬山无数，甚至去世后埋葬在山顶. 1924年，惠特尼进入耶鲁大学学习物理，1928年取得学士学位，出于对音乐的热爱，惠特尼仅用一年又取得了音乐学士学位. 惠特尼音乐才华极高，会弹奏钢琴，演奏小提琴、中提琴、双簧管等乐器，后来更是担任普林斯顿交响乐团的首席小提琴手.

令人惊奇的是惠特尼大学毕业后考取了伯克霍夫的研究生，伯克霍夫是一位数学家，而惠特尼之前学的则是物理与音乐，这完全是两个不同的领域. 一种说法是惠特尼对四色问题感兴趣，如果真是这样的话，最好的选择应该不是伯克霍夫，而应该是普林斯顿

---

① 下文的摘录可作为上述摘录的补充内容.

的维布伦(Veblen),维布伦曾经也有一段时间想证明四色猜想,并说这是他那个时代很多数学家的梦想,他还曾专门发文章研究这个问题.不过虽然伯克霍夫不是专长搞图论的,但他还是认真指导了惠特尼.

还有一种说法更有趣,说的是惠特尼毕业后到音乐之都维也纳朝圣,正好碰到德国的量子物理学家在开学术讲座,惠特尼听完后发现听不懂,在物理学家的解答下才知道要学习数学,所以就转去学数学了,这种说法笔者觉得可信度不高,因为惠特尼之前学的是物理,而在物理中多少要用到一些数学知识,不过这个说法倒成了一则励志故事,在网络上不胫而走.

1932 年,惠特尼完成了博士论文,主要是关于图论的,他对四色猜想取得了一定的进展,在此基础上,他陆续发表了十多篇关于图论的文章,惠特尼的最大贡献之一就是奠定了拟阵①的基础,由于工作出色,惠特尼于 1931 年至 1933 年任美国国家研究委员会研究员,1933 年后任哈佛大学数学系讲师,1935 年任副教授,这时他的方向也从图论改为拓扑.

转向拓扑再探

惠特尼缘何从图论转向拓扑? 邓明立教授曾在文章②中讨论过这个问题,从三个方面做了一定程度的探讨,现在看来,还有一些不完善的地方.

惠特尼在图论研究中有意识地使用了拓扑学思想,发现二者有很多共通之处.从现代的观点看,可平面图与微分流形的嵌入在思想上极为接近,可以看作是不同领域的表现.惠特尼致力于证明四色猜想,不过证明四色猜想颇难.在四色猜想的研究上受阻,客观上也促使惠特尼转向拓扑学,后来的历史发展表明,惠特尼转入拓扑是一个极为明智的选择,继续证明四色猜想只能是"死路一条".但是惠特尼不是进入到一般拓扑学中,而是转而研究函数的几何性质,正是通过这个领域他开创了微分拓扑.1957 年惠特尼曾

---

① 拟阵是在组合以及表示论中非常重要的一个概念.

② 邓明立,王涛.惠特尼 1934—1936 年微分流形工作的历史分析.自然科学史研究,2012(2):222-232.

出版过一本专著《几何积分论》(*Geometric Integration Theory*),印证了他对这一领域的喜爱.

在函数论的几何性质中,惠特尼主要是沿着苏联数学家乌雷松(P. Urysohn,1898—1924)的路线继续前进,乌雷松考虑过 n 维欧氏空间 E 中的一个闭子集为 A,$f(x)$ 为 A 上的连续函数,则 f 可延拓至整个欧氏空间 E 上的连续函数 F. 惠特尼则把情形推到可微的情形,这样一来这个问题的性质就变了,因为可微的情形更复杂,一阶可微未必二阶可微,二阶可微未必三阶可微,依此类推. 我们知道,一般拓扑学主要考虑连续的情形,惠特尼则首次将解析明确地引入到拓扑学中,但是从历史上来看,一般拓扑学恰是在分析的外衣下获得发展的.

不仅如此,惠特尼还密切关注着拓扑学的发展,这里的拓扑学主要是指一般拓扑学或组合拓扑学,1926 年,门格尔(K. Menger,1902—1985)不加证明地给出了一个定理:一个 n 维可分的度量空间可以同胚地嵌入 $\mathbf{R}^{2n+1}$,1930 年,诺伯林(G. Nöbeling,1907—2008)给出了第一个证明. 1933 年,胡尔维茨(Hurwitz)用 Baire 范畴定理给出了第二个证明,主要思想是考虑一个紧 n 维度量空间到 $\mathbf{R}^{2n+1}$ 的所有连续映射组成的空间,任何一个连续映射可以通过微小改变而成为同胚映射. 艾伦(Allen Shields)认为惠特尼受到了上述研究的激发,这是笔者之前没有提到的,但是艾伦没有提供证据来说明惠特尼确实参考了门格尔等人的工作.

的确,门格尔—诺伯林定理是一个嵌入定理. 这个定理说的是将度量空间实现为欧氏空间中的子空间,与惠特尼将微分流形实现为欧氏空间中的微分流形在本质上是一致的,在门格尔—诺伯林定理发表的同期,荷兰数学家范坎彭(van Kampen)也发表论文《欧氏空间中的复形》(*Komplexe in euklidische Räumen*),讨论了复形在欧氏空间中的半线性实现,从本质上来说,这也是一个嵌入定理. 回到大的历史背景中,我们发现惠特尼证明微分流形的嵌入定理并不是一个孤立的现象,同期还有度量空间的与复形的嵌入定理,这样来解释惠特尼为何研究微分流形的嵌入问题似乎更为自然.

但是,惠特尼的方法与上述两者截然不同,惠特尼主要是考虑欧氏空间中子流形的邻域性质,并在此基础上创立了球丛理论,引入了斯蒂菲尔—惠特尼示性类①,这种方法是惠特尼的独创.

1935年,惠特尼参加了莫斯科拓扑学大会,受到了极大的鼓舞,他非常欣赏瑞士数学家霍普夫与德拉姆的工作.而后面两位正是使用微分技巧的大专家,无独有偶,他们还都是登山爱好者.据说在开会之前,他们就曾数次攀登阿尔卑斯山.莫斯科会议是一次影响深远的大会,许多拓扑学的大人物以及年轻学者都参加了.这次大会激发了代数拓扑的进一步发展,上同调群的概念被提出,惠特尼是提出人之一;对同伦群、向量丛的认识也不断加深,直指纤维丛与示性类理论.

在维布伦正则流形的基础上,惠特尼于同年发表了一篇关于微分流形的文章,给出了欧氏空间中微分流形的定义.不仅如此,他还把门格尔与范坎彭的定理推广到微分流形,这就是著名的嵌入定理:

定理1 任意n维微分流形都可以浸入到$\mathbf{R}^{2n}$中,嵌入到$\mathbf{R}^{2n+1}$中.

1944年,他又成功地将维数下降1,证明了:

定理2 任意n维微分流形都可以浸入到$\mathbf{R}^{2n-1}$中,嵌入到$\mathbf{R}^{2n}$中.

虽然维数仅下降1,但证明却难得多,同时,这个结果也是一般情形下最好的了,因为存在8维实射影空间$P\mathbf{R}^8$不能浸入到$\mathbf{R}^{14}$中,但却能浸入到$\mathbf{R}^{15}$中.干丹岩先生在此曾评价道:这里,最重要的流形拓扑的方法论被惠特尼发现了……后来人们认识到这个办法,是微分拓扑理论最核心的技术,称为“惠特尼绝招”.嵌入定理也标志着微分拓扑的开端.

一代大师②

第二次世界大战期间,惠特尼参与了战时研究工作,同时,他

① 这个名字是由中国数学家吴文俊命名的.

② 这一部分的数学远运超过了笔者(文章的原作者)的能力,主要取自胡作玄先生所写的惠特尼的传记.

还继续从事纤维丛与示性类的研究，并试图用示性类来研究微分流形的拓扑学. 惠特尼对球丛的分类问题、示性类定义及其应用都做出了基本性的贡献. 1946 年，他受美国数学会邀请在大会上演讲，题目是《光滑流形的拓扑学》，这是一个极大的荣誉，我们在介绍维布伦时曾提到过这个荣誉.

1952 年，惠特尼被任命为普林斯顿高等研究院的教授. 整个 20 世纪 50 年代，惠特尼的兴趣集中于奇异空间与光滑映射的奇点理论，这是他对微分浸入与嵌入研究的继续. 他首先研究了欧氏空间 $\mathbf{R}^n$ 与 $\mathbf{R}^{2n-1}$ 之间微分映射的奇点. 1955 年，惠特尼发表论文，将奇点类型分为折点与尖点两类，开创了奇点理论，并影响了法国数学家托姆等人.

惠特尼还对代数簇的拓扑学进行了研究，讨论了将簇分解为流形的可能. 1957 年，惠特尼引入了分层的概念，并且对代数簇与解析簇进行分层，这些概念后来发展成为分层理论. 同年，惠特尼还完成了几何积分论. 惠特尼晚年开始关注数学教育，特别是中小学教育，1979—1982 年他还担任了国际数学教育委员会的主席.

惠特尼生前获得的一系列的荣誉无可争议的表明，他所发展的数学属于核心数学. 现在公认在莫斯科拓扑会议之后，惠特尼代表着拓扑学的发展方向. 正如他自己在文章《莫斯科 1935：拓扑学移向美国》(*Moscow* 1935：*topology moving towards America*) 中所说，从那次会议之后，拓扑学的中心从欧洲移到了美国.

对中国数学的影响

惠特尼对中国数学的影响，主要是通过对两名华人数学家——陈省身与吴文俊的影响体现的.

惠特尼曾在陈省身成名后邀请他去哈佛做演讲，演讲结束后，他们还一同进餐. 1950 年，陈省身在国际数学家大会上做了一小时报告，“可能是惠特尼推荐的我”，陈省身如是说. 惠特尼对陈省身的影响更多地还是关于微分流形、纤维丛与示性类的工作. 现代示性类有三种，其中有两类分别是以惠特尼与陈省身的名字命名的.

一个有趣的现象是惠特尼与陈省身不仅在研究领域相近：一个是微分拓扑，一个是微分几何，而且所获的奖励也几乎一样，时间上相差无几.1976年,惠特尼被授予美国国家科学奖,而前一年陈省身刚获得此奖.1982年,惠特尼荣获沃尔夫奖,两年后陈省身也获此殊荣.1983年,陈省身获美国数学会斯蒂尔奖,惠特尼则于两年后获得此奖.惠特尼去世以后,陈省身还专门写文章纪念他.

惠特尼对吴文俊(1919—2017)也有影响.1946年陈省身开代数拓扑课时,指导吴文俊研究惠特尼的乘积公式,该公式是示性类理论的基础.其证明极为复杂,以致于惠特尼计划撰写一本专著.吴文俊凭借非凡的胆识及创见,毅然地解决了这个问题.在陈省身教授的推荐下,文章发表在久负盛名的《数学年刊》上.

1953年吴文俊开始系统地研究嵌入及其相关问题.他首先引入了不是同伦不变量的拓扑不变量,并以此为基础,深入地研究了嵌入问题,建立了复合形的"吴示嵌类",并用类似的方法,将研究扩展到浸入与同痕问题,建立了"吴示浸类"与"吴示痕类".1957年,吴文俊的工作"示性类与示嵌类的研究"获得中科院科学奖,这项奖后来被视为国家自然科学一等奖.

吴文俊在嵌入理论中是一位承上启下的数学家,他主要考虑了复合形的嵌入情形,并在这方面培养了吴振德、熊金成等数学家.吴振德就组合流形在欧氏空间的嵌入、浸入与同痕做了一些研究;对于微分流形的嵌入定理,吴文俊也有了比较明确的想法,但出于种种原因而停止研究,这方面做出主要贡献的是瑞士数学家梅弗里格(Haefliger).

惠特尼还通过自己的学生影响到中国数学,他带的博士生罗宾斯(Herbert Robbins)与库朗(Richard Courant,1888—1972)写作了《数学是什么》(*What is Mathematics*)①,因其对整个数学领域基本概念及方法清晰、透彻的论述,在中国影响极大.他的另外一位博士生布思比(W. Boothby)的《微分流形与黎曼几何引论》(*An Introduction to Differentiable Manifolds and Riemannian Geometry*)在中国学习微分流形与黎曼几何的研究生中可谓家喻

① 有中译本,关于这本书的详细资料可参见《数学文化》2012年第3卷第3期欧阳顺湘的《最美的数学就如文学》.

户晓.

2. 欧氏空间中的微分流形

根据笔者掌握的参考文献,惠特尼可能是最早使用“微分流形”(Differentiable manifold)这个术语或词语的数学家,之前的数学家的研究对象虽然本质上也是微分流形,但他们却称为“流形”“簇”或“正则流形”等.

1935 年,惠特尼在《美国国家科学院院报》发表《欧氏空间中的微分流形》(*Differentiable manifolds in Euclidean space*),对抽象的微分流形概念进行了讨论,惠特尼开篇就交代了研究问题:

> “我们在这里对抽象的微分流形在欧氏空间中的嵌入,以及解析流形对这些流形的逼近做一个总结,作为一个推论,任何微分流形都可以被赋予解析黎曼度量.”

从上面我们可以看出,惠特尼直接称微分流形与欧氏空间,而不再是维布伦的正则流形与算术空间,这样他的术语已经与现代完全一样了.

整篇文章分为三个部分,第一部分是微分流形在欧氏空间中的嵌入,在这里惠特尼给出了微分流形的大致定义,论述了嵌入定理.

定义 3 (C^r 微分流形)令 M 是一个邻域为 $U_1, U_2, \cdots$ 的拓扑空间,每一个邻域 U_i 同胚于 m 维单位球 S^m,如果 U_i 与 U_j 有公共部分 U_{ij},则 U_i 与 U_j 在 S^m 的同胚像诱导出 S^m 上一部分到另一部分的一个映射. 如果所有这样的映射是 C^r 的(有直至 r 阶的连续偏导数,$r \geqslant 1$),雅可比矩阵非零,则我们称 M 为一个 C^r 微分流形.

把惠特尼的微分流形与维布伦的正则流形做对比,我们发现惠特尼在一些表述上更现代. 比如惠特尼直接将微分流形定义为拓扑空间,而维布伦则是论述了很长一段时间后采用公理 C 表出正则流形是一个拓扑空间;惠特尼直接定义邻域同胚于 m 维单位球 S^m,而维布伦则作为一个定理论证了许久;惠特尼直接采用了

C^r 的表示记号也比维布伦的阶为 u 要形象、方便得多，再加上惠特尼最早使用微分流形这个术语，很多文献就认为惠特尼提出了微分流形的定义，这也不无道理.

但是笔者不完全同意这样的观点. 笔者曾指出微分流形的概念实质上已经由维布伦给出，虽然他的定义与现代的表述有些不同，但它们在本质上是一致的. 惠特尼的定义无疑表述得更清楚，但他更大的贡献不在这里，而是对微分流形嵌入定理的证明.

惠特尼首先引入了欧氏空间中 C^r 流形的概念，也就是将庞加莱引入的流形抽象化. 随后惠特尼给出一个非常重要的概念：正则 C^r 映射(regular C^r map)，这个映射在局部范围内是一个双射. 这个概念实质上就是现代意义下的浸入(immersion)，满足其切映射在每一点的局部范围内是单射.

定义 4 (欧氏空间中的 C^r 微分流形)M 位于欧氏空间 E^n 中，如果 M 的每一个点都在某一个邻域中，可以由 $n-m$ 个 C^r 坐标函数表示，则称 M 为一个位于 E^n 中的 C^r 微分流形.

随后，惠特尼给出了一个非常重要的定理.

定理 5 任意 m 维 $C^r(r\geqslant1)$微分流形可以通过一个正则 C^r 映射嵌入到 E^{2m} 中，通过一个一一正则 C^r 映射嵌入到 E^{2m+1} 中.

惠特尼说通过证明不难得到这个定理，但他只是给出了一个证明思路. 这样，惠特尼就将抽象的微分流形与欧氏空间中的微分流形联系在一起. 在这里，他的部分术语与现代有些不同. 惠特尼统一称为“嵌入”(imbedding)，但实质上他还是做了区分的. 由正则映射引导的“嵌入”是现代意义下的浸入(immersion)，如果这个“嵌入”映射还是一一映射，则就是现代意义下的嵌入(embedding).

在第二部分“解析流形对微分流形的逼近”中，惠特尼给出了欧氏空间解析流形与 r 阶逼近的定义.

定义 6(E^n 中的解析流形与 C^r 逼近) 如果 E^n 中的流形上邻域的函数是解析的，则称 M 为解析流形. 如果 M 与 M^* 是欧氏空间 E^n 中的两个同胚流形，$\eta(p)$是定义在 M 上的一个正的连续函数，我们称 M^* 是 M 的 C^r 逼近，如果 M 的每一个点 p 与它的对应

点 p^* 的距离小于 $\eta(p)$，并且对应的阶数小于或等于 r 的偏导数的差小于 $\eta(p)$.

在这两个定义的基础上，惠特尼得出了如下定理：

定理 7 任意 m 维 $C^r(r\geqslant 1)$ 微分流形，存在一个 E^n 中的解析流形 C^r 逼近 M.

这样，将两个定理联合起来，就得到如下定理.

定理 8 任意 m 维 $C^r(r\geqslant 1)$ 微分流形同胚于一个 E^{2m+1} 中的解析流形.

再加上在 E^{2m+1} 中定义 $\mathrm{d}s^2$ 是很自然的，所以任意微分流形都有黎曼度量就得到了证明，这比采用其他方法要简单得多.

定理 9 任意 m 维 $C^r(r\geqslant 1)$ 微分流形有解析度量 g_{ij}，其中 g_{ij} 在 M 的原邻域是 C^r 的.

在第三部分“流形在一族解析流形中的嵌入”中，涉及“正则位置”这个概念. M 在 E^n 中处于正则位置，指的是：如果存在定义在 M 上的 $n-m$ 个独立的连续的单位向量 $v_1(p),\cdots,v_{n-m}(p)$ 具有如下性质：M 的每一点 p_0 的邻域是一个 m 维胞腔，使得通过点 p_0 的邻域 U 中的两点的任意向量与由 $v_i(p_0)$ 定义的 $n-m$ 维平面的夹角大于 $\rho(p_0)$. 惠特尼说明，如果 M 是一个微分流形，则 M 处于正则位置，当且仅当球空间是一个乘积空间.

这样，惠特尼就引出了球空间的概念. 于是他接着发了一篇论文《球空间》(*Sphere spaces*)，和上面那篇论文连在一起发表在《美国科学院院报》上.

在《球空间》中，惠特尼给出了球空间的具体定义和例子，并定义了相同底空间上不同球空间的不变量，但是这篇文章与《欧氏空间中的微分流形》一样，都是属于那种摘要性的论文，而且这篇文章之后，惠特尼也没对球空间做进一步的论述，而是把主要精力用于扩充第一篇文章，并给出详细证明.

3. **微分流形**

1935 年 9 月在莫斯科拓扑会议召开之际，惠特尼提交了《微分流形》(*Differentiable manifold*)，这篇文章于 1936 年 7 月刊于《数学年刊》，是对“欧氏空间中的微分流形”的详细扩充.

开篇惠特尼就交代了研究问题的实质：

> “这篇文章的主要目的是给微分流形的拓扑，以及映入其他流形的映射的一般研究提供一个纯粹的具有解析特征的工具．一个微分流形一般被认为有两种定义，一是局部邻域同胚于 n 维欧氏空间 E^n，重叠部分的邻域由微分变换联系，或者作为 n 维欧氏空间 E^n 的子集，由附近的每一个点定义为表达一些在其他方面的可微函数的坐标．”

惠特尼很公正，他在微分流形的第一个定义那里做了一个小注，特别强调这个定义是由维布伦与怀特黑德给出的．同时，在第二个定义那里他也做了一个小注，指明这是自己首先给出的．

这两个定义涉及流形的内外蕴定义问题．内蕴定义多是从几何角度出发的，惠特尼对这个定义进行了修改，从而使这个定义的表述更接近现代．外蕴定义则多是从拓扑角度出发的，即考虑定义在欧氏空间中的子流形，这是惠特尼将之前具体外蕴定义的流形抽象而来的．惠特尼重点考察了这两个定义的关系，并给出了两个基本的定理：

定理 10(第一基本定理)　第一个定义并不比第二个定义宽泛，任何微分流形都可以嵌入在欧氏空间中．

显然惠特尼认为内蕴定义的微分流形都可以嵌入到欧氏空间中作为欧氏空间的子流形，并且是解析流形，从这还可以得出任何微分流形都可以赋予黎曼度量的推论，这使得一系列问题得到了简化．

定理 11(第二基本定理)　令 f 为一个从 m 维流形 M 到 n 维流形 N 的映射，如果 $n\geqslant 2m$，则我们可以适当修改 f，使其为一个正则映射 F．如果 $n\geqslant 2m+1$，则 F 可为一一映射．

这个定理指出嵌入在很大程度上依赖于欧氏空间的维数，并且提出了解析流形能否以解析的方式嵌入到欧氏空间中的问题．

在引言的最后，惠特尼给出了证明的大体思路：

> "如果流形是闭的，则定理的大部分证明依赖于魏尔斯特拉斯逼近定理；如果流形是开的，则定理必须由相应的定义在开集上的函数取代，而其中最有用的就是闭集上可微函数的解析延拓."

早在1934年，惠特尼就开始研究闭集上可微函数的延拓，这使得惠特尼可以运用之前的结果. 在证明这两个基本定理的过程中，惠特尼不断地用到了如下的方法：

> "f是一个从M到E^n的可微映射，令U为M上的一小部分，我们考虑一个从U到E^n的逼近f的映射f'，S为映射的像；则S组成欧氏空间的一部分. 我们不希望映射f'由S的子集刻画，我们这里用到了一个类似于卡拉西奥多里(C. Carathéodory，1873—1950)的k－程度的集合概念. 这样，我们可以在U上找到我们希望的映射f'. 在其他邻域上做相同的工作，直到我们得到整个流形上的映射F."

整篇文章共分为六个部分，其中第一部分为定义和初始结果，我们将重点讨论这一部分. 惠特尼在这里给出了更为详细的C^r微分流形的定义，这次他直接称为C^r流形.

定义12(C^r微分流形)　m维C^r(r有限或无穷)微分流形M，是由点集M与一些特定映射组成的，令$Q=Q_m$为欧氏空间E^m中的$m-1$维单位球，令$\theta_1,\theta_2,\cdots$为有限或可数的从Q到M的一一映射. 定义点集

$$U_i=\theta_i(Q),U_{ij}=U_{ji}=U_i\cdot U_j,Q_{ij}=\theta_i^{-1}(U_{ij}) \tag{1}$$

在Q_{ij}中定义一一映射

$$h_{ij}(x)=\theta_j^{-1}(\theta_i(x))\in Q_{ij} \tag{2}$$

并满足以下四个条件：

(1)映射 θ_i 覆盖 M，即对于 M 上的每一点 p，存在 i 以及 Q 中的 x 使得 $\theta_i(x)=p$.

(2)Q_{ij} 是开集.

(3)不存在 i,j 以及点列 x^k 使得

$$x^k\in Q_{ij},x^k\to x\in Q-Q_{ij},h_{ij}(x^k)\to x'\in Q-Q_{ji}$$

(4)h_{ij} 是 C^r 的，如果 $r>0$，则其雅可比矩阵非零.

借助于欧氏空间以及坐标映射，惠特尼定义了流形上的极限点，流形上的点列 $p_k\to p$ 当且仅当存在 i 与 s 以及 Q 中的点列 x^k 与 x，使得

$$\theta_i(x^k)=p_{s+k},\theta_i(x)=p,x^k\to x \tag{3}$$

惠特尼称 θ_i 为定义 M 的映射，U_i 为 M 的邻域，这与我们现代的流形定义还是有些不同的. 现代的流形定义一般是先给出邻域，然后在其上定义一一映射，不过这没有本质上的不同.

我们发现在式(1)中，有一个很奇怪的表述 $U_{ij}=U_{ji}=U_i\cdot U_j$，根据理解，"·"解释成交集是比较合适的. 惠特尼认为条件(3)等同于维布伦的公理 C_2，但是这个条件表述得十分别扭.

惠特尼对流形还做了一些附加说明. 欧氏空间是最典型的微分流形，0 维流形指的就是有限或可数个孤立点，流形的维数不能为负数，如果流形是 C^r 的，$r>s$，则流形也一定是 C^s 的. 流形的开子集必为一个流形，流形的闭开取决于流形是否是紧的，流形上的函数如何定义等要素.

惠特尼在第二部分第 8 节给出了两个定理，详细讨论了嵌入的很多性质. 整个定理的证明非常巧妙，首先证明映射 f 在一个局部坐标域上可以经过小的扰动而成为正则映射，然后证明正则映射在紧集上是稳定的，这样就可以保证在局部域上对 f 做延拓而仍为正则映射，最后拓展到整个流形上，这种方法在以后逐渐被提炼为单位分解.

单位分解已成为处理流形局部和整体最有力的工具之一，在微分流形的几何、拓扑以及动力系统中运用广泛. 惠特尼之所以可

以运用他之前的工作,源于管状邻域的概念,这点在处理流形的光滑化问题时作用非常明显,而且从现代观点来看,这与嵌入流形的法丛是等同的.

1936年,惠特尼发表了《流形在一族解析流形中的嵌入》(*The imbedding of manifolds in families of analytic manifolds*),这是对1935年发表的那篇《欧氏空间中的微分流形》第三部分的详细论述,至此惠特尼初步完成了嵌入定理的证明.

3. **小结**

按照克莱因(Klein Felix,1849—1925)在《埃尔朗根纲领》中的经典理论,几何学研究某种类型空间的某种类型的性质,而且正是由于所考虑的空间与性质各不相同,相应地形成了种种不同的几何学分支.如果细加分析,那么各种几何空间,尽管来源不同,归根结底往往归结为位于某一欧氏空间中①的具体的空间,特别是当空间源自分析时更是如此.

另一方面,为了研究这些空间的内在性质,也就是属于空间本身而与嵌入空间无关的那种特性,就有必要从一开始就以抽象而独立的形式加以定义,例如从康托尔关于欧氏空间中的点集的研究而逐渐发展成的拓扑空间的概念,以及根据欧氏空间中光滑曲线、曲面等引申而成的微分流形的概念等.

一个自然而然的问题是:如何把抽象概念与具体问题联系起来,或者决定是否一个抽象的空间可以实现为某一欧氏空间中的具体空间.惠特尼的工作正式将微分流形实现为欧氏空间中的微分流形.由于惠特尼在《微分流形》中详细地对嵌入定理进行了证明,从而使得微分流形的本质被彻底弄清楚了.

惠特尼的工作成果一经发表便产生了非常大的影响,关于微分流形是否可三角剖分的问题立刻被解决,同时还可直接推出微分流形都可赋予黎曼结构,并给出了一个相对简单的证明.随着微分流形概念的成熟,微分拓扑、现代李群和整体微分几何开始兴起,它们之间的交叉融合对20世纪数学发展起到了巨大的推动作

① 甚至可以推广到Hilbert空间.

用.

《微分流形》中的定义、概念基本上成了微分拓扑的标准术语，而文中所采用的方法更是渗透到整个数学中，因此，该文在数学史上占有非常重要的地位.一般认为，惠特尼1936年发表的《微分流形》是微分拓扑的开端，是微分拓扑领域的经典之作.

J. Milnor在他发表的文章①中叙述的惠特尼浸入定理可表述为：若 f 是从 n 维微分流形 M^n 到 p 维欧氏空间 $\mathbf{R}^p$ 的无穷次可微映射(以下简称为可微映射)，其中 p,n 为自然数，且 $p>2n$，则在 f 的每一个邻域内，存在一个可微映射 $g:M^n\to\mathbf{R}^p$，使得 g 是一个浸入，即：对一切 $x\in M$，都有 $\mathbf{R}k_xg=n$. 下面选取的内容对 $\mathbf{R}^p$ 的维数的限制放宽，来讨论微分流形上的可微映射的相应性质，得到的主要结论是：

如果 $f:M^n\to\mathbf{R}^p$ 是可微映射，其中 $p\geqslant 2$，那么在 f 的每一邻域内，存在一个可微映射 $g:M^n\to\mathbf{R}^p$，使得当 $[\frac{p}{2}]<n$ 时，g 的秩处处不小于 $[\frac{p}{2}]$；当 $[\frac{p}{2}]\geqslant n$ 时，g 的秩处处为 n，这里 $[\frac{p}{2}]$ 表示不超过 $\frac{p}{2}$ 的最大整数.

由此可见，它包含了上述惠特尼浸入定理. 应该指出的是，湖南师范学院(现为湖南师范大学)的李养成教授于1984年所给出的《惠特尼浸入定理的引伸》是他曾写的文章《n 维微分流形到 $p(\geqslant 2)$ 维欧氏空间的可微映射的一个性质》中定理1的进一步深入②.

1. **预备知识**

首先指出，下文中用到的概念与符号见 J. Milnor 的 *Lectureson Differential Topology*.

1.1　记欧氏空间 $\mathbf{R}^n$ 中点 $\boldsymbol{x}$ 的坐标为 $(x_1,\cdots,x_n)$. 令 $\|x\|=\max\limits_{1\leqslant i\leqslant n}|\boldsymbol{x}_i|$，规定 $C^n(r)=\{\boldsymbol{x}\in\mathbf{R}^n\mid\|\boldsymbol{x}\|<r\}$，又 $\overline{C^n(r)}$ 表示 $C^n(r)$ 的闭包.

定义 $\varphi:\mathbf{R}^n\to\mathbf{R}$ 为

① J. Milnor. Lectures on Differential Topology. Princeton notes, 1958.

② 摘自《湖南师范学报(自然科学版)》，1984年第1期.

$$\varphi(x_1,\cdots,x_n)=\psi(x_1)\cdots\psi(x_n)$$

其中

$$\psi(t)=\frac{\lambda(2+t)\cdot\lambda(2-t)}{\lambda(2+t)\cdot\lambda(2-t)+\lambda(t-1)+\lambda(-t-1)},t\in\mathbf{R}$$

$$\lambda(t)=\begin{cases}\mathrm{e}^{-\frac{1}{t}}, & t>0\\ 0, & t\leqslant 0\end{cases}$$

易证 $\lambda,\psi:\mathbf{R}\to\mathbf{R}$ 以及 φ 都是无穷次可微函数，并且 φ 合于

$$\varphi(\boldsymbol{x})=1,\boldsymbol{x}\in\overline{C^n(1)}$$

$$0<\varphi(\boldsymbol{x})<1,\boldsymbol{x}\in C^n(2)\setminus\overline{C^n(1)}$$

$$\varphi(\boldsymbol{x})=0,\boldsymbol{x}\in\mathbf{R}^n\setminus C^n(2)$$

函数 φ 称为 $\mathbf{R}^n$ 上的标准函数.

1.2　设 X 为拓扑空间，Y 为度量空间，其度量为 ρ. $\delta:X\to\mathbf{R}$ 是一个正值连续函数. 记

$$C^0(X,Y)=\{f:X\to Y\mid f\text{ 是连续映射}\}$$

设 $f\in C^0(X,Y)$，如果 $g\in C^0(X,Y)$ 满足

$$\rho(f(\boldsymbol{x}),g(\boldsymbol{x}))<\delta(\boldsymbol{x})$$

对一切 $\boldsymbol{x}\in X$，那么称 g 是 f 的一个 δ—逼近.

f 在 $C^0(X,Y)$ 中的邻域 $U(f,\delta)$ 定义为集

$$\{g\in C^0(X,Y)\mid g\text{ 是 }f\text{ 的 }\delta\text{—逼近}\}$$

这种邻域可生成映射空间 $C^0(X,Y)$ 上的拓扑.

1.3　记 $M(p,n)$ 为由所有的 $p\times n$ 矩阵作成的欧氏空间.

设 s 为自然数，$1\leqslant s\leqslant\min(p,n)$. 令

$$M(p,n;s)=\{\mathbf{A}\in M(p,n)\mid \mathbf{R}k\mathbf{A}=s\}$$

$$M(p,n;\geqslant s)=\{\mathbf{A}\in M(p,n)\mid \mathbf{R}k\mathbf{A}\geqslant s\}$$

显然，我们有

$$M(p,n;\geqslant s)=M(p,n;s)\cup M(p,n;s+1)\cup\cdots\cup M(p,n;\min(p,n))$$

1.4　**引理**　$M(p,n;\geqslant s)$ 是 $M(p,n)$ 中的开集.

证明　令

$$\mu:\begin{cases}M(p,n)\to\mathbf{R}\\ \mathbf{A}\mapsto\sum(\det\mathbf{A}_i)^2\end{cases}$$

其中每一 $\mathbf{A}_i$ 均为 $\mathbf{A}$ 的 s 阶子矩阵，$\det\mathbf{A}_i$ 表示 $\mathbf{A}_i$ 的行列式，求和

号是对 $\mathbf{A}$ 的所有 s 阶子矩阵进行的. 显然,μ 是连续函数,而

$$M(p,n;\geqslant s)=M(p,n)\backslash\mu^{-1}(0)$$

即 $M(p,n;\geqslant s)$ 恰是空间 $M(p,n)$ 中闭集 $\mu^{-1}(0)$ 的补集,因此是 $M(p,n)$ 中的开集.

注 当 $s=\min(p,n)$ 时,$M(p,n;\min(p,n))$ 是 $M(p,n)$ 中的开集.

1.5 **引理** $M(p,n;s)$ 是 $M(p,n)$ 的 $s(p+n-s)$ 维微分子流形.

证明 见 J. Milnor 的 *Lecutres on Differential Topology* 中 Ⅰ.19.

1.6 **引理** 设 U 是 $\mathbf{R}^n$ 中的开集,$f:U\to\mathbf{R}^p$ 是可微映射,其中 p 为不超过 $2n$ 的正偶数或为不小于 $2n$ 的正整数. 则对任给的 $\varepsilon>0$,存在 $p\times n$ 矩阵 $\mathbf{A}=(a_{ij})$,合于 $|a_{ij}|<\varepsilon,1\leqslant i\leqslant p,1\leqslant j\leqslant n$,并且使得可微映射

$$g:\begin{cases}U\to\mathbf{R}^p\\ \boldsymbol{x}\mapsto g(\boldsymbol{x})=f(\boldsymbol{x})+\mathbf{A}\cdot(\boldsymbol{x}),(\boldsymbol{x})\text{表示 }n\times 1\text{ 列矩阵}\end{cases}$$

在 U 上的秩满足如下关系:

(1) 当 $p=2s,1\leqslant s<n$ 时,对一切 $\boldsymbol{x}\in U$,有 $\mathbf{R}k_x g\geqslant s$;

(2) 当 $p\geqslant 2n$ 时,对一切 $\boldsymbol{x}\in U$,有 $\boldsymbol{R}k_x g=n$.

证明 首先讨论 $p=2s,1\leqslant s\leqslant n$ 的情形. 若 $s=1$,由《从 n 维微分流形到 $p(\geqslant 2)$ 维欧氏空间的可微映射的一个性质》中引理 1 知,结论是对的. 现设 $2\leqslant s\leqslant n$.

对小于 s 的任一正整数 l,定义

$$F_l:\begin{cases}M(p,n;l)\times U\to M(p,n)\\ (Q,\boldsymbol{x})\mapsto F_l(Q,\boldsymbol{x})=Q-Df(\boldsymbol{x})\end{cases}$$

其中 $M(p,n;l)$ 看作是 $M(p,n)$ 的嵌入子流形. 显然 F_l 是可微映射.

由 1.5 中的引理,有

$$\dim[M(p,n;l)\times U]=l(p+n-l)+n$$

当 $l<s,2\leqslant s\leqslant n$ 时,$l(p+n-l)+n$ 是 l 的单调增函数,故

$$\dim[M(p,n;l)\times U]\leqslant(s-1)[2s+n-(s-1)]+n=s^2+sn-1$$

而 $\dim[M(p,n)]=pn=2sn$，又因为当 $1\leqslant s\leqslant n$ 时，有 $s^2+sn-1<2sn$，所以 $\dim[M(p,n;l)\times U]<\dim[M(p,n)]$. 于是 $\text{meas}(\text{Image } F_l)=0$ 对 $l=1,\cdots,s-1$ 均成立. 因此可以选取一个任意接近于零矩阵的 $p\times n$ 矩阵 $\mathbf{A}$(即对任给的 $\varepsilon>0$，存在 $p\times n$ 矩阵 $\mathbf{A}=(a_{ij})$，其中每一个 $|a_{ij}|<\varepsilon$)，使得 $\mathbf{A}\notin\text{Image } F_l(l=1,\cdots,s-1)$，于是对一切 $\boldsymbol{x}\in U$，有 $\mathbf{R}k(Df(\boldsymbol{x})+\mathbf{A})\geqslant s$，因而对上述的 $\mathbf{A}$，由 $g(\boldsymbol{x})=f(\boldsymbol{x})+\mathbf{A}\cdot(\boldsymbol{x})$ 所定义的可微映射 $g:U\to\mathbf{R}^p$ 在 U 上的秩处处不小于 s，即：对一切 $x\in U$，有 $\mathbf{R}k_x g\geqslant s$.

其次，当 $p\geqslant 2n$ 时，仿上可类似地得到其结论，这在 J. Milnor 的 *Leuctres on Differential Topology* 中已做了详细推导. 事实上，直接计算不难得到：当 $l=1,\cdots,n-1$ 时，有

$$\dim[M(p,n;l)\times U]<\dim[M(p,n)]$$

因而

$$\text{meas}(\text{Image } F_l)=0, l=1,\cdots,n-1$$

于是对任给的 $\varepsilon>0$，存在合乎结论中的 $\mathbf{A}$，且 $\mathbf{A}\notin\text{Image } F_l, l=1,\cdots,n-1$. 从而由 $g(\boldsymbol{x})=f(\boldsymbol{x})+\mathbf{A}\cdot(\boldsymbol{x})$ 所定义的 $g:U\to\mathbf{R}^p$，对一切 $\boldsymbol{x}\in U$，都有 $\mathbf{R}k_x g=n$.

2. 定理及证明

2.1 **定理** 设 M 是 n 维微分流形，$\delta:M\to\mathbf{R}$ 是一个正值连续函数，$f:M\to\mathbf{R}^p$ 是可微映射，这里 $p=2s, 1\leqslant s\leqslant n$，则：

(1)存在可微映射 $g:M\to\mathbf{R}^p$，其秩处处不小于 s，即对每一 $x\in M$，都有 $\mathbf{R}k_x g\geqslant s$.

(2)g 是 f 的一个 δ—逼近.

(3)若 f 在 M 的闭集 N 上的秩 $\geqslant s$，则可选取 g，使得 $g|_N=f|_N$.

特别地，当 $s=n$ 时，此时 g 是一个浸入，即对每一 $\boldsymbol{x}\in M$，有 $\mathbf{R}k_x g=n$.

证明 由于对 M 的闭集 N 上的每一点 $\boldsymbol{x}$，有 $\mathbf{R}k_x f\geqslant s$，所以存在 N 的一个开邻域 $U(N\subset U)$，使得

$$\mathbf{R}k_x f\geqslant s, \boldsymbol{x}\in U$$

$\{U, M\backslash N\}$覆盖 M. 由于每一拓扑流形必为仿紧空间,依文 *Lectures on Differential Topology* 中 I. 25,存在 M 的一个坐标覆盖 $\{(V_i, h_i)\}$,具有性质:

(1) $\{V_i\}$是$\{U, M\backslash N\}$的局部有限的加细;

(2) $h_i(V_i) = C^n(3)$;

(3)若 $W_i = h_i^{-1}(C^n(1))$,则$\{W_i\}$仍为 M 的覆盖.

令 $U_i = h_i^{-1}(C^n(2))$, $\varepsilon_i = \min\limits_{\boldsymbol{x}\in\overline{U}_i} \delta(\boldsymbol{x})$($\overline{U}_i$ 表示 U_i 的闭包).

假设 V_i 用整数编号,并且当 $i \leqslant 0$ 时,$V_i \subset U$.

记 $f_0 = f$, $N_0 = \bigcup\limits_{i<1} \overline{W}_i$,那么当 $\boldsymbol{x} \in N_0$ 时,$\mathbf{R}k_{\boldsymbol{x}} f_0 \geqslant s$.

设已选取了 $f_{h-1}: M \to \mathbf{R}^p$,使得在 $N_{k-1} = \bigcup\limits_{i<k} \overline{W}_i$ 上其秩大于或等于 s,下面我们来构作 $f_k: M \to \mathbf{R}^p$. 注意到 $f_{k-1} \circ h_k^{-1}: C^n(3) \to \mathbf{R}^p$,令

$$G_{\mathbf{A}}: \begin{cases} C^n(3) \to \mathbf{R}^p \\ \boldsymbol{y} \mapsto G_A(\boldsymbol{y}) = f_{k-1} \circ h_k^{-1}(\boldsymbol{y}) + \varphi(\boldsymbol{y}) \mathbf{A} \cdot (\boldsymbol{y}) \end{cases}$$

其中 $\mathbf{A}$ 为待定的 $p \times n$ 矩阵,$(\boldsymbol{y})$表示 $n \times 1$ 列矩阵,$\varphi(\boldsymbol{y})$是 $\mathbf{R}^n$ 上的标准函数.

为选取 $\mathbf{A}$,首先我们要求 $G_{\mathbf{A}}$ 在集 $K = h_k(N_{k-1} \cap \overline{U}_k)$上的秩$\geqslant s$. 由归纳假定,已知在 K 上,$D(f_{k-1} \circ h_k^{-1})(\boldsymbol{y})$的秩$\geqslant s$,而

$$DG_{\mathbf{A}}(y) = D(f_{k-1} \circ h_k^{-1})(\boldsymbol{y}) + \mathbf{A} \cdot (\boldsymbol{y}) \cdot \mathbf{D}\varphi(\boldsymbol{y}) + \varphi(y)\mathbf{A}$$

($\mathbf{D}\varphi(\boldsymbol{y})$是 $1 \times n$ 矩阵). 为此考虑映射

$$\alpha: \begin{cases} K \times M(p, n) \to M(p, n) \\ (\boldsymbol{y}, \mathbf{A}) \mapsto DG_{\mathbf{A}}(\boldsymbol{y}) \end{cases}$$

显然它是连续映射,并且把 $K \times (0)$映到 $M(p, n)$中由秩$\geqslant s$ 的矩阵作成的子集 $M(p, n; \geqslant s)$内,由 1.4 中的引理知,$M(p, n; \geqslant s)$是 $M(p, n)$中的开集,因此可以选取 $\mathbf{A}$ 充分小,使得 $G_{\mathbf{A}}$ 在集 K 上的秩$\geqslant s$.

其次,我们可要求 $\mathbf{A}$ 足够小,使得对一切 $\boldsymbol{y} \in C^n(3)$,有 $\| \mathbf{A} \cdot (\boldsymbol{y}) \| < \varepsilon_k / 2^k$.

再次,由 1.6 中的引理可选取 $\mathbf{A}$ 充分小,使得 $f_{k-1} \circ h_k^{-1}(\boldsymbol{y}) + \mathbf{A} \cdot (\boldsymbol{y})$在 $C^n(2)$上的秩$\geqslant s$.

依照上面三条要求来选取 $\mathbf{A}$，这是完全可行的. 于是我们定义 $f_k: M\to\mathbf{R}^n$ 为

$$f_k(\boldsymbol{x})=\begin{cases}G_A\circ h_k(\boldsymbol{x}), & \boldsymbol{x}\in V_k\\ f_{k-1}(\boldsymbol{x}), & \boldsymbol{x}\in M\setminus\overline{U}_k\end{cases}$$

由于在公共部分，这些规定是一致的，所以 f_k 是可微的. 按照选取 $\mathbf{A}$ 的第一个条件，f_k 在 N_{k-1} 上的秩$\geqslant s$，按照选取 $\mathbf{A}$ 的第三个条件，f_k 在 $\overline{W}_k$ 上的秩$\geqslant s$，因而 f_k 在 N_k 上的秩$\geqslant s$，按照选取 $\mathbf{A}$ 的第二个条件，f_k 是 f_{k-1} 的$(\delta/2^k)$—逼近.

最后，令 $g(\boldsymbol{x})=\lim\limits_{k\to\infty}f_k(\boldsymbol{x})$，因为 $\{V_i\}$ 是局部有限的覆盖，对于每一 $x\in M$，存在点 $\boldsymbol{x}$ 的邻域 O_x，使 O_x 只与有限个 V_i 相交，因此当 k 相当大时，所有的 f_k 在 O_x 上是相同的，于是$\lim\limits_{k\to\infty}f_k(\boldsymbol{x})$存在. 显然 $g: M\to\mathbf{R}^p$ 具有我们所要求的性质：

(1) g 是可微的，对每一 $\boldsymbol{x}\in M$，有 $\mathbf{R}k_x g\geqslant s$；

(2) g 是 f 的 δ—逼近；

(3) 由证明过程自然有 $g|_N=f|_N$.

特别地，当 $s=n$ 时，此时的 g 是一个浸入. 事实上，只要把上述证明稍加变动，将"秩$\geqslant s$"改为"秩$=n$"，"$M(p,n;\geqslant s)$"改为"$M(p,n;n)$"就行了.

2.2 **定理** 设 M,δ 如 2.1 的定理中所述，$f: M\to\mathbf{R}^p$ 是可微映射，这里 $p=2s+1$，$1\leqslant s<n$，则存在可微映射 $g: M\to\mathbf{R}^p$，使得：

(1) $\mathbf{R}k_x g\geqslant s$，对每一 $\boldsymbol{x}\in M$；

(2) g 是 f 的一个 δ—逼近.

证明 令

$$i:\begin{cases}\mathbf{R}^{2s+1}\to\mathbf{R}^{2(s+1)}\\ (x_1,\cdots,x_{2s+1})\mapsto(x_1,\cdots,x_{2s+1},0)\end{cases}$$

$$\pi:\begin{cases}\mathbf{R}^{2(s+1)}\to\mathbf{R}^{2s+1}\\ (x_1,\cdots,x_{2s+1},x_{2(s+1)})\mapsto(x_1,\cdots,x_{2s+1})\end{cases}$$

显然映射 i 和 π 都是可微映射，并且 i 是一个嵌入. 于是由 $f: M\to\mathbf{R}^{2s+1}$ 与 $i: \mathbf{R}^{2s+1}\to\mathbf{R}^{2(s+1)}$ 复合所得的映射 $i\circ f: M\to\mathbf{R}^{2(s+1)}$ 也是可微映射，据 2.1 中的定理，存在可微映射 $g_1: M\to\mathbf{R}^{2(s+1)}$ 使得：

(1) $\mathbf{R}k_x g_1\geqslant s+1$，对每一 $\boldsymbol{x}\in M$；

(2)g_1 是 $i\circ f$ 的一个 δ—逼近.

令 $g=\pi\circ g_1:M\to\mathbf{R}^{2s+1}$,显然 g 亦为可微映射,并且:

(3)$\mathbf{R}k_x g\geqslant s$,对每一 $\boldsymbol{x}\in M$;

(4)g 是 $f(=\pi\circ i\circ f)$的一个 δ—逼近.

本文的主要结果是:

2.3 **定理** 设 M 是 n 维微分流形,$\delta:M\to\mathbf{R}$ 是一个正值连续函数,$f:M\to\mathbf{R}^p$ 是可微映射,这里 $p\geqslant 2$. 则存在可微映射 $g:M\to\mathbf{R}^p$,使得:

(1)当$[\frac{p}{2}]<n$ 时,对一切 $\boldsymbol{x}\in M$,有 $\mathbf{R}k_x g\geqslant[\frac{p}{2}]$;当$[\frac{p}{2}]\geqslant n$ 时,对一切 $\boldsymbol{x}\in M$,有 $\mathbf{R}k_x g=n$,其中$[\frac{p}{2}]$表示不超过$\frac{p}{2}$的最大整数.

(2)g 是 f 的一个 δ—逼近.

证明 (1)当$[\frac{p}{2}]<n$ 时,由 2.1 中的定理与 2.2 中的定理知,结论是正确的.

(2)当$[\frac{p}{2}]\geqslant n$,即 $p\geqslant 2n$ 时,结论亦真. 事实上,由 1.4 中的引理知,$M(p,n;n)$是 $M(p,n)$中的开集,再利用 1.6 中的引理,只要将定理 2.1 的证明依照 $p=2n$ 的情形稍加修改便得到这一情形的证明.

本书的全文都充斥着一个名词 —— 流形. 这是一个近代数学的重要研究对象,特别是流形上的积分①.

1. 流形

流形 M 是一种特殊的拓扑空间,即一般拓扑空间加上两个限制:

(1)M 是 Hausdorff 的(即满足 T_2 分离公理:对于两个不同的

① 内容摘自《多复变函数论(积分表示及其应用)》. 陈叔谨编著. 厦门大学出版社,1989.

点 x,y，点 x 有一邻域 U 和点 y 有一邻域 V，使得 $U\cap V=\varnothing$).

(2)M 是局部 Euclid 的(即对于每一点 $P\in M$，有 M 的包含点 P 的邻域 $U(P)$，它与实 m 维 Euclid 空间 $\mathbf{R}^m$ 的一个超球(或整个 Euclid 空间 $\mathbf{R}^m$) 同胚.

第一个限制是自然的. 为了说明为什么要加上第二个限制以及为了加深对流形概念的理解，下面我们来剖析流形的一个实例 —— 球面.

二维欧氏空间 $\mathbf{R}^2$ 即平面 Π. 在平面 Π 上安上坐标系 x_1Ox_2，对于 Π 上每一点 P，确定其坐标(x_1,x_2). 熟知，坐标具有下列性质：

(1) 不同的两点具有不同的坐标.

(2) 点列$\{P_n\}$收敛于点 P 当且仅当 $\lim\limits_{n\to\infty}x_1^{(n)}=x_1^0$，$\lim\limits_{n\to\infty}x_2^{(n)}=x_2^0$，这里$(x_1^{(n)},x_2^{(n)})$ 是 P_n 的坐标，(x_1^0,x_2^0) 是 P 的坐标.

(3) 以任意的实数偶(x_1,x_2) 为坐标的点 P 在 Π 中存在(由(1)知这样的点 P 是唯一的). 若讨论对象不是平面的全部，而只是其中一部分，例如 x_1Ox_2 是直角坐标系，域 D 是以点 O 为中心，以 r 为半径的圆的内部，则(3) 须略修改为(3)$'$，以满足 $x_1^2+x_2^2<r^2$ 的任意实数偶(x_1,x_2) 为坐标的点 P 在 D 中(唯一地) 存在.

对于球面 S，满足上述性质(1) ～ (3) 的坐标系是不存在的，因为这种坐标系若存在的话，则球面将和平面同胚. 这是不能的，因为球面具有致密性，而平面则不然. 同理，对于球面满足(1)(2)(3)$'$ 的坐标系亦不存在(否则球面将与平面上某开集同胚). 注意，以经纬度来确定球面上的位置的方法，不能当作坐标采用，因为北极和南极的经纬度不定，不合于坐标的唯一性原则.

对于球面 S 的整体虽不存在坐标系，但若将 S 分割成两部分 S' 与 S''，那么对于这两部分，满足(1)(2)(3) 的坐标是否存在呢？回答是肯定的. 这就是所谓局部坐标系. 例如，采用如下办法就可以做到，利用空间的正交坐标系(u_1,u_2,u_3)，球面 S 的方程是 $u_1^2+u_2^2+u_3^2=r^2(r>0)$. S 上的两部分 S' 和 S'' 分别以条件 S':$2u_3>-r$，和 S'':$2u_3<r$ 来定义. 过 S' 上一点 $P=(u_1,u_2,u_3)$，联结南极$(0,0,-r)$ 的直线交 u_1Ou_2 平面于点$(x_1,x_2,0)$，将(x_1,x_2) 作为 S' 上对应于点 P 的坐标. 同样，过 S'' 上一点 $P=(u_1,u_2,u_3)$，联结北极(0,

$0,r)$ 的直线交 u_1Ou_2 平面于点$(\overline{x}_1,\overline{x}_2,0)$，把$(\overline{x}_1,\overline{x}_2)$ 作为 S'' 上与 P 对应的坐标. 以这种方式构成的坐标系(x_1,x_2) 和$(\overline{x}_1,\overline{x}_2)$ 将满足(1)(2)(3)′. 实际上，映射 θ_1

$$u_1=\frac{2r^2x_1}{x_1^2+x_2^2+r^2}$$

$$u_2=\frac{2r^2x_2}{x_1^2+x_2^2+r^2}$$

$$u_3=\frac{r(r^2-x_1^2+x_2^2)}{x_1^2+x_2^2+r^2}$$

是把 $\mathbf{R}^2$ 的开集 $x_1^2+x_2^2<3r^2$ 映为 S 的开集 S' 的拓扑映射. 其逆映射为 θ_1^{-1}

$$x_1=ru_1/(r+u_3),x_2=ru_2/(r+u_3)$$

另外，映射 θ_2

$$u_1=\frac{2r^2\overline{x}_1}{\overline{x}_1^2+\overline{x}_2^2+r^2}$$

$$u_2=\frac{2r^2\overline{x}_2}{\overline{x}_1^2+\overline{x}_2^2+r^2}$$

$$u_3=\frac{r(-r^2+\overline{x}_1^2+\overline{x}_2^2)}{\overline{x}_1^2+\overline{x}_2^2+r^2}$$

是把 $\mathbf{R}^2$ 的开集 $\overline{x}_1^2+\overline{x}_2^2<3r^2$ 映为 S 的开集 S'' 的拓扑映射. 其逆映射为 θ_2^{-1}

$$\overline{x}_1=ru_1/(r-u_3),\overline{x}_2=ru_2/(r+u_3)$$

坐标系(x_1,x_2)(或$(\overline{x}_1,\overline{x}_2)$)除了在 S 之一部分 S'(或 S'') 上做了规定外，在其他部分并未给予定义(但定义域可扩张到不包括南极(或北极)的 S 的全部). 因此(x_1,x_2)(或$(\overline{x}_1,\overline{x}_2)$)称为 S 上的局部坐标系，或把映射 θ_1(或 θ_2) 称为局部坐标系. S'(或 S'') 称为局部坐标邻域，或简称坐标邻域. 若点 $P\in S'$(或 $P\in S''$)，在 $\mathbf{R}^2$ 上对应于 P 的原像点(x_1,x_2)(或$(\overline{x}_1,\overline{x}_2)$) 称为 P 的坐标.

球面 S 的坐标邻域系$\{S',S''\}$是 S 的开覆盖，在 S' 与 S'' 之共同部分 $D=S'\cap S''$ 内的点 $P=(u_1,u_2,u_3)$ 具有两种坐标(x_1,x_2)，$(\overline{x}_1,\overline{x}_2)$. 因此它们之间存在变换关系

$$\theta_2^{-1}\theta_1:\bar{x}_1=\frac{r^2x_1}{x_1^2+x_2^2},\bar{x}_2=\frac{r^2x_2}{x_1^2+x_2^2}$$

$$\theta_1^{-1}\theta_2:x_1=\frac{r^2\bar{x}_1}{\bar{x}_1^2+\bar{x}_2^2},x_2=\frac{r^2\bar{x}_2}{\bar{x}_1^2+\bar{x}_2^2}$$

对于 D 中的点 P，因有 $x_1^2+x_2^2>0,\bar{x}_1^2+\bar{x}_2^2>0$，故 $\bar{x}_1,\bar{x}_2$ 是 (x_1,x_2) 的函数，且有直至任何阶的连续导数，Jacobi 行列式 $D(\bar{x}_1,\bar{x}_2)/D(x_1,x_2)=-1\neq 0$.

球面 S 上的区域 S',S'' 及其所属的局部坐标系 (x_1,x_2) 和 $(\bar{x}_1,\bar{x}_2)$ 或 (S',θ_1) 和 (S'',θ_2) 构成 S 上的一个"流形结构".

下面所叙述的流形概念正是以所述的球面为模型.

我们把 m 称为流形 M 的维数，U 称为局部坐标邻域或简称坐标邻域. 若点 $P\in U$，它对应在 $\mathbf{R}^m$ 的原像点为 $(x_1,x_2,\cdots,x_m)$，则 $(x_1,x_2,\cdots,x_m)$ 称为 P 的坐标.

设存在 M 的一坐标邻域系 $\{U_\lambda\}_{\lambda\in J}$（$J$ 为一指标集合）是 m 维流形的一组开覆盖（即每一 U_λ 是 M 的开集，且 $\sum\limits_{\lambda\in J}U_\lambda=M$）. 令 θ_λ 为 U_λ 的局部坐标系. 当 $U_\alpha\cap U_\beta\neq 0$ 时，$\theta_\alpha^{-1}\theta_\beta$ 是把 $\mathbf{R}^m$ 的开集 $\theta_\beta^{-1}(U_\alpha\cap U_\beta)$ 映入 $\mathbf{R}^m$ 的拓扑映射. $\theta_\alpha^{-1}\theta_\beta$ 叫作相邻关系或局部坐标变换. 集合 $\{U_\lambda,\theta_\lambda\}_{\lambda\in J}$ 称为流形 M 的结构.

若所有映射 $\theta_\alpha^{-1}\theta_\beta$ 的映射函数是在 $\theta_\beta^{-1}(U_\alpha\cap U_\beta)$ 上的 C^k 类，且其雅可比行列式恒不为 0，则 M 称为 C^k 类微分流形.

若 $\theta_\alpha^{-1}\theta_\beta$ 的映射函数皆是实解析函数，且其雅可比行列式不为 0，则 M 称为实解析流形.

若 $\theta_\alpha^{-1}\theta_\beta$ 的映射函数皆是复解析函数（此时局部坐标变换的雅可比行列式必不为 0），则称 M 为复解析流形或复流形.

我们感兴趣的是微分流形和复流形.

积流形 设 M_1,M_2 各为 m,n 维的微分流形，其微分流形结构分别为 $\{U_j,\theta_j\}$，$\{V_\lambda,\Theta_\lambda\}$. 对于积空间 $M_1\times M_2$（这是满足 Hausdorff 分离公理的拓扑空间）的一个微分结构定义为 $\{U_j\times V_j,(\theta_j,\Theta_j)\}$，这里 $(\theta_j^{-1},\Theta_j^{-1})$ 是 $M_1\times M_2$ 的开集 $U_j\times V_\lambda$ 投影到 $\mathbf{R}^{m+n}$ 中的开集 $\theta_j^{-1}(U_j)\times\Theta_\lambda^{-1}(V_\lambda)$ 上的拓扑映射，且由

$$(\theta_j^{-1},\Theta_\lambda^{-1})(p,q)=(\theta_j^{-1}(p),\Theta_\lambda^{-1}(q))\quad(p\in U_j,q\in V_\lambda)$$

所定义.这样一来,在 $M_1\times M_2$ 上定义了一个微分流形结构.易知,这种定义与分别定义 M_1 与 M_2 之微分流形结构的坐标邻域及局部坐标系的选取无关,即若选取另外的坐标邻域与局部坐标来定义 M_1 和 M_2 上的微分流形结构,其结果在 $M_1\times M_2$ 上规定的微分结构和以上所规定的微分结构是等价的.这样得到的微分流形 $M_1\times M_2$ 称为 M_1 与 M_2 的积流形.例如 $\mathbf{R}^m$ 与 $\mathbf{R}^n$ 的积流形就是 $\mathbf{R}^{m+n}$.同样,微分流形 $M_1\times\cdots\times M_r$ 也可以定义.

子流形　设 M 为 n 维微分流形,N 是 M 的子集.给 N 一个拓扑和一个 m 维的流形结构,并使它们满足下面两个条件时,就称 N 是 M 的子流形:

(1) 包含映射 $I:N\to M,I(p)=p(p\in N)$,是光滑的.

(2) $(\mathrm{rank}\ I)p=m(p\in N)$.

特别地,当 N 上预先给定的拓扑(称为内部拓扑)和由 M 所诱导的 N 的相对拓扑一致时,则称 N 为 M 的(微分)正则子流形.

2.外微分式的定义及其运算

微分流形 M 上的 p 次微分形式 ω(p－形式)在每一点 $a\in M$ 的邻域以局部坐标 $x=(x_1,\cdots,x_n)$ 表成形式

$$\omega(x)=\sum_{i_1,\cdots,i_p}a_{i_1\cdots i_p}(x)\mathrm{d}x_{i_1}\wedge\cdots\wedge\mathrm{d}x_{i_p}\qquad(1.5.1)$$

其中 $1\leqslant i_k\leqslant n$,$a_{i_1\cdots i_p}(x)$ 是 x 的实(或复)函数;$\wedge$ 是外乘积符号,满足条件

$$\mathrm{d}x_i\wedge\mathrm{d}x_j=-\mathrm{d}x_j\wedge\mathrm{d}x_i,i\neq j;\mathrm{d}x_j\wedge\mathrm{d}x_j=0\quad(1.5.2)$$

利用(1.5.2),每一个 p－形式都可写成标准形式

$$\omega(x)=\sum_{1\leqslant i_1<\cdots<i_p\leqslant n}b_{i_1\cdots i_p}(x)\mathrm{d}x_{i_1}\wedge\cdots\wedge\mathrm{d}x_{i_p}\qquad(1.5.3)$$

当变换到另一个局部坐标 $y=(y_1,\cdots,y_n)$ 时,(1.5.1)变为形式

$$\sum_{1\leqslant j_1<\cdots<j_p\leqslant n}\left[\sum_{i_1,\cdots,i_p}a_{i_1,\cdots,i_p}(x(y))\frac{\partial(x_{i_1},\cdots,x_{i_p})}{\partial(y_{j_1},\cdots,y_{j_p})}\right]\mathrm{d}y_{j_1}\wedge\cdots\wedge\mathrm{d}y_{j_p}\qquad(1.5.4)$$

p 次微分形式 ω 和 q 次微分形式 φ 的外乘积 $\omega\wedge\varphi$ 称为 $p+q$ 次外

微分式. 它由规则(1.5.2) 按普通代数乘法得到. 显然, $\omega \wedge \varphi = (-1)^{pq}\varphi \wedge \omega$; 若 $p+q>n$, 则 $\omega \wedge \varphi = 0$.

若其局部表示式(1.5.1) 中的系数 $a_{i_1,\cdots,i_p}(x) \in C^r$, 则微分形式 ω 称为 C^r 类的. 若 $r=\infty$, 则称形式 ω 为正则的(实解析的). 流形 M 上 C^r 类的 p—形式所组成的线性空间记为 $C_p^r(M)$. 正则 p—形式空间 $C_p^\infty(M)$ 通常记为 $\Omega^p(M)$.

每一形式 $\omega \in C_p^r(M)$ 的外微分运算 d 产生形式 $\mathrm{d}\omega \in C_{p+1}^{r-1}(M)$. 它在局部坐标系中由

$$\mathrm{d}\omega = \sum_{i_1,\cdots,i_p} \mathrm{d}a_{i_1,\cdots,i_p}(x) \wedge \mathrm{d}x_{i_1,\cdots,i_p}$$

$$\mathrm{d}a_{i_1,\cdots,i_p} = \sum_{i=1}^{n} \frac{\partial a_{i_1,\cdots,i_p}}{\partial x_i}\mathrm{d}x_i$$

确定.

外微分具有性质:①$\mathrm{d}(\omega_1+\omega_2)=\mathrm{d}\omega_1+\mathrm{d}\omega_2$;②$\mathrm{d}(\omega \wedge \varphi)=\mathrm{d}\omega \wedge \varphi+(-1)^p\omega \wedge \mathrm{d}\varphi$, 其中 p 为形式 ω 的次数. ③$\mathrm{dd}\omega=0$.

如果 $\mathrm{d}\omega=0$, 则微分形式 ω 为闭的; 如果存在一微分形式 φ, 使得 $\omega=\mathrm{d}\varphi$, 则称 ω 为恰当的. 正则闭的 p—形式的集合记为 $Z^p(M)$, 正则恰当 p—形式的集合记为 $B^p(M)$. 由外微分的性质(1) ~ (3) 得到群(向量空间) 的包含关系 $B^p(M) \subset Z^p(M) \subset \Omega^p(M)$.

商群 $H^p(M)=Z^p(M)/B^p(M)$ 称为流形 M 的 de Rham p 维上同调群. 它的元素称为上同调类. 属于同一上同调类的两种形式 ω^1, ω^2 称为上同调的, 记为 $\omega^1 \approx \omega^2$.

微分映射 $f: M_1 \to M_2$ 诱导出群同态

$$\tilde{f}: \Omega^p(M_2) \to \Omega^p(M_1), f^*: H^p(M_2) \to H^p(M_1)$$

其定义如下: 设 $x=(x_1,\cdots,x_n)$, $y=(y_1,\cdots,y_n)$ 是 $a \in M_1$, $b=f(a) \in M_2$ 的邻域 U_a, U_b 的局部坐标, 形式 $\omega \in \Omega^p(M_2)$ 表为 $\omega(y)=\sum_{i_1,\cdots,i_p} a_{i_1,\cdots,i_p}(y)\mathrm{d}y_{i_1} \wedge \cdots \wedge \mathrm{d}y_{i_p}$. 这时在 U_a 中

$$\tilde{f}(\omega)(x)=\omega(f(x))=\sum_{i_1,\cdots,i_p} a_{i_1,\cdots,i_p}(y(x))\mathrm{d}y_{i_1}(x) \wedge \cdots \wedge \mathrm{d}y_{i_p}(x)$$

其中 $\mathrm{d}y_i(x)=\sum_{j=1}^{n}(\partial y_i/\partial x_j)\mathrm{d}x_j$. 因为 $\mathrm{d}\cdot\tilde{f}=\tilde{f}\cdot\mathrm{d}$, 所以 $\tilde{f}$ 诱导出商同态 f^*.

在复流形 Z 上，在局部坐标系 $z_j = x_j + \mathrm{i}y_j (j = 1,2,\cdots,n)$ 中用 $\mathrm{d}z_j = \mathrm{d}x_j + \mathrm{id}_j, \mathrm{d}\bar{z}_j = \mathrm{d}x_j - \mathrm{id}y_j$ 代替 $\mathrm{d}x_j, \mathrm{d}y_j$. 形式 $\omega \in C^{\infty}_{p,q}(Z)$ 称为 (p,q) — 形式，如果在任意的局部坐标系 $z=(z_1,\cdots,z_n)$ 中，它有形式

$$\omega = \sum_{I,J} a_{I,J}(z)\mathrm{d}z_I \wedge \mathrm{d}\bar{z}_J$$

其中 $\mathrm{d}z_I = \mathrm{d}z_{i_1} \wedge \cdots \wedge \mathrm{d}z_{i_p}, \mathrm{d}\bar{z}_J = \mathrm{d}\bar{z}_{j_1} \wedge \cdots \wedge \mathrm{d}\bar{z}_{j_q}$. 这类形式记为 $C^{\infty}_{p,q}(Z)$. 类似可引进 $C^r_{p,q}$ 类. 若 $r=0$，则记为 $C_{p,q}(Z)$. 形式称为全纯的，如果它是 $(p,0)$ 型，且其系数是全纯函数.

3. 外微分形式的积分

把流形的局部性质和整体性质联系起来的最简单方式是外微分式在流形上的积分.

(1)σ 紧和仿紧的拓扑空间. 若拓扑空间 (M,τ) 是 Hausdorff 的，且满足：$M = \bigcup\limits_{k=1}^{\infty} G_k, G_k$ 是 M 的开集，闭包 $\overline{G}_k$ 是紧的，$\overline{G}_k \subset G_{k+1}$ $(k=1,2,\cdots)$，则称 M 是 σ 紧的.

若拓扑空间 (M,τ) 是 Hausdorff 的，且对于每个开覆盖有一个局部有限加细覆盖，则称 M 是仿紧的. 一个覆盖 $\{V_\beta\}$ 称为覆盖 $\{U_\alpha\}$ 的加细，如果对于每一个 β，至少存在一个 α，使得 $V_\beta \subset U_\alpha$. 若 (M,τ) 是拓扑空间，$\{U_\alpha\}$ 是 M 的一族子集，若对于每个点 $P \in M$，有 P 的邻域 W_P，使得 W_P 只与有限个 U_α 相交，则称 $\{U_\alpha\}$ 是局部有限的.

若 (M,τ) 局部紧致的，且又是 Hausdorff 和 A_2（即具有可数拓扑基）空间，则 (M,τ) 是 σ 紧的.

若 (M,τ) 是 σ 紧的，则 (M,τ) 是仿紧的.

若 M 是 n 维流形，且又是 A_2 空间，则 M 是 σ 紧的，因而是仿紧的.

(2) 单位分解定理. 所谓 $C^r(r \geqslant 1)$ 流形 M 上一个单位分解是一族 C^r 函数 $\{g_i \geqslant 0, i=1,2,\cdots\}$，使得：①$\{\mathrm{Supp}\ g_i\}$ 是局部有限的，其中 $\mathrm{Supp}\ g_i = \overline{\{x \in M : g_i(x) \neq 0\}}$ 称为 g_i 的支集；②$\mathrm{Supp}\ g_i$ 是紧致的；③ $\sum\limits_{i=1}^{\infty} g_i(x) = 1, x \in M$.

设 M 是 n 维 $C^r(r\geqslant 1)$ 流形，$\{w_i, i=1,2,\cdots\}$ 是 M 的一个局部有限的开覆盖，$\{g_i, i=1,2,\cdots\}$ 是 M 的一个单位分解，若对于每个 i，$\mathrm{Supp}\ g_i\subset w_i$，则称 $\{g_i, i=1,2,\cdots\}$ 为从属于 $\{w_i, i=1,2,\cdots\}$ 的一个单位分解.

定理 1.5.1 设 M 是 n 维 $C^r(r\geqslant 1)\sigma$ 紧的流形，则存在一个单位分解.

(3) 流形的定向. 一个 n 维 C^∞ 流形 M 称为可定向的，若在 M 上存在一个连续的、处处不为零的 n 次外微分形式 ω. 若在 M 上给定了这样一微分形式 ω，则称 M 是定向的. 若给出 M 定向的两个外微分式彼此差一个处处为正的函数因子，则称它们规定了 M 的同一个定向.

连通的可定向流形恰有两个不同的定向. 因为若 ω 和 ω' 是给出 M 定向的两个 n 次外微分式，则存在 M 上的连续函数 f，使得 $\omega'=f\omega$，其中 f 处处不为 0. 由于 M 是连通流形，f 在 M 上需保持同一个符号，因此 ω' 给出的定向或者与 ω 一致，或者与 $-\omega$ 一致.

(4) 流形上的积分. 设 M 是 m 维定向光滑 A_2 流形，φ 是 M 上的 m 次外微分式，且有紧的支集 $\mathrm{Supp}\ \varphi$. 任取 M 的一个定向相符的坐标覆盖 $W=\{w_i\}$，设 $\{g_\alpha\}$ 是从属于 W 的单位分解，则

$$\varphi=(\sum_\alpha g_\alpha)\cdot\varphi=\sum_\alpha g_\alpha\cdot\varphi \tag{1.5.5}$$

显然，支集 $\mathrm{Supp}(g_\alpha\cdot\varphi)\subset\mathrm{Supp}\ g_\alpha\subset$ 某 $w_i\in W$，故可定义

$$\int_M g_\alpha\cdot\varphi=\int_{w_i}g_\alpha\circ\varphi \tag{1.5.6}$$

右端理解为普通的 Riemann 积分，即若 $g_\alpha\circ\varphi$ 关于 w_i 中的坐标系 $u^1,\cdots,u^m$ 表为 $f(u^1,\cdots,u^m)\mathrm{d}u^1\wedge\cdots\wedge\mathrm{d}u^m$，则

$$\int_{w_i}g_\alpha\circ\varphi=\int_{w_i}f(u^1,\cdots,u^m)\mathrm{d}u^1\cdots\mathrm{d}u^m$$

为了说明定义(1.5.6) 是有意义的，需证 $\int_{w_i}g_\alpha\circ\varphi$ 与 w_i 的选择无关. 不妨设 $\mathrm{Supp}(g_\alpha\circ\varphi)$ 同时包含在坐标邻域 w_i 和 w_j 内，设它们的定向相符的局部坐标分别是 u^k 和 v^k，则坐标变换的雅可比行列式 $J=\partial(v^1,\cdots,v^m)/\partial(u^1,\cdots,u^m)>0$. 假定 $g_\alpha\cdot\varphi$ 在 w_i 和 w_j 内的表示式分别是 $g_\alpha\cdot\varphi=f\mathrm{d}u^1\wedge\cdots\wedge\mathrm{d}u^m$ 和 $g_\alpha\cdot\varphi=f\mathrm{d}v^1\wedge\cdots\wedge\mathrm{d}v^m$，

则 $f=f'\cdot J=f'\cdot|J|$，且 $\mathrm{Supp}\,f=\mathrm{Supp}\,f'=\mathrm{Supp}(g_\alpha\cdot\varphi)\subset w_i\cap w_j$. 根据 Riemann 积分的变量替换公式，有

$$\int_{w_j}g_\alpha\circ\varphi=\int_{w_i\cap w_j}f'\mathrm{d}v^1\cdots\mathrm{d}v^m=\int_{w_i}f'\cdot|J|\,\mathrm{d}u^1\cdots\mathrm{d}u^m$$
$$=\int_{w_i\cap w_j}f\mathrm{d}u^1\cdots\mathrm{d}u^m=\int_{w_i}g_\alpha\circ\varphi$$

即$\int_{w_i}g_\alpha\circ\varphi=\int_{w_j}g_\alpha\circ\varphi$.

因为 $\mathrm{Supp}\,\varphi$ 是紧的，由单位分解定理$\{\mathrm{Supp}\,g_\alpha\}$是局部有限的，于是 $\mathrm{Supp}\,\varphi$ 只与有限多个支集 $\mathrm{Supp}\,g_\alpha$ 相交，因此$\sum g_\alpha\circ\varphi$只是有限多项的和. 定义

$$\int_M\varphi=\sum_\alpha\int_M g_\alpha\circ\varphi$$

称为外微分式 φ 在 M 上的积分. 当然我们还应当证明上式与单位分解$\{g_\alpha\}$的选取无关. 实际上，设$\{g'_\beta\}$是从属于 W 的另一个单位分解，则

$$\sum_\beta\int_M g'_\beta\circ\varphi=\sum_\beta\sum_\alpha\int_M g_\alpha\circ g'_\beta\circ\varphi$$
$$=\sum_\alpha\int_M\sum_\beta g'_\beta\circ g_\alpha\circ\varphi$$
$$=\sum_\alpha\int_M g_\alpha\circ\varphi$$

特别地，若 $\mathrm{Supp}\,\varphi$ 恰好落在一个坐标邻域 U 内，且 U 的定向相符的局部坐标是 u^i，则 φ 可表示成 $\varphi=f(\mathrm{d}u^1,\cdots,\mathrm{d}u^m)\mathrm{d}u^1\wedge\cdots\wedge\mathrm{d}u^m$，而$\int_M$ 正好是普通的 Riemann 积分$\int_M\varphi=\int_U\mathrm{d}u^1\wedge\cdots\wedge\mathrm{d}u^m$.

(5) 子流形上的积分. C^k 映射：设 M_1 和 M_2 分别是 m 维和 n 维的 C^r 流形，若映射 $F:M_1\to M_2$ 对任意 $p\in M_1$ 和 $q=F(p)$ 的任何局部坐标系 $(V_\beta,\psi_\beta)_{\beta\in B}\in D_2$，必有 p 的适当的局部坐标系 $(U_\alpha,\varphi_\alpha)_{\alpha\in A}\in D_1$，使得 $F(U_\alpha)\subset V_\beta$（它等价于 F 是连续的），且对于满足此式的坐标系

$$\psi_\beta\circ F\circ\varphi_\alpha^{-1}:\varphi_\alpha(U_\alpha)\to\psi_\beta(V_\beta)$$

是 $C^k(k\leqslant r)$ 的，即

$$y^1=(\psi_\beta\circ F\circ\varphi_\alpha^{-1})_1(x^1,\cdots,x^m)$$

$$\vdots$$

$$y^n = (\psi_\beta \circ F \circ \varphi_\alpha^{-1})_n(x^1, \cdots, x^m)$$

是 C^k 的，则称 F 为 M_1 到 M_2 的 C^k 映射.

我们将

$$D(\psi_\beta \circ F \circ \varphi_\alpha^{-1})_{\varphi_\alpha(p)} = \left(\frac{\partial y^i}{\partial x^j}\right)^{m\times n}_{\varphi_\alpha(p)}$$

称为 C^k 映射 F 在点 p 关于局部坐标系 $\{x^1\}$ 和 $\{y^1\}$ 的雅可比矩阵. 而把 $\operatorname{rank} D(\psi_\beta \circ F \circ \varphi_n^{-1})_{\varphi_\alpha(p)}$（它与坐标系选取无关）称为 $C^k(k \geqslant 1)$ 映射 F 在点 p 的秩，记为 $(\operatorname{rank} F)_p = \operatorname{rank} D(\psi_\beta \circ F \circ \varphi_\alpha^{-1})_{\varphi_\alpha(p)}$.

C^k 的浸入、嵌入、微分同胚：设 M_1, M_2 是 m 维和 n 维 C^r 流形. 若 $C^k(k \leqslant r)$ 映射 $F: M_1 \to M_2$，对任何 $p \in M_1$，有 $(\operatorname{rank} F)_p = m$ $(m \leqslant n)$，则称 F 为一个 C^k 浸入. 若 $F: M_1 \to F(M_1) \subset M_2$ 是同胚的，且 F 又是一个 C^k 浸入，则称 F 为一个 C^k 嵌入. 若 $F: M_1 \to M_2$ 是同胚的，且又是一个 C^k 浸入，则称 F 为 C^k 微分同胚（或 C^k 拓扑映射）.

若 φ 是 $r < m$ 次外微分式，且有紧支集 $\operatorname{Supp} \varphi$，则可定义 φ 在 M 的 r 维子流形上的积分. 设 $h: N \to M$ 是 M 的 r 维嵌入子流形，则 $\tilde{h}\varphi = \varphi \circ h$ 是 r 维光滑流形 N 上的 r 次外微分式，且有紧支集，映射 $\tilde{h}$ 称为拉回，故 $\int_N \tilde{h}\varphi$ 是有定义的. 于是把 φ 在子流形 $h(N)$ 上的积分定义为

$$\int_{h(N)} \varphi = \int_N \tilde{h}\varphi \tag{1.5.7}$$

(6) Stokes 公式. 设 D 是 n 维定向 A_2 流形 M 的带边区域，ω 是 M 上有紧支集的 $n-1$ 次外微分式，则有公式

$$\int_D \mathrm{d}\omega = \int_{\partial D} \omega \tag{1.5.8}$$

注 若 $\partial D = \varnothing$，则规定上式右边积分为 0. 在实际应用中，经常遇到的闭区域 D 是紧致的，故不必假定 $n-1$ 次外微分式有紧支集，而 Stokes 公式仍旧成立.

下面考虑微分形式沿流形 M 上的逐块光滑可定向曲面的积分. 为了能应用代数拓扑工具，假定曲面可分成若干弯曲的单纯形，

把 $\sigma_p=(\Delta_p,g)$ 称为微分流形 M 上 p 维光滑弯曲单纯形，其中 Δ_p 是 $\mathbf{R}^p$ 中的直单纯形，例如 $\Delta_p=\{t=(t_1,\cdots,t_p)\in\mathbf{R}^p:t_j\geqslant 0,t_1+\cdots+t_p\leqslant 1\}$；$g:\Delta_p\to M$ 是连续可微映射. 设 $\tau_1,\cdots,\tau_p$ 是 Δ_p 的邻域中的另一坐标，若

$$\partial t/\partial\tau=\partial(t_1,\cdots,t_p)/\partial(\tau_1,\cdots,\tau_p)>0$$

则说两个坐标确定相同的定向；若 $\partial t/\partial\tau<0$，则确定相反定向. 定向 p 维光滑弯曲单纯形的线性组合

$$C_p=\sum_i m_i\sigma_p^{(i)} \tag{1.5.9}$$

称为 p 维光滑非常链，其中 m_i 是整数. 在流形 M 上 p 维链的集合构成交换群 $C_p(M)$. 集合 $|\sigma_p|=g(\Delta_p)$ 称为单纯形 $\sigma_p=(\Delta_p,g)$ 的承载单纯形，集合 $|C_p|=\bigcup_{m_i\neq 0}|\sigma_p^{(i)}|$ 称为链(1.5.9) 的承载链. 把 $p-1$ 维单纯形 $\sigma_{p-1}^{(i)}=(\Delta_{p-1}^{(i)},g|_{\Delta_{p-1}^{(i)}})$ 称为弯曲单纯形 σ_p 的边缘，其中 $\Delta_{p-1}^{(i)}$ 是直单纯形 Δ_p 的 $p-1$ 维边缘. 在 $\mathbf{R}^p\supset\Delta_p$ 中选取确定 σ_p 的定向的坐标系 $t_1,\cdots,t_p$，使得边缘 $\Delta_{p-1}^{(i)}$ 落在平面 $t_1=0$，并且在点 $t\in\Delta_p$ 处有 $t_1\leqslant 0$. 这时参数 $t_2,\cdots,t_p$ 确定边缘 $\sigma_{p-1}^{(i)}$ 的定向，它和 σ_p 的定向协调. 定向单纯形 σ_p 的边缘 $\partial\sigma_p=\sum_{i=1}^{p}\sigma_{p-1}^{(i)}$. 链(1.5.9) 的边缘由 $\partial C_p=\sum_k m_i\partial\sigma_p^{(i)}$ 确定，具有性质

$$\partial\partial C_p=0 \tag{1.5.10}$$

链 $r\in C_p(M)$ 称为循环，若 $\partial r=0$. 性质(1.5.10) 示明链的边缘是循环. 循环 r 称为同调于零($r\sim 0$)，若存在一链 C，使得 $\partial C=r$. 循环 r 称为弱同调于零($r\approx 0$)，若对某一整数 k，有 $kr\sim 0$. 记 $Z_p(M)=\{r\in C_p(M):\partial r=0\}$；$B_p(M)=\{\partial C:C\in C_{p+1}(M)\}$；商群 $H_p(M)=Z_p(M)/B_p(M)$ 称为流形 M 上 p 维光滑非常的同调群.

流形 M 与 N 之间的微分映射 f，使得 M 中的单纯形 $\sigma_p=(\Delta_p,g)$ 和 N 中的单纯形 $\underset{\sim}{f}(\sigma_p)=(\Delta_p,f\circ g)$ 对应. 同时定义了一个同态 $\underset{\sim}{f}:C_p(M)\to C_p(N)$. 又因 $\underset{\sim}{f}\cdot d=\partial\cdot f$，故还确定同态 $f_*:H_p(M)\to H_p(N)$.

C^0 类 $p-$形式 ω 沿光滑 p 维单纯形 $\sigma_p=(\Delta_p,g)$ 的积分用等式

$$\int_{\sigma_p}\omega=\int_{\Delta_p}\tilde{g}(\omega)=\int_{|\Delta_p|}A(t)\mathrm{d}t_p\wedge\cdots\wedge\mathrm{d}t_p \tag{1.5.11}$$

定义,其中 $A(t)\mathrm{d}t_p \wedge \cdots \wedge \mathrm{d}t_p = \tilde{g}(\omega)$ 是在 $\Delta_p \subset \mathbf{R}^p$ 上的形式. 如果形式由(1.5.1) 确定,则

$$A(t) = \sum_J a_J(x(t))\partial(x_{i_1},\cdots,x_{i_p})/\partial(t_1,\cdots,t_p)$$

在等式(1.5.11) 中最后的那个积分按通常意义理解,即为 $\mathbf{R}^p$ 中的 p 重积分. 显然,(1.5.11) 的定义不依赖于流形上的局部坐标和单纯形 σ_p 的参数的选择. 形式 ω 沿链(1.5.9) 的积分定义为

$$\int_{C_p}\omega = \sum_i m_i\int_{\sigma_p^{(i)}}\omega \tag{1.5.12}$$

注意,流形 M 上的每一个紧致的逐块光滑的可定向曲面都可剖分成光滑单纯形,即表成链 $C_p \in C_p(M)$.

由同态 $\tilde{f}$ 和 $\underset{\sim}{f}$ 的定义以及(1.5.11)(1.5.12) 推得:

(1) 设 $f:M\to N$ 为流形的映射,$r\in C_p(M)$,那么对流形 N 上的每一个 C^0 类形式 ω,有变量替换公式

$$\int_r \tilde{f}(\omega) = \int_{\underset{\sim}{f}(r)}\omega \tag{1.5.13}$$

因此,同态 $\tilde{f}$ 和 $\underset{\sim}{f}$ 关于积分是对偶的.

(2) 若 ω 是流形 M 上的 C^1 类 p—形式,又 $C\in C_{p+1}(X)$,则有

$$\int_{\partial C}\omega = \int_C \mathrm{d}\omega \tag{1.5.14}$$

这里建立了同态 d 和 ∂ 的对偶性.

由上易得,恰当形式沿循环的积分等于 0;闭形式沿弱同调于 0 的循环的积分等于 0;若 $r_1 \approx r_2$,且 $\omega_1 = \omega_2 + \mathrm{d}\varphi$,则

$$\int_{r_1}\omega_1 = \int_{r_2}\omega_2 \tag{1.5.15}$$

并允许定义上同调类 $h^* = \{\omega\} \in H^p(M)$ 沿同调类 $h_* = \{r\} \in H_p(M)$ 的积分,使用等式

$$\int_{h_*} h^* = \int_r \omega$$

在本书即将出版之际,北京日报发表了一篇题为《北京大学携手莫斯科大学共同建设,中俄数学中心今成立》的报导,报道说:

6月29日,中俄数学中心以视频连线方式宣告成立.中心建设将以中方为主,由北京大学牵头,依托数学"双一流"建设联盟,联合国内相关单位共同建设:俄方由莫斯科大学牵头,联合圣彼得堡大学等俄方高校科研院所参与建设.中心将以中俄两国科学院数学科院士为主体组建学术委员会,建设国际一流的科学研究与人才培养平台.

中俄两国都是科技大国,两国高校有着源远流长的传统友谊和十分密切的合作关系.两国元首就加强中俄科技创新达成了多项共识,指出双方在科学领域合作潜力巨大,应进一步加强往来,共同在科技发展领域走出一条中俄自己的道路.

新成立的中俄数学中心的使命为:在数学的主流研究领域做出重要贡献,做出具有原创性的工作,在若干研究领域达到世界领先水平;紧紧围绕国家战略发展需求,积极承担面向国家发展重大需求的科研任务,以解决实际科技问题为导向开展应用数学研究;同时,汇集国际一流的数学领域专家学者,建设国际一流的科学研究与人才培养平台,打造国际一流的创新型人才培养基地.

为支持中俄数学中心建设,北京大学将提供3 000 m^2 办公场所、10到20名专职科研编制以及行政支撑队伍等资源,充分发挥北京国际数学研究中心的平台优势,并在经费方面争取更多支持.

北京大学数学科学学院教授、中国科学院院士张继平将担任中心主任,中国科学院院士、莫斯科大学校友、中国科学技术大学教授叶向东也将积极参与中心建设.中心将依托北京国际数学研究中心、北大数学科学学院和相关国家级、省部级重点实验室,打造一支实力雄厚的研究团队,以中俄两国科学院数学院士为主体组建学术委员会.

在前沿基础研究,中心将围绕国家需求开展重大应用基础研究,包括数据科学、计算流体力学、理论与应用力学,如极端力学,流固耦合力学,航空航天力学,先进控制理论和数学模型等方面;并邀请国际一流俄罗斯学者来华讲授短期课程,设立稳定的访问教授岗位,吸引国际一流学者来华工作一段时间,同时鼓励和推进国内学者赴俄罗斯进行学术访问;中心还将借鉴以莫斯科大学为代表的俄罗斯大学在选拔培养数学人才方面的成功经验,创新人才培养模式,提高培养水平,计划大量派遣研究生、本科生赴俄攻读学位,并开展联合招收博士后,培养研究生.

从此报道可以看出:从前我们是以俄为师,但今后更多的则是共同成长!

刘培杰

2022年9月12日

于哈工大

刘培杰数学工作室
已出版(即将出版)图书目录——原版影印

书　名	出版时间	定　价	编号
数学物理大百科全书.第1卷(英文)	2016－01	418.00	508
数学物理大百科全书.第2卷(英文)	2016－01	408.00	509
数学物理大百科全书.第3卷(英文)	2016－01	396.00	510
数学物理大百科全书.第4卷(英文)	2016－01	408.00	511
数学物理大百科全书.第5卷(英文)	2016－01	368.00	512

zeta 函数,q-zeta 函数,相伴级数与积分(英文)	2015－08	88.00	513
微分形式:理论与练习(英文)	2015－08	58.00	514
离散与微分包含的逼近和优化(英文)	2015－08	58.00	515
艾伦·图灵:他的工作与影响(英文)	2016－01	98.00	560
测度理论概率导论,第2版(英文)	2016－01	88.00	561
带有潜在故障恢复系统的半马尔柯夫模型控制(英文)	2016－01	98.00	562
数学分析原理(英文)	2016－01	88.00	563
随机偏微分方程的有效动力学(英文)	2016－01	88.00	564
图的谱半径(英文)	2016－01	58.00	565
量子机器学习中数据挖掘的量子计算方法(英文)	2016－01	98.00	566
量子物理的非常规方法(英文)	2016－01	118.00	567
运输过程的统一非局部理论:广义波尔兹曼物理动力学,第2版(英文)	2016－01	198.00	568
量子力学与经典力学之间的联系在原子、分子及电动力学系统建模中的应用(英文)	2016－01	58.00	569

算术域(英文)	2018－01	158.00	821
高等数学竞赛:1962—1991年的米洛克斯·史怀哲竞赛(英文)	2018－01	128.00	822
用数学奥林匹克精神解决数论问题(英文)	2018－01	108.00	823
代数几何(德文)	2018－04	68.00	824
丢番图逼近论(英文)	2018－01	78.00	825
代数几何学基础教程(英文)	2018－01	98.00	826
解析数论入门课程(英文)	2018－01	78.00	827
数论中的丢番图问题(英文)	2018－01	78.00	829
数论(梦幻之旅):第五届中日数论研讨会演讲集(英文)	2018－01	68.00	830
数论新应用(英文)	2018－01	68.00	831
数论(英文)	2018－01	78.00	832

刘培杰数学工作室
已出版(即将出版)图书目录——原版影印

书　名	出版时间	定　价	编号
湍流十讲(英文)	2018－04	108.00	886
无穷维李代数:第3版(英文)	2018－04	98.00	887
等值、不变量和对称性(英文)	2018－04	78.00	888
解析数论(英文)	2018－09	78.00	889
《数学原理》的演化:伯特兰·罗素撰写第二版时的手稿与笔记(英文)	2018－04	108.00	890
哈密尔顿数学论文集(第4卷):几何学、分析学、天文学、概率和有限差分等(英文)	2019－05	108.00	891
偏微分方程全局吸引子的特性(英文)	2018－09	108.00	979
整函数与下调和函数(英文)	2018－09	118.00	980
幂等分析(英文)	2018－09	118.00	981
李群,离散子群与不变量理论(英文)	2018－09	108.00	982
动力系统与统计力学(英文)	2018－09	118.00	983
表示论与动力系统(英文)	2018－09	118.00	984
分析学练习. 第1部分(英文)	2021－01	88.00	1247
分析学练习. 第2部分,非线性分析(英文)	2021－01	88.00	1248
初级统计学:循序渐进的方法:第10版(英文)	2019－05	68.00	1067
工程师与科学家微分方程用书:第4版(英文)	2019－07	58.00	1068
大学代数与三角学(英文)	2019－06	78.00	1069
培养数学能力的途径(英文)	2019－07	38.00	1070
工程师与科学家统计学:第4版(英文)	2019－06	58.00	1071
贸易与经济中的应用统计学:第6版(英文)	2019－06	58.00	1072
傅立叶级数和边值问题:第8版(英文)	2019－05	48.00	1073
通往天文学的途径:第5版(英文)	2019－05	58.00	1074
拉马努金笔记. 第1卷(英文)	2019－06	165.00	1078
拉马努金笔记. 第2卷(英文)	2019－06	165.00	1079
拉马努金笔记. 第3卷(英文)	2019－06	165.00	1080
拉马努金笔记. 第4卷(英文)	2019－06	165.00	1081
拉马努金笔记. 第5卷(英文)	2019－06	165.00	1082
拉马努金遗失笔记. 第1卷(英文)	2019－06	109.00	1083
拉马努金遗失笔记. 第2卷(英文)	2019－06	109.00	1084
拉马努金遗失笔记. 第3卷(英文)	2019－06	109.00	1085
拉马努金遗失笔记. 第4卷(英文)	2019－06	109.00	1086
数论:1976年纽约洛克菲勒大学数论会议记录(英文)	2020－06	68.00	1145
数论:卡本代尔1979:1979年在南伊利诺伊卡本代尔大学举行的数论会议记录(英文)	2020－06	78.00	1146
数论:诺德韦克豪特1983:1983年在诺德韦克豪特举行的Journees Arithmetiques数论大会会议记录(英文)	2020－06	68.00	1147
数论:1985－1988年在纽约城市大学研究生院和大学中心举办的研讨会(英文)	2020－06	68.00	1148

刘培杰数学工作室
已出版(即将出版)图书目录——原版影印

书　名	出版时间	定　价	编号
数论:1987 年在乌尔姆举行的 Journees Arithmetiques 数论大会会议记录(英文)	2020—06	68.00	1149
数论:马德拉斯 1987:1987 年在马德拉斯安娜大学举行的国际拉马努金百年纪念大会会议记录(英文)	2020—06	68.00	1150
解析数论:1988 年在东京举行的日法研讨会会议记录(英文)	2020—06	68.00	1151
解析数论:2002 年在意大利切特拉罗举行的 C. I. M. E. 暑期班演讲集(英文)	2020—06	68.00	1152
量子世界中的蝴蝶:最迷人的量子分形故事(英文)	2020—06	118.00	1157
走进量子力学(英文)	2020—06	118.00	1158
计算物理学概论(英文)	2020—06	48.00	1159
物质,空间和时间的理论:量子理论(英文)	2020—10	48.00	1160
物质,空间和时间的理论:经典理论(英文)	2020—10	48.00	1161
量子场理论:解释世界的神秘背景(英文)	2020—07	38.00	1162
计算物理学概论(英文)	2020—06	48.00	1163
行星状星云(英文)	2020—10	38.00	1164
基本宇宙学:从亚里士多德的宇宙到大爆炸(英文)	2020—08	58.00	1165
数学磁流体力学(英文)	2020—07	58.00	1166
计算科学:第 1 卷,计算的科学(日文)	2020—07	88.00	1167
计算科学:第 2 卷,计算与宇宙(日文)	2020—07	88.00	1168
计算科学:第 3 卷,计算与物质(日文)	2020—07	88.00	1169
计算科学:第 4 卷,计算与生命(日文)	2020—07	88.00	1170
计算科学:第 5 卷,计算与地球环境(日文)	2020—07	88.00	1171
计算科学:第 6 卷,计算与社会(日文)	2020—07	88.00	1172
计算科学.别卷,超级计算机(日文)	2020—07	88.00	1173
多复变函数论(日文)	2022—06	78.00	1518
复变函数入门(日文)	2022—06	78.00	1523
代数与数论:综合方法(英文)	2020—10	78.00	1185
复分析:现代函数理论第一课(英文)	2020—07	58.00	1186
斐波那契数列和卡特兰数:导论(英文)	2020—10	68.00	1187
组合推理:计数艺术介绍(英文)	2020—07	88.00	1188
二次互反律的傅里叶分析证明(英文)	2020—07	48.00	1189
旋瓦兹分布的希尔伯特变换与应用(英文)	2020—07	58.00	1190
泛函分析:巴拿赫空间理论入门(英文)	2020—07	48.00	1191
卡塔兰数入门(英文)	2019—05	68.00	1060
测度与积分(英文)	2019—04	68.00	1059
组合学手册.第一卷(英文)	2020—06	128.00	1153
*一代数、局部紧群和巴拿赫*一代数丛的表示.第一卷,群和代数的基本表示理论(英文)	2020—05	148.00	1154
电磁理论(英文)	2020—08	48.00	1193
连续介质力学中的非线性问题(英文)	2020—09	78.00	1195
多变量数学入门(英文)	2021—05	68.00	1317
偏微分方程入门(英文)	2021—05	88.00	1318
若尔当典范性:理论与实践(英文)	2021—07	68.00	1366
伽罗瓦理论.第 4 版(英文)	2021—08	88.00	1408

刘培杰数学工作室
已出版(即将出版)图书目录——原版影印

书　　名	出版时间	定　价	编号
典型群,错排与素数(英文)	2020—11	58.00	1204
李代数的表示:通过 gln 进行介绍(英文)	2020—10	38.00	1205
实分析演讲集(英文)	2020—10	38.00	1206
现代分析及其应用的课程(英文)	2020—10	58.00	1207
运动中的抛射物数学(英文)	2020—10	38.00	1208
2—纽结与它们的群(英文)	2020—10	38.00	1209
概率,策略和选择:博弈与选举中的数学(英文)	2020—11	58.00	1210
分析学引论(英文)	2020—11	58.00	1211
量子群:通往流代数的路径(英文)	2020—11	38.00	1212
集合论入门(英文)	2020—10	48.00	1213
酉反射群(英文)	2020—11	58.00	1214
探索数学:吸引人的证明方式(英文)	2020—11	58.00	1215
微分拓扑短期课程(英文)	2020—10	48.00	1216
抽象凸分析(英文)	2020—11	68.00	1222
费马大定理笔记(英文)	2021—03	48.00	1223
高斯与雅可比和(英文)	2021—03	78.00	1224
π与算术几何平均:关于解析数论和计算复杂性的研究(英文)	2021—01	58.00	1225
复分析入门(英文)	2021—03	48.00	1226
爱德华·卢卡斯与素性测定(英文)	2021—03	78.00	1227
通往凸分析及其应用的简单路径(英文)	2021—01	68.00	1229
微分几何的各个方面.第一卷(英文)	2021—01	58.00	1230
微分几何的各个方面.第二卷(英文)	2020—12	58.00	1231
微分几何的各个方面.第三卷(英文)	2020—12	58.00	1232
沃克流形几何学(英文)	2020—11	58.00	1233
仿射和韦尔几何应用(英文)	2020—12	58.00	1234
双曲几何学的旋转向量空间方法(英文)	2021—02	58.00	1235
积分:分析学的关键(英文)	2020—12	48.00	1236
为有天分的新生准备的分析学基础教材(英文)	2020—11	48.00	1237
数学不等式.第一卷.对称多项式不等式(英文)	2021—03	108.00	1273
数学不等式.第二卷.对称有理不等式与对称无理不等式(英文)	2021—03	108.00	1274
数学不等式.第三卷.循环不等式与非循环不等式(英文)	2021—03	108.00	1275
数学不等式.第四卷.Jensen 不等式的扩展与加细(英文)	2021—03	108.00	1276
数学不等式.第五卷.创建不等式与解不等式的其他方法(英文)	2021—04	108.00	1277

刘培杰数学工作室
已出版(即将出版)图书目录——原版影印

书　　名	出版时间	定　价	编号
冯·诺依曼代数中的谱位移函数:半有限冯·诺依曼代数中的谱位移函数与谱流(英文)	2021—06	98.00	1308
链接结构:关于嵌入完全图的直线中链接单形的组合结构(英文)	2021—05	58.00	1309
代数几何方法.第1卷(英文)	2021—06	68.00	1310
代数几何方法.第2卷(英文)	2021—06	68.00	1311
代数几何方法.第3卷(英文)	2021—06	58.00	1312

书　　名	出版时间	定　价	编号
代数、生物信息和机器人技术的算法问题.第四卷,独立恒等式系统(俄文)	2020—08	118.00	1199
代数、生物信息和机器人技术的算法问题.第五卷,相对覆盖性和独立可拆分恒等式系统(俄文)	2020—08	118.00	1200
代数、生物信息和机器人技术的算法问题.第六卷,恒等式和准恒等式的相等 问题、可推导性和可实现性(俄文)	2020—08	128.00	1201
分数阶微积分的应用:非局部动态过程,分数阶导热系数(俄文)	2021—01	68.00	1241
泛函分析问题与练习:第2版(俄文)	2021—01	98.00	1242
集合论、数学逻辑和算法论问题:第5版(俄文)	2021—01	98.00	1243
微分几何和拓扑短期课程(俄文)	2021—01	98.00	1244
素数规律(俄文)	2021—01	88.00	1245
无穷边值问题解的递减:无界域中的拟线性椭圆和抛物方程(俄文)	2021—01	48.00	1246
微分几何讲义(俄文)	2020—12	98.00	1253
二次型和矩阵(俄文)	2021—01	98.00	1255
积分和级数.第2卷,特殊函数(俄文)	2021—01	168.00	1258
积分和级数.第3卷,特殊函数补充:第2版(俄文)	2021—01	178.00	1264
几何图上的微分方程(俄文)	2021—01	138.00	1259
数论教程:第2版(俄文)	2021—01	98.00	1260
非阿基米德分析及其应用(俄文)	2021—03	98.00	1261
古典群和量子群的压缩(俄文)	2021—03	98.00	1263
数学分析习题集.第3卷,多元函数:第3版(俄文)	2021—03	98.00	1266
数学习题:乌拉尔国立大学数学力学系大学生奥林匹克(俄文)	2021—03	98.00	1267
柯西定理和微分方程的特解(俄文)	2021—03	98.00	1268
组合极值问题及其应用:第3版(俄文)	2021—03	98.00	1269
数学词典(俄文)	2021—01	98.00	1271
确定性混沌分析模型(俄文)	2021—06	168.00	1307
精选初等数学习题和定理.立体几何.第3版(俄文)	2021—03	68.00	1316
微分几何习题:第3版(俄文)	2021—05	98.00	1336
精选初等数学习题和定理.平面几何.第4版(俄文)	2021—05	68.00	1335
曲面理论在欧氏空间 En 中的直接表示(俄文)	2022—01	68.00	1444
维纳—霍普夫离散算子和托普利兹算子:某些可数赋范空间中的诺特性和可逆性(俄文)	2022—03	108.00	1496
Maple 中的数论:数论中的计算机计算(俄文)	2022—03	88.00	1497
贝尔曼和克努特问题及其概括:加法运算的复杂性(俄文)	2022—03	138.00	1498

刘培杰数学工作室
已出版(即将出版)图书目录——原版影印

书　　名	出版时间	定　价	编号
复分析:共形映射(俄文)	2022—07	48.00	1542
微积分代数样条和多项式及其在数值方法中的应用(俄文)	2022—08	128.00	1543
蒙特卡罗方法中的随机过程和场模型:算法和应用(俄文)	2022—08	88.00	1544
线性椭圆型方程组:论二阶椭圆型方程的迪利克雷问题(俄文)	2022—08	98.00	1561
动态系统解的增长特性:估值、稳定性、应用(俄文)	2022—08	118.00	1565
群的自由积分解:建立和应用(俄文)	2022—08	78.00	1570

狭义相对论与广义相对论:时空与引力导论(英文)	2021—07	88.00	1319
束流物理学和粒子加速器的实践介绍:第2版(英文)	2021—07	88.00	1320
凝聚态物理中的拓扑和微分几何简介(英文)	2021—05	88.00	1321
混沌映射:动力学、分形学和快速涨落(英文)	2021—05	128.00	1322
广义相对论:黑洞、引力波和宇宙学介绍(英文)	2021—06	68.00	1323
现代分析电磁均质化(英文)	2021—06	68.00	1324
为科学家提供的基本流体动力学(英文)	2021—06	88.00	1325
视觉天文学:理解夜空的指南(英文)	2021—06	68.00	1326
物理学中的计算方法(英文)	2021—06	68.00	1327
单星的结构与演化:导论(英文)	2021—06	108.00	1328
超越居里:1903年至1963年物理界四位女性及其著名发现(英文)	2021—06	68.00	1329
范德瓦尔斯流体热力学的进展(英文)	2021—06	68.00	1330
先进的托卡马克稳定性理论(英文)	2021—06	88.00	1331
经典场论导论:基本相互作用的过程(英文)	2021—07	88.00	1332
光致电离量子动力学方法原理(英文)	2021—07	108.00	1333
经典域论和应力:能量张量(英文)	2021—05	88.00	1334
非线性太赫兹光谱的概念与应用(英文)	2021—06	68.00	1337
电磁学中的无穷空间并矢格林函数(英文)	2021—06	88.00	1338
物理科学基础数学.第1卷,齐次边值问题、傅里叶方法和特殊函数(英文)	2021—07	108.00	1339
离散量子力学(英文)	2021—07	68.00	1340
核磁共振的物理学和数学(英文)	2021—07	108.00	1341
分子水平的静电学(英文)	2021—08	68.00	1342
非线性波:理论、计算机模拟、实验(英文)	2021—06	108.00	1343
石墨烯光学:经典问题的电解解决方案(英文)	2021—06	68.00	1344
超材料多元宇宙(英文)	2021—07	68.00	1345
银河系外的天体物理学(英文)	2021—07	68.00	1346
原子物理学(英文)	2021—07	68.00	1347
将光打结:将拓扑学应用于光学(英文)	2021—07	68.00	1348
电磁学:问题与解法(英文)	2021—07	88.00	1364
海浪的原理:介绍量子力学的技巧与应用(英文)	2021—07	108.00	1365
多孔介质中的流体:输运与相变(英文)	2021—07	68.00	1372
洛伦兹群的物理学(英文)	2021—08	68.00	1373
物理导论的数学方法和解决方法手册(英文)	2021—08	68.00	1374
非线性波数学物理学入门(英文)	2021—08	88.00	1376
波:基本原理和动力学(英文)	2021—07	68.00	1377
光电子量子计量学.第1卷,基础(英文)	2021—07	88.00	1383
光电子量子计量学.第2卷,应用与进展(英文)	2021—07	68.00	1384
复杂流的格子玻尔兹曼建模的工程应用(英文)	2021—08	68.00	1393

刘培杰数学工作室
已出版(即将出版)图书目录——原版影印

书　　名	出版时间	定　价	编号
电偶极矩挑战(英文)	2021—08	108.00	1394
电动力学:问题与解法(英文)	2021—09	68.00	1395
自由电子激光的经典理论(英文)	2021—08	68.00	1397
曼哈顿计划——核武器物理学简介(英文)	2021—09	68.00	1401
粒子物理学(英文)	2021—09	68.00	1402
引力场中的量子信息(英文)	2021—09	128.00	1403
器件物理学的基本经典力学(英文)	2021—09	68.00	1404
等离子体物理及其空间应用导论.第1卷,基本原理和初步过程(英文)	2021—09	68.00	1405

拓扑与超弦理论焦点问题(英文)	2021—07	58.00	1349
应用数学:理论、方法与实践(英文)	2021—07	78.00	1350
非线性特征值问题:牛顿型方法与非线性瑞利函数(英文)	2021—07	58.00	1351
广义膨胀和齐性:利用齐性构造齐次系统的李雅普诺夫函数和控制律(英文)	2021—06	48.00	1352
解析数论焦点问题(英文)	2021—07	58.00	1353
随机微分方程:动态系统方法(英文)	2021—07	58.00	1354
经典力学与微分几何(英文)	2021—07	58.00	1355
负定相交形式流形上的瞬子模空间几何(英文)	2021—07	68.00	1356

广义卡塔兰轨道分析:广义卡塔兰轨道计算数字的方法(英文)	2021—07	48.00	1367
洛伦兹方法的变分:二维与三维洛伦兹方法(英文)	2021—08	38.00	1378
几何、分析和数论精编(英文)	2021—08	68.00	1380
从一个新角度看数论:通过遗传方法引入现实的概念(英文)	2021—07	58.00	1387
动力系统:短期课程(英文)	2021—08	68.00	1382
几何路径:理论与实践(英文)	2021—08	48.00	1385
论天体力学中某些问题的不可积性(英文)	2021—07	88.00	1396
广义斐波那契数列及其性质(英文)	2021—08	38.00	1386
对称函数和麦克唐纳多项式:余代数结构与 Kawanaka 恒等式(英文)	2021—09	38.00	1400

杰弗里·英格拉姆·泰勒科学论文集:第1卷.固体力学(英文)	2021—05	78.00	1360
杰弗里·英格拉姆·泰勒科学论文集:第2卷.气象学、海洋学和湍流(英文)	2021—05	68.00	1361
杰弗里·英格拉姆·泰勒科学论文集:第3卷.空气动力学以及落弹数和爆炸的力学(英文)	2021—05	68.00	1362
杰弗里·英格拉姆·泰勒科学论文集:第4卷.有关流体力学(英文)	2021—05	58.00	1363

刘培杰数学工作室
已出版(即将出版)图书目录——原版影印

书　　名	出版时间	定　价	编号
非局域泛函演化方程:积分与分数阶(英文)	2021－08	48.00	1390
理论工作者的高等微分几何:纤维丛、射流流形和拉格朗日理论(英文)	2021－08	68.00	1391
半线性退化椭圆微分方程:局部定理与整体定理(英文)	2021－07	48.00	1392
非交换几何、规范理论和重整化:一般简介与非交换量子场论的重整化(英文)	2021－09	78.00	1406
数论论文集:拉普拉斯变换和带有数论系数的幂级数(俄文)	2021－09	48.00	1407
挠理论专题:相对极大值,单射与扩充模(英文)	2021－09	88.00	1410
强正则图与欧几里得若尔当代数:非通常关系中的启示(英文)	2021－10	48.00	1411
拉格朗日几何和哈密顿几何:力学的应用(英文)	2021－10	48.00	1412
时滞微分方程与差分方程的振动理论:二阶与三阶(英文)	2021－10	98.00	1417
卷积结构与几何函数理论:用以研究特定几何函数理论方向的分数阶微积分算子与卷积结构(英文)	2021－10	48.00	1418
经典数学物理的历史发展(英文)	2021－10	78.00	1419
扩展线性丢番图问题(英文)	2021－10	38.00	1420
一类混沌动力系统的分歧分析与控制:分歧分析与控制(英文)	2021－11	38.00	1421
伽利略空间和伪伽利略空间中一些特殊曲线的几何性质(英文)	2022－01	68.00	1422
一阶偏微分方程:哈密尔顿—雅可比理论(英文)	2021－11	48.00	1424
各向异性黎曼多面体的反问题:分段光滑的各向异性黎曼多面体反边界谱问题:唯一性(英文)	2021－11	38.00	1425
项目反应理论手册.第一卷,模型(英文)	2021－11	138.00	1431
项目反应理论手册.第二卷,统计工具(英文)	2021－11	118.00	1432
项目反应理论手册.第三卷,应用(英文)	2021－11	138.00	1433
二次无理数:经典数论入门(英文)	2022－05	138.00	1434
数,形与对称性:数论,几何和群论导论(英文)	2022－05	128.00	1435
有限域手册(英文)	2021－11	178.00	1436
计算数论(英文)	2021－11	148.00	1437
拟群与其表示简介(英文)	2021－11	88.00	1438
数论与密码学导论:第二版(英文)	2022－01	148.00	1423

刘培杰数学工作室
已出版(即将出版)图书目录——原版影印

书名	出版时间	定价	编号
几何分析中的柯西变换与黎兹变换:解析调和容量和李普希兹调和容量、变化和振荡以及一致可求长性(英文)	2021—12	38.00	1465
近似不动点定理及其应用(英文)	2022—05	28.00	1466
局部域的相关内容解析:对局部域的扩展及其伽罗瓦群的研究(英文)	2022—01	38.00	1467
反问题的二进制恢复方法(英文)	2022—03	28.00	1468
对几何函数中某些类的各个方面的研究:复变量理论(英文)	2022—01	38.00	1469
覆盖、对应和非交换几何(英文)	2022—01	28.00	1470
最优控制理论中的随机线性调节器问题:随机最优线性调节器问题(英文)	2022—01	38.00	1473
正交分解法:涡流流体动力学应用的正交分解法(英文)	2022—01	38.00	1475

芬斯勒几何的某些问题(英文)	2022—03	38.00	1476
受限三体问题(英文)	2022—05	38.00	1477
利用马利亚万微积分进行 Greeks 的计算:连续过程、跳跃过程中的马利亚万微积分和金融领域中的 Greeks(英文)	2022—05	48.00	1478
经典分析和泛函分析的应用:分析学的应用(英文)	2022—03	38.00	1479
特殊芬斯勒空间的探究(英文)	2022—03	48.00	1480
某些图形的施泰纳距离的细谷多项式:细谷多项式与图的维纳指数(英文)	2022—05	38.00	1481
图论问题的遗传算法:在新鲜与模糊的环境中(英文)	2022—05	48.00	1482
多项式映射的渐近簇(英文)	2022—05	38.00	1483

一维系统中的混沌:符号动力学,映射序列,一致收敛和沙可夫斯基定理(英文)	2022—05	38.00	1509
多维边界层流动与传热分析:粘性流体流动的数学建模与分析(英文)	2022—05	38.00	1510
演绎理论物理学的原理:一种基于量子力学波函数的逐次置信估计的一般理论的提议(英文)	2022—05	38.00	1511
R^2 和 R^3 中的仿射弹性曲线:概念和方法(英文)	2022—08	38.00	1512
算术数列中除数函数的分布:基本内容、调查、方法、第二矩、新结果(英文)	2022—05	28.00	1513
抛物型狄拉克算子和薛定谔方程:不定常薛定谔方程的抛物型狄拉克算子及其应用(英文)	2022—07	28.00	1514
黎曼-希尔伯特问题与量子场论:可积重正化、戴森-施温格方程(英文)	2022—08	38.00	1515
代数结构和几何结构的形变理论(英文)	2022—08	48.00	1516
概率结构和模糊结构上的不动点:概率结构和直觉模糊度量空间的不动点定理(英文)	2022—08	38.00	1517

刘培杰数学工作室
已出版(即将出版)图书目录——原版影印

书　　名	出版时间	定　价	编号
反若尔当对:简单反若尔当对的自同构(英文)	2022—07	28.00	1533
对某些黎曼—芬斯勒空间变换的研究:芬斯勒几何中的某些变换(英文)	2022—07	38.00	1534
内诣零流形映射的尼尔森数的阿诺索夫关系(英文)	即将出版		1535
与广义积分变换有关的分数次演算:对分数次演算的研究(英文)	即将出版		1536
强子的芬斯勒几何和吕拉几何(宇宙学方面):强子结构的芬斯勒几何和吕拉几何(拓扑缺陷)(英文)	2022—08	38.00	1537
一种基于混沌的非线性最优化问题:作业调度问题(英文)	即将出版		1538
广义概率论发展前景:关于趣味数学与置信函数实际应用的一些原创观点(英文)	即将出版		1539
纽结与物理学:第二版(英文)	2022—09	118.00	1547
正交多项式和 q—级数的前沿(英文)	2022—09	98.00	1548
算子理论问题集(英文)	2022—09	108.00	1549
抽象代数:群、环与域的应用导论:第二版(英文)	即将出版		1550
菲尔兹奖得主演讲集:第三版(英文)	即将出版		1551
多元实函数教程(英文)	2022—09	118.00	1552
球面空间形式群的几何学:第二版(英文)	2022—09	98.00	1566

联系地址:哈尔滨市南岗区复华四道街 10 号　**哈尔滨工业大学出版社刘培杰数学工作室**
网　　址:http://lpj.hit.edu.cn/
邮　　编:150006
联系电话:0451—86281378　　13904613167
E-mail:lpj1378@163.com